高等院校应用型国际经济与贸易专业精品教材

国际结算

姚　丹◎主　编　　崔日明◎主　审

電子工業出版社
Publishing House of Electronics Industry
北京 · BEIJING

内容简介

本书注重理论联系实际，引导学生全面系统地认识和了解国际结算基本理论与基本原理，使学生熟练掌握和运用国际结算方式及贸易融资方式。全书共9章，介绍了票据、单据、汇款、托收、信用证、银行保函与备用信用证等国际结算方式，以及国际结算融资和国际非贸易结算。此外，由于跨境电商的快速发展，跨境电子商务支付与结算不断增加，本书专门增加了跨境电子商务支付的内容。本书教学资料丰富，每章均配有引导案例、应用案例、拓展实训和课后复习思考题，引导学生从初层次理解到结合实际深化掌握，从而达到学以致用的目的。

图书在版编目（CIP）数据

国际结算 / 姚丹主编. —北京：电子工业出版社，2022.6

ISBN 978-7-121-43158-6

Ⅰ. ①国… Ⅱ. ①姚… Ⅲ. ①国际结算—高等学校—教材 Ⅳ. ①F830.73

中国版本图书馆 CIP 数据核字（2022）第 047102 号

责任编辑：袁桂春
印　　刷：北京天宇星印刷厂
装　　订：北京天宇星印刷厂
出版发行：电子工业出版社
　　　　　北京市海淀区万寿路 173 信箱　　邮编：100036
开　　本：787×1 092　1/16　印张：15.25　字数：381 千字
版　　次：2022 年 6 月第 1 版
印　　次：2024 年 8 月第 2 次印刷
定　　价：55.00 元

凡所购买电子工业出版社图书有缺损问题，请向购买书店调换。若书店售缺，请与本社发行部联系，联系及邮购电话：（010）88254888，88258888。

质量投诉请发邮件至 zlts@phei.com.cn，盗版侵权举报请发邮件至 dbqq@phei.com.cn。

本书咨询联系方式：（010）88254199，sjb@phei.com.cn。

前　　言

党的十九大报告指出，要推动形成全面开放新格局，拓展对外贸易，培育贸易新业态新模式，推进贸易强国建设。近年来，“一带一路”倡议有力地促进了我国经济社会的发展和对外开放的进程。通过自贸区的创新实践，贸易交易成本降低，中国商品与服务贸易进一步发展。“一带一路”倡议与自贸区、长三角一体化、京津冀协同发展、粤港澳大湾区、人民币国际化相互促进、联动发展，共同形成了以点带面、相互呼应的战略效应，为国际贸易业务发展创造了良好的外部环境。国际贸易的发展促使国际结算发生诸多改变：国际混合结算方式不断增多；跨境贸易人民币结算不断增加；跨境电子商务支付与结算不断增加；国际结算风险不断加大，等等。为了培养适应新时代发展的应用型人才，我们编写了本书。

本书注重理论联系实际，引导学生全面系统地认识和了解国际结算基本理论与基本原理，使学生熟练掌握和运用国际结算方式及贸易融资方式。本书配有案例、拓展实训和课后复习思考题，引导学生从初层次理解到结合实际深化掌握，达到学以致用的目的。

本书具有以下特点。

（1）新颖性。本书在编写过程中，广泛参阅了国际商会诸多新近出版物，尽可能及时、全面地反映当前国际结算的国内外立法、国际惯例的新情况、新趋势。

（2）实用性。本书作者长期从事高校国际结算课程的教学和教研工作。在编写过程中，作者始终将内容的实用性放在首位，力求消除课堂教学与业务实践之间的差距。

（3）直观性。本书结合实际业务中的案例、票据、单证等内容，对相关知识点进行分析解释，并利用图示介绍有关业务流程，使操作知识具有直观性。

本书共 9 章，由姚丹主编，徐丹丹和李林芝参编。本书的编写分工具体如下：姚丹编写第 1、3、4、5、6、7、8 章；徐丹丹编写第 2 章；李林芝编写第 9 章。姚丹负责全书的策划和统稿。崔日明和隋东旭对书稿做了细致的审校工作。

本书既可作为金融、国际经济与贸易、国际商务和商务英语等相关专业的教学用书，也可作为进出口企业、金融与投资业从业人员的培训教材和自学用书。

本书在编写过程中，参考了大量的同类教材和有关论著，在此对这些资料的作者表示真诚的谢意。由于作者水平有限，错误之处在所难免，欢迎广大读者批评指正，提出宝贵的意见和建议，以使本书进一步完善。

姚丹

前 言

目　录

第 1 章 国际结算导论

本章学习目标

1. 掌握国际结算的定义、分类和研究对象。
2. 了解国际结算涉及的主要国际惯例和规则。
3. 理解国际支付清算系统的含义，了解主要国家的支付清算系统。
4. 理解银行在处理国际结算业务中的作用，掌握银行处理国际结算业务的主要机构设置和往来银行关系。

本章重点

- 国际结算的定义、分类和研究对象。
- 银行处理国际结算业务的主要机构设置和往来银行关系。

本章难点

- 银行处理国际结算业务的主要机构设置和往来银行关系。

引导案例

国际结算方式的选择

我国东风汽车公司（以下简称我公司）销售一批价值 200 万美元的货物给美国 A 公司，其货款的结算可以采用以下几种方式。

（1）美国 A 公司准备 200 万美元现金，在双方约定的交货地点直接将现金交付给我公司。

（2）我公司开出要求美国 A 公司支付 200 万美元的商业票据，得到美国 A 公司承兑后，我公司即可将其作为 200 万美元的等价物用于支付购买其他商品的费用。

（3）美国 A 公司向其在美国的开户银行提出开立信用证的申请，银行开立以我公司为受益人的信用证。在信用证有效期内，我公司委托其开户银行向美国开证行提交信用证及项下的全部单据，美国开证行审核单据并确认无误后，向我公司支付信用证项下的全部货款。

案例思考：以上三种结算方式中，哪种更安全、更便捷？

【案例分析】

使用第三种即信用证结算方式更安全、更便捷。国际贸易是国际结算的基础，在国际贸易的早期阶段，不同国家贸易当事人之间因贸易产生的以货币形式表现的债权债务通常采用第一种方式进行结算，即一手交钱一手交货的现金结算方式。在这种方式下，货款同时支付，容易发生贸易纠纷。如果交货金额巨大，那么携带现金既不方便也不安全。随着国际贸易的发展，票据结算应运而生并逐渐发展起来。通过第二种方式即票据进行结算，可以解决跨国交易中携带大量现金的不便和安全问题。但是由于货款的收取以买方的商业信用为前提，因此对卖方来说存在一定的风险，迫切需要一种以中间人作为保障的结算方式，而现代国际结算是以银行为中介进行的，银行拥有设在买方和卖方国家的分支机构或代理行，又对各国的贸易、外汇管制等情况比较了解，所以通过委托银行办理国际结算，可以解决因买卖双方位于不同国家、使用不同货币及处于不同贸易和外汇管制制度下可能带来的风险等问题。在信用证结算方式下，货款的收取是以银行信用为基础的，因此，信用证结算方式更安全、更便捷。

资料来源：华坚. 国际贸易[M]. 北京：电子工业出版社，2011.

1.1 国际结算概述

随着全球经济一体化进程不断加快，世界各国在政治、经济和文化等方面的融合不断深化，因贸易往来、资本流动、利润转移、提供服务等而发生的债权债务关系越来越频繁，因此人们对国际结算的需求和应用也更加广泛。

1.1.1 国际结算的定义

国际结算（International Settlement）是指处于两个不同国家或地区的当事人（包括个人、企业、其他法人组织或政府），因为商品买卖、服务供应、资金调拨、国际借贷等活动而通过银行办理的两国货币收付业务。

国际结算的实质就是货币资金的跨国收付活动，它的主体是两个不同国家或地区的当事人，银行是国际结算的枢纽。国际结算的目的是以有效的方式和手段实现世界各国之间以货币表现的债权债务的清偿。

国际结算与国际贸易和世界经济的发展有着密切的关系。国际结算可以促进国际贸易的发展，服务国际经济文化交流，促进国际金融一体化，进而促进整个世界经济繁荣；国际结算还可为本国创收和积累外汇，引进外资，合理使用外汇，输出资金向外投资，起到巩固本国货币汇率、提高本国对外支付能力的作用。

1.1.2 国际结算的分类

引起货币跨国收付的原因有很多，所以国际结算的范围也很广。为了便于银行业务操作，在国际贸易实务中通常把国际结算分为国际贸易结算和国际非贸易结算两大类。

1. 国际贸易结算

国际贸易结算是指国际间因贸易而产生的货币收付和债权债务的结算。国际贸易结算在国际结算中具有主导地位，其结算范围主要包括以下几个。

（1）有形贸易结算

有形贸易结算指有形贸易（Visible Trade）引起的货币收付活动。有形贸易即商品的进出口贸易，它是全球经济活动中最重要的组成部分，也是引发国际债权债务关系与资金流动的主要经济行为。

（2）记账贸易结算

记账贸易结算也称协定贸易结算，是指在两国政府所签订的贸易协定项下的商品进出口贸易结算。记账贸易结算货币由贸易双方指定，并用于双方结算，不能多边支付。记账贸易结算虽然不涉及现汇的收付，但要通过银行办理记账结算。记账外汇在货币符号前加上“CL”字样。

（3）因国际资本流动所引起的商品贸易结算

国际直接投资与企业跨国经营都属于长期资本流动的范畴，伴随着资金的投入，也会发生商品的进出口交易。例如，买方信贷就是一种被广泛用于国际资本货物交易的中长期资本借贷行为，进口商往往需要通过信用证方式最终实现对买方信贷款项的使用。

（4）综合类经济交易中的商品贸易结算

在国际经济交易中，一些经济交易既包含商品贸易，又包含非商品贸易。例如，国际工程承包、“三来一补”贸易、技术服务贸易等既涉及无形资产的进出口，又伴随着有形资产的进出口。又如，我国在国外承包的一些“交钥匙工程”，从设计、施工、设备出口、技术转让到试车成功，提供一条龙服务。这种综合类经济交易除了可以用货币清偿债权债务，还可以用融资款项，以及采用抵补、返销、互购、回购产品等方式进行结算。

2. 国际非贸易结算

国际非贸易结算是指国际贸易以外的其他经济活动，以及由政治、文化等国际交流活动引起的货币收付。国际非贸易结算是一国外汇收入的重要来源之一，近几年在各国国际收支中的比重有上升的趋势，有些国家的非贸易收支金额甚至超过了贸易收支金额。其结算范围主要包括以下几个。

（1）无形贸易结算

无形贸易结算是指由无形贸易（Invisible Trade）引起的货币收付活动，包括保险、运输、通信、港口、旅游等国际劳务活动的收入与支出；国际资本借贷或国际直接投资与国际间接投资产生的利息、股息、利润等的收入与支出；国际广告费、专利费和银行手续费等其他劳务的收入与支出。

（2）金融交易类结算

金融交易类结算主要是指由国家之间各种金融资产买卖引起的货币收付活动。金融交易类结算纯粹是金钱与金钱的交易，如外汇的买卖，债券、股票等金融工具的买卖，期权、期货等衍生金融工具的买卖等。金融交易类结算需要更安全、更迅速地进行。

（3）国际资金单方面转移结算

国际资金单方面转移结算是指由发生在各国政府及民间的各种援助、捐助、赠款及各种资金调拨行为引起的国际货币收付活动。

（4）银行提供的以信用担保为代表的一系列服务与结算

在国际商业活动中，交易双方除了受到履行合同义务的约束，还需要第三方机构或银行为交易提供信用担保服务、资信调查服务、处理应收账款服务等。银行应当事人的要求开展以信用担保为代表的一系列服务与结算。

（5）其他非贸易结算业务

由国家间非商品经济活动引起的资金跨国流动产生了各类非贸易结算业务，如外币兑换业务、侨汇业务、信用卡及旅行支票业务、买入或托收外币票据业务、托收境外财产业务等。

1.1.3 国际结算的产生和发展

1. 国际结算的产生

国际结算起源于国际贸易并为之服务。当人类社会进入奴隶制时期并形成国家后，国家之间进行商品交换或交往就变成了国际贸易，于是就产生了国际结算。最初的国际结算是通过以物换物的形式实现的，即易货贸易，用商品清偿债权债务，这是一种原始落后的结算方式，不需要货币来衡量价值。例如，明朝郑和下西洋所从事的就是易货贸易，以我国的丝绸、瓷器、铜器、铁器等交换西非各国的珠宝、象牙、香料、药材等。

后来，国际贸易规模越来越大，主要采用货币计价结算。这种结算方法不仅风险大、成本高，而且在操作上十分不便。公元 11 世纪，地中海沿岸的商品贸易初具规模，商人们已经不满足于用现金进行结算，开始使用字据代替现金。16—17 世纪，字据首先在欧洲大陆发展为票据。18 世纪，采用票据进行非现金结算已成为各国的普遍做法。到了 19 世纪末 20 世纪初，由于商业、航运业、运输业、保险业和金融业的迅速发展，国际结算业务发生了根本性的变化。随着银行信用介入国际结算业务及贸易结算与贸易融资的有机结合，以银行为中枢的国际结算系统逐渐形成。为了方便、快速地划拨资金，不同国家的银行互设账户，从而在世界范围内形成了一个高效的资金转移网络。

第二次世界大战之后，由于生产与资本的国际化，各国工商企业的对外金融业务活动日益频繁和加强。20 世纪 60 年代以后，跨国公司蓬勃兴起，全球范围内的资源配置、生产组织形式、业务活动方式和市场规模都发生了巨大的变化。目前，国际上许多银行或金融机构为适应当代国际经济发展的需要，在国际贸易结算和贸易融资方面都开发和改造出了许多新的服务项目，增加了许多新的业务内容。

2. 国际结算的发展

国际结算是商品经济的产物。它的产生和发展与国际贸易、国际航运、保险、金融及国际通信技术的发展有着十分密切的关系。国际结算的发展过程主要包括以下几个方面。

（1）从现金结算发展到票据结算

早期的国际结算是现金交易。例如，我国古代陆上的丝绸之路和对日本及南洋各国的海上贸易，除了直接的以货易货交易，还经常使用金、银等贵金属进行交换和清算。但这种现金结算具有很大的局限性，如成本高、风险大和占压资金等。15 世纪末 16 世纪初，随着资本主义的发展，国际贸易不断扩大，逐渐形成了区域性的国际商品市场。通过运送金、银来偿债的方式已不能适应当时国际贸易发展的需要，于是就出现了以商业票据来结算债权债务的方式。

早期的票据结算仅局限于商人之间的直接结算，其局限性主要有：①两笔交易的金额和付款期限必须完全一致；②当事双方要有密切的业务联系和相互了解的信用基础；③任何一方都要有垫付资金的能力。在贸易实务中，要同时具备以上三个条件是非常困难的。因此，这些局限性使商人之间的直接结算难以推广，必须加以改革。

（2）从买卖双方直接结算发展到通过银行结算

到了 18 世纪 60 年代，随着海运事业的发达，海运与贸易有了各自的分工，海洋运输保险业也应运而生。银行从在国内普遍设立机构扩展到在国外设点，使银行网络覆盖全球，银行成为国内外结算的中心。银行通过买卖来转让不同种货币、不同期外汇票据，将进出口贸易中形成的大量债权债务关系予以最大限度的抵消清算，节省了手续费和利息。买卖双方直接结算逐步被银行间的间接结算代替，从而使买卖双方可以集中精力开展贸易，货款结算则完全通过银行办理。

（3）从凭货付款发展到凭单付款

原始的结算方式是，卖方一手交货，买方一手交钱，钱货两清，这种交货方式通常被称为现金交货。当贸易商与运输商有了分工以后，卖方将货物交给运输商承运至买方，同时运输商将货物收据交给卖方，再由卖方将此货物收据转寄给买方，到时买方凭此单据向运输商取货。随着海上运输规模的继续扩大，简单的货物收据逐渐发展成为比较完善的海运提单。由于海运提单具有物权单据的性质，它把货物单据化了，交单等于交货，持单等于持有货物的所有权，因此，海运提单成为可以流通转让的单据。卖方凭单交货，买方凭单付款，银行可以凭单融通资金。与此同时，出现了履约证书化，即卖方通过提交相关的单证向买方证明自己已履行合约所规定的责任。

（4）从人工结算发展到电子结算

随着科学技术的发展、电子技术的日新月异，高科技、计算机进入了银行业，加速了资金和单证的流转过程，使一些国际业务在瞬间即可完成。快速、安全、高效的国际清算已成为当代国际结算的主要课题。目前，世界上主要有三个电子清算系统办理国际结算中的资金调拨，分别是：清算所银行同业支付系统（Clearing House Inter-bank Payment System，CHIPS）；清算所自动支付系统（Clearing House Automated Payment System，CHAPS）；环球同业银行金融电讯协会（Society for Worldwide International Financial Telecommunication，SWIFT）系统。

电子货币、票据和电子资金转账成为重要的支付工具。电子数据交换技术（Electronic Data Interchange，EDI）将标准的经济信息通过网络在贸易伙伴的电子计算机系统之间进行数据交换和自动处理。SWIFT 系统瞬间就能完成国际汇款、资金调拨、外汇交易、托收、跟单信用证以及索汇等业务。国际结算技术电子化实现了单据标准化、业务电脑化，大大降低了国际贸易和国际结算的交易成本，提高了交易速度和资金结算的效率，为国际结算的发展提供了巨大的空间。

1.1.4 国际结算的基本内容

国际结算主要包括 4 个方面的内容：国际结算的支付工具、国际结算方式、国际结算的单据和以银行为中心的支付系统。

1. 国际结算的支付工具

现代国际结算主要是银行的非现金结算，而非现金结算的主要支付工具是票据。票据是国际结算的重要内容之一。现在的国际结算基本上都是非现金结算，为了表明资金的转移收付关系，需要使用一定的支付手段，即信用工具，而这些信用工具就是票据。

票据在结算中起着流通手段和支付手段的作用，远期票据还能发挥信用工具的作用。票据主要包括汇票、本票和支票，它们被认为是国际结算的基石。正是依赖这些票据的使用和传递，资金才能在全球范围内最大限度地完成转账结算。票据的使用极大地提高了国际结算的效率和安全，因此票据的要式及种类、票据行为、流通规律等是国际结算这一学科的第一个研究对象。

2. 国际结算方式

国际结算方式是指以一定的条件实现国际货币收付的方式。在国际贸易中，进出口商要将商定采用的结算方式列入合同的支付条款中并予以执行。经办银行根据客户的要求，在某种结算方式下，以票据和各种单据作为结算的重要凭证，最终实现国际债权债务的清偿。

国际结算方式主要包括汇款、托收、信用证、国际保理、备用信用证、福费廷等类型。国际结算方式的发展与创新主要取决于国际经贸活动的内容、融资需求、风险保障程度及银行的服务范围等因素。

在国际经济交往活动中，为实现最终交易目的，当事人可以采用单一结算方式，如以汇款或信用证方式结算货款；也可以将多种结算方式结合使用，如以跟单托收方式结算货款时，出口商为规避风险，可同时通过备用信用证获得开证行的信用担保；还可以将部分款项货款以托收方式结算，部分款项货款以信用证方式结算。

总之，在国际贸易实践中产生了各具特色、适用于不同交易需要的国际结算方式。国际结算方式的产生、演变、应用、发展趋势及创新是国际结算这一学科的第二个研究对象。

3．国际结算的单据

银行进行国际结算的必要条件之一就是单据的传递和使用。在国际贸易结算中，单据是货物买卖的基础和依据，凭单交货、凭单付款决定了货物单据化，因此，在国际贸易结算中，单据具有非常重要的作用。这里所说的单据既包括运输单据、商业发票、保险单据等，也包括进口商根据进口国的规定、货物性质或其他需要而要求出口商特别提供的附属单据，如海关发票、领事发票、产地证书、卫生检疫证明等，以及附属于商业发票的单据，如包装单、尺码单、检验证等。

货物单据化是银行作为国际贸易结算中介的前提，否则，银行会耗费相当大的人力、物力和财力参与监管交易的各个环节。只有在凭单付款的条件下，银行才有可能通过控制单据，进而控制货物，在结算货款、贸易融资、咨询服务等方面发挥巨大的作用。

单据对于国际贸易债务的清偿具有至关重要的作用，特别是采用跟单信用证方式结算货款时，出口商提交的单据合格与否，成为其能否收回销售货款的决定性因素。因此，出口商应严格按照信用证的规定提交正确的单据。

4．以银行为中心的支付系统

以银行为中心的现代电子转账划拨支付系统，是国家间资金得以安全有效结算的基础。只有保证各国的货币清算中心支付系统运行良好，才能保证国际结算及时、可靠地进行。此外，跨国支付系统的作用也越来越突出。例如，1973 年开通的 SWIFT 系统、欧洲的跨国零售支付系统、英国的 CHAPS、美国的 CHIPS 等，都为全球资金结算的准确、快捷和可靠做出了贡献。

进入 20 世纪 90 年代后，各国清算系统的“主动脉”向大额实时支付结算方向发展，而小额支付系统仍采用差额结算。这一改革的主要目的是减少资金在调拨转移中的结算风险和时间风险。因此，一个运行良好的支付系统是完成国际结算的重要条件。

1.1.5　国际结算、国际清算与国际贸易的关系

国际贸易是企业之间的商品转移交割，需要解决钱货两不清的债权债务关系；国际结算是银行与企业之间完成单据和货币资金转移，了结企业货物债权债务的方法，但又衍生出了银行与企业之间资金的债权债务关系。国际清算是指不同国家银行之间通过票据清算所或清算网络，对因资金代收代付而衍生的债权债务进行清偿的活动。其目的是通过互为结算往来账户的增减变化来结清国际结算业务。可见，国际贸易是国际结算和国际清算的前提，国际结算是国际清算的前提和动因，国际清算是国际结算的继续和完成。

因此，国际结算、国际清算与国际贸易三者之间产生了三个层次的因果关系，如图 1-1 所示。国际结算起因于国际贸易，由钱货两清的时空不一致而导致的债权债务关系，由银行凭单结算了结；而银行凭单结算靠海外账户行或代理行代理收付，又会产生新的资金偿付债权债务关系，由国际相关银行进行资金的划拨清算了结。

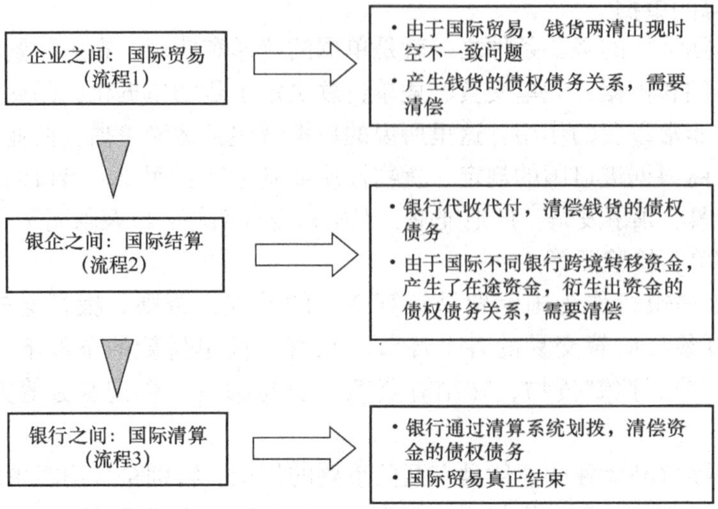

图 1-1　国际结算、国际清算与国际贸易之间的因果关系

1.2　国际惯例概述

由于国际结算涉及不同国家的法律，而各国法律在一定程度上存在冲突，因此，在处理国际结算问题时，很少适用某一当事人所在国的法律，而是适用国际惯例。按国际惯例行事是从事国际经贸活动的基本要求。

1.2.1　国际惯例的定义

国际惯例（International Custom）是指在长期的国际交往实践中约定俗成的，为国际社会公认的国际交往行为惯常模式、规则、原则等，对当事人之间的关系、权利和义务有明确的规范，是国际外交、国际经贸和国际文化交流等惯例的总称。

国际惯例植根于国际交往实践，是在长期反复实践中逐步形成的某一特定领域的习惯性做法或通例，这种做法或通例是在各国法律许可的范围内发展起来的，经过有关国际组织的整理编纂，获得系统有序的成文表现方式，进而大大方便了参与国际交往的当事人的使用。国际惯例不是一成不变的，随着科学技术的发展和社会进步，原有的惯例不断地完善，新的惯例则在频繁的国际交往中不断产生。

1.2.2　国际惯例的特点

1．国际性

国际经贸活动是在世界范围内进行的，因此作为调整经贸关系的惯例也具有国际性。国际惯例被许多国家和地区认可，成为各国的共同行为准则。由于国际惯例具有国际民间性质，不涉及国家主权，因此各国为了避免相互之间涉外经济立法的冲突，都普遍承认和采纳国际惯例。

2. 非强制性

尽管在国际贸易中国际惯例对有关当事人行为具有一定的约束力，但是国际惯例本身并不是法律。国际惯例是国际民间团体（如国际商会）或同一行业的从业人员共同信守的规则，而法律则是由国家权力机关统一制定和认可的、集中体现国家意志的、由国家执法机关强制保证实施的、具有约束力的规范。

3. 相对稳定性

国际惯例是在长期的国际经贸活动中，经过反复使用、约定俗成的，是国际经贸活动的历史产物，因此具有相对稳定性。若国际惯例经常变动，就会失去权威性，也不可能在国际经贸活动中发挥规范和调整作用。

1.2.3 与国际结算有关的国际惯例

1. 票据方面的国际惯例

（1）英国《票据法》

英国于 1882 年制定了《票据法》（*Commercial Instrument Law*），此后对其少部分内容做了适当的修改。虽然该《票据法》属于英国的国内法，但由于其具有权威性且历史悠久，在涉及国际结算问题时，许多当事人通常约定援引该法作为依据，因此，该法具有国际惯例的性质和特点。

（2）日内瓦《统一汇票本票法公约》和《统一支票法公约》

1930 年和 1931 年，国际联盟在日内瓦召开了国际票据法会议，通过了《统一汇票本票法公约》（*Uniform Law on Bill of Exchange and Promissory Notes*）和《统一支票法公约》（*Uniform Law on Cheque*），现在已经被法国、德国等大多数国家所接受，大陆法系各国的票据法基本趋于统一。

2. 与结算方式相关的国际惯例

（1）《托收统一规则》

为了在全球范围内统一托收的做法，减少各有关当事人之间可能产生的争议，国际商会早在 1958 年就制定了《商业单据托收统一规则》。为了适应国际贸易发展的需要，国际商会在不断总结实践经验的基础上，对该规则进行了多次修订，最新版为《托收统一规则》（*Uniform Rules for Collection*，ICC Publication No. 522，URC522），于 1996 年 1 月 1 日开始实施。该规则已被各国银行和贸易商广泛采用，成为托收业务的国际惯例。

（2）《跟单信用证统一惯例》

国际贸易结算的国际性要求信用证规则在国际间保持一致。为此，国际商会在 1929 年制定了《商业跟单信用证统一规则》，此后经过多次修改，定名为《跟单信用证统一惯例》（*Uniform Customs and Practice for Documentary Credits*，UCP）。UCP 已成为国际间银行和贸易商处理信用证业务的基本规则，在信用证的争议、纠纷乃至诉讼中，通常援引它作为依据。UCP 促进了国际结算业务的标准化和统一化，使国际贸易与金融活动更加融合并合理结合。从 2007 年 7 月起，UCP 第 600 号出版物开始执行，简称 UCP600。

（3）《跟单信用证统一惯例关于电子交单的附则》

近年来，随着网络技术的飞速发展，电子商务迅速普及，在国际贸易中普遍使用的信用证交易方式中也产生了电子提示和电子签章。跨国性的电子交易成为国际贸易的一种新模式，使用网络传递信用证逐渐成为国际潮流。为了适应新的贸易模式，规范电子信用证交易，国际商会于 2006 年年底在 UCP600 的基础上，针对电子信用证交易中的电子提示等问题制定了一个补充规则，即《跟单信用证统一惯例关于电子交单的附则》（*Supplement to UCP600 for Electronic Presentation Version 1.1*，eUCP）。eUCP 与目前使用的 UCP600 共同适用于信用证交易。

（4）《跟单信用证项下银行间偿付统一规则》

当信用证开立后，开证行根据受益人提示的相符单据向受益人或其指定银行付款。这种付款也可以通过开证行指定的其他银行来完成，此时被开证银行指定的付款银行称为偿付银行。此种情况下的结算就涉及开证行、偿付行和出口地索偿行之间的授权和款项转移等一系列问题。1996 年，国际商会制定了《跟单信用证项下银行间偿付统一规则》（*Uniform Rules for Bank-to-Bank Reimbursement under Documentary Credits*，URR525），专门作为处理上述结算业务的统一惯例。为了使 URR 与 UCP600 相适应，国际商会之后修订了 URR525，新版 URR725 于 2008 年 10 月 1 日起实施。

（5）《国际备用证惯例》

《国际备用证惯例》（*International Standby Practice 1998*，ISP98）反映了已被广泛接受的有关备用信用证的惯例、习惯和用法。ISP98 为备用信用证提供了单独规则，对履约备用信用证、预付备用信用证、投标备用信用证、反担保备用信用证、融资备用信用证、保险备用信用证、商业备用信用证和直接付款备用信用证等下了定义。ISP98 在适用时可能会根据某些备用证文本的具体规定而产生变化，但是它提供了在大部分情况下可接受的一些中性规则，并在其他情况下为谈判提供了一个有用的出发点。ISP98 可以为有关各方（包括开证人、保兑人或备用证的受益人）在商议和起草备用证的条款时节约相当多的时间和费用。

（6）《关于审核跟单信用证项下单据的国际标准银行实务》

由于各国对 UCP600 的理解和各银行审单标准的不统一，导致大量的信用证业务首次交单时被银行拒付，从而出现了大量争议甚至诉讼，严重影响了信用证作为国际贸易最重要结算方式的作用的发挥。为此，国际商会在 2002 年通过了《关于审核跟单信用证项下单据的国际标准银行实务》（*International Standard Banking Practice for the Examination of Documents under Documentary Credits*，ISBP）。ISBP 是国际商会依据 UCP 的规定制定的，其目的是明确银行审单标准，减少对单据不符点的争议，巩固和加强信用证在国际贸易中的地位和作用。

为了与 UCP600 衔接、配合，国际商会对 ISBP 进行了更新（国际商会第 681 号出版物）。ISBP 中所反映的国际标准银行实务与 UCP600 和国际商会银行委员会发布的意见和决定是一致的，只解释了 UCP600 中提及的实务惯例如何为信用证的当事人和关系人所使用，即 ISBP 是 UCP600 的组成部分。因此，ISBP 应与 UCP600 一起整体使用，而不能单独地、孤立地解读。

（7）《跟单票据争议专家解决规则》

在信用证争议中最常见的是瑕疵单据被拒付的问题。一般情况下，解决的方法不外乎由当事人自行协商、仲裁或提出诉讼由法院判决。当事人自行协商很难达成和解；诉讼所花的费用和时间有可能得不偿失；由于各国法院与律师对国际贸易惯例的理解和适用存在差异，误判的情况在所难免，也不易使当事人信服。为此，国际商会曾于 1996 年制定了《跟单信用证争议专家解决规则》（*Rules for Documentary Credit Dispute Resolution Expertise*，DOCDEX），以解决由于适用 UCP 和 URR 而引发的争议。随着国际贸易的不断发展，以及信用证争议和有关结算单据纠纷的大量增加，2002 年 3 月，国际商会对 DOCDEX 进行了修订，将其适用范围由原来的 UCP、URR 扩大到其他国际商会规则，包括 URC 和《见索即付保函统一规则》。DOCDEX 的名称也由原来的《跟单信用证争议专家解决规则》改为《跟单票据争议专家解决规则》，从而使该规则被确定为以专家意见为基础的解决国际结算纠纷的机制。

（8）其他惯例与规则

为了向国际贸易和国际结算的有关当事人在国际商事活动中使用的信用担保提供统一的指导规则，国际商会自 20 世纪 60 年代就开始致力于此项工作。到目前为止，除了上述几项规则与惯例，国际商会还制定并实施了以下几项惯例与规则：1978 年国际商会第 325 号出版物《合同保证统一规则》（*Uniform Rules for Contract Guarantee*）、1993 年国际商会第 524 号出版物《合同保函统一规则》（*Uniform Rules for Contract Bonds*）等。1996 年联合国国际贸易法委员会正式通过了《联合国独立担保与备用信用证公约》（*United Nations Convention on Independent Guarantees and Standby Letter of Credit*）。上述惯例与规则对国际贸易和国际结算中常用的保函问题进行了统一规范。

除上述惯例和规则外，国际商会的其他出版物如各种答疑和意见汇编、案例分析与研究等，都是国际结算可适用的统一惯例与规则，均可作为处理相关结算业务的依据。

3．与单据相关的国际惯例

（1）《海牙规则》

《海牙规则》（*Hague Rules*）全称为《统一提单的若干法律规定的国际公约》，是关于提单法律规定的第一部国际公约。《海牙规则》于 1931 年 6 月 2 日正式生效，欧美许多国家都加入了这个公约。中国虽然没有加入该公约，却把它作为制定中国《海商法》的重要参考依据；中国不少船公司的提单条款也采纳了这一公约的精神。因此，《海牙规则》堪称现今海上货物运输方面最重要的国际公约。

（2）《海牙维斯比规则》

《海牙维斯比规则》是 1968 年 2 月 23 日在比利时的布鲁塞尔外交会议上通过的，于 1977 年 6 月 23 日生效。《海牙维斯比规则》是《海牙规则》的修改和补充，故常与《海牙规则》一起被称为《海牙–维斯比规则》。

（3）《汉堡规则》

由于《海牙规则》越来越不能适应国际政治、经济形势发展的要求，因此需要对其进行修改。联合国贸易和发展会议航运委员会经过 4 年的艰苦工作，于 1976 年 5 月拟订了《联合国海上货物运输公约》草案，并提交 1978 年 3 月 6 日—31 日在汉堡召开的联合国海上货物运输外交会议，审议通过。因为会议在汉堡召开，所以该公约又称《汉堡规则》。

（4）《2020 国际贸易术语解释通则》

由于不同的国家对贸易术语的多种解释引起的误解阻碍了国际贸易的发展，国际商会广泛征求了各国出口商、进口商、代理人、船东、保险公司和银行等行业的意见，于 1936 年制定了《国际贸易术语解释通则》（*International Rules for the Interpretation of Trade Terms*，INCOTERMS）。为适应国际贸易的发展，国际商会先后于 1953 年、1967 年、1976 年、1980 年、1990 年、1999 年、2010 年对 INCOTERMS 进行了多次修订和补充。2019 年 9 月，国际商会正式公布了 2020 年版本的 INCOTERMS（INCOTERMS 2020），于 2020 年 1 月 1 日生效。

1.3 国际清算系统概述

1.3.1 国际清算系统的定义和组成

国际清算依赖国际清算系统（International Clearing System）。国际清算系统又称金融体系支付系统或支付清算系统，由提供支付服务的中介机构（如清算所和清算行）、管理货币转移的规则（如法律和惯例）、实现支付指令传送和资金清算的专业技术手段（如 SWIFT 网络）共同组成，是用以实现债权债务清偿和资金转移的一系列组织和安排。国际清算系统包括票据清算所和银行清算网络。

1. 票据清算所

票据清算所（Clearing House）是指由许多银行（清算银行）参加的、彼此进行资金清算的场所。借助 SWIFT/TELEX 通信手段，银行间债权债务的清算主要是通过票据清算所自动清算完成的，票据清算所采用轧差清算，即借贷相抵后余额清算，清算流程如下。

① 如果两家收付银行无共同账户关系，可借助 SWIFT/TELEX 通信，通过清算机构清算。

② 如果两家收付银行有共同账户关系，可借助 SWIFT/TELEX 通信，通过共同账户行的内部转账，一借一贷，即可快速清算。

2. 银行清算网络

银行清算网络是指银行利用全球分支行或代理行的共同账户行关系，借助 SWIFT/TELEX 通信手段，不通过票据清算所，而通过银行内部转账方式清算的银行网络。银行清算网络采取共同账户行直接借汇出行、贷汇入行，付款行和收款行债权债务得到清算。

办理国际结算业务的银行，必须在业务所涉及的地域范围内建立广泛的网络。因为跨国资金转移必须通过银行之间的转账清算来完成，所以在全球范围内建立资金划转畅通的银行账户网络是国际结算业务顺利进行的关键和前提条件。银行清算网络包括以下几个组成部分。

（1）银行自身的分支机构

银行使用自身的分支机构进行往来资金电子划拨清算，非常便捷。

银行海外分支机构遍布全球主要城市，主要包括以下几种。

① 海外分支行。海外分支行是银行在海外设立的营业性机构，本身不具备独立的法人地位，不仅受其总行所在地的金融管理法令和条例的约束，还受其营业地的管理法令和条例的约束。海外分支行可以经营当地政府允许的各种银行业务，还能根据总行资本决定信贷限额。

② 代表处。代表处是商业银行在国外设立的非营业性机构，为总行或其国外分行提供当地信息，为开办分行建立基础。

③ 代理处。代理处是商业银行在海外设立的能办理汇款和贷款业务的机构，但被限制经营当地存款业务，是总行的一个组成部分，介于代表处和分行之间，不具有法人资格，资金来源只能是总行或从东道国银行同业市场拆入。

④ 子银行。子银行是在东道国注册的独立金融机构，具有法人地位。

⑤ 联营银行。联营银行可以是两国或多国投资者合资兴建的，也可以是外国投资者通过购买当地银行的部分股权而形成的。

⑥ 银团银行。银团银行通常是由两个以上不同国籍的跨国银行共同投资注册而组成的公司性质的合营银行，银团银行的任何一个投资者所持有的股份都不超过 50%。

（2）代理行

代理行是指相互间委托办理业务、具有往来关系的银行。代理行的层次分为一般代理关系、账户代理关系和议定透支额度关系三种。建立国外代理行关系要根据国外银行的地理位置、经营历史、资信状况、业务范围、世界银行界地位、经营业绩、客户分布、竞争能力及发展前景等各方面的情况来确定。签订代理行协议包括确认机构总称、确认并交换控制文件（包括密押、签字样本、费率表）、代理业务范围、往来头寸划拨、融资便利安排等。

① 密押。密押即电报密押，是加在电文前面以证实电函真实性的密电码。收报行首先要核验密押，相符后确认电报的真实性。银行密押一般是由一系列数字组成的，编押原理一般是将电函拍发的月份、日期、金额、货币、序号等按某种方式折算成一系列数字。密押属绝密性的文件，由专人负责使用和保管，一两年更换一次。SWIFT 密押独立于电传密押之外，供双方在收发 SWIFT 电讯时使用，对全部电文（包括所有的字母、数字和符号）加押，准确程度高，且由电脑自动加注和破译，极其可靠，每半年须更换一次。

② 签字样本。签字样本即授权签字样本，是银行列示的每个有权签字人的有权签字额度、有权签字范围、有权签字组合方式及亲笔签字的字样，是代理行用以核对对方发来的电报、电传的真实性的凭证。签字应该以不易模仿的方式进行书写，若有人事变动，应及时更换签字并通知对方。代理行来往书面文件须签字生效，收件行应将文件上的签字和印鉴册上的签字进行核对，只有字迹完全相符才能确认文件的真实性。

③ 费率表。费率表是代理行代办各项业务的收费标准，双方要交换费率表。我方若委托代理行办理某项业务，应按照对方即海外代理行的费率表收费，一般先由我方垫付，然后向客户收取。若代理行之间关系良好，彼此可约定优惠办法。

（3）账户行

国际商业银行为了开展国际业务，彼此之间必须建立往来关系，以便相互委托办理各项业务。为了实现委托业务中发生的货币收付，必须通过外汇账户予以清算和结算。因此，国际商业银行之间除了要建立代理行关系，还要建立账户行关系。

代理行之间单方或双方互相在对方银行开设结算账户，称为账户代理行，简称账户行，即同业往来账户。开立结算账户需要约定最低存款额和存款利率、透支额度和透支利率、账户手续费用标准、对账单交递频次。

代理行关系和账户行关系既有联系又有区别。代理行关系并不一定是账户行关系；但是，账户行关系一定是代理行关系。两家银行只要其中一方在另一方开设账户，不管另一方是否也对等地在一方开设账户，它们之间的关系既是代理行关系，又是账户行关系。

综上所述，代理行分两类：一类是有账户行关系的代理行，另一类是没有账户行关系的代理行。本国银行在境外银行开立的境外货币账户，称为往账，为存放国外同业款项，属资产科目；相应地，境外银行在本国银行开立的本币账户，称为来账，为国外同业存放款项，属负债科目。一方的往账就是对方的来账，二者合称同业往来账户。账户行关系高于代理行关系，但低于联行关系。经营国际业务的银行都在国际货币的清算中心开立账户，并有结算专用的存款，否则会影响货币收付的正常进行。

1.3.2 主要国家的清算系统

1. 美元清算系统

美元是世界上最重要、最主要的储备货币、外汇及清算货币，国际贸易中以美元计价的占一半以上。美元清算系统主要包括联邦资金转账系统（Federal Reserves Wire Transfer System，FEDWIRE）和 CHIPS。

（1）FEDWIRE

FEDWIRE 是美国境内美元收付系统，由美国联邦储备系统（以下简称美联储）所有。美联储于 1913 年成立，为美国中央银行。它将美国全国划分为 12 个联邦储备区，各区有一个联邦储备银行，另在 25 个重点城市设立了联邦储备银行的分行，各家商业银行在联邦储备银行的分行开立存款准备金账户。美联储成立的重要目的之一是为美国银行系统创建一个统一的境内美元支付清算设施。

FEDWIRE 是一个实时的、全额的、贷记的资金转账系统。它还包括一个独立的电子簿记式的政府证券转账系统。FEDWIRE 资金转账主要用于银行间隔夜拆借、银行间结算业务、公司之间付款及证券交易结算等。FEDWIRE 是美国境内美元清算的系统，是美国全国性的电子付款清算系统。美国跨州电汇划拨款项需要通过 FEDWIRE 系统，直接由联邦储备银行进行操作和管理。

（2）CHIPS

CHIPS 是一个由纽约清算所协会拥有并运行的私营支付系统。它是用于替代纸质票据清算的一个电子系统。与 FEDWIRE 类似，CHIPS 是一个贷记转账系统。

CHIPS 通常从每日 7 时开始运行直到当日 16 时 30 分（美国东部时间），结算一般在 18 时以前完成。每个参与者在营业日开始时的起始余额都为 0。CHIPS 根据发送和接收的支付信息在运行日内连续地计算每个参与者相对于其他参与者的净头寸，支付信息可以在当日或未来某日生效。当日生效的信息在发送者发出之后立即得到处理，除非这笔支付使发送者超过了其信贷限额或净借记极限。支付信息一旦被传递到接收者处，发送机构就不能取消这笔支付。

每日 16 时 30 分之后，清算所通知每个参与者其净头寸，并通知每个结算参与者其总净头寸（包括代理的所有参与者的净头寸）。如果一个结算参与者的净头寸是负值，那么该结算参与者需要通过 FEDWIRE 在 17 时 45 分之前将资金转账到纽约联邦储备银行的 CHIPS 净结算账户上。一旦所有的净借记债务得到偿付，清算所将通过 FEDWIRE 向所有处于净贷记状态的结算参与者传送资金，并在 18 时之前通知所有参与者结算已经完成。

2．英镑清算系统

英镑清算系统原来有两个。一个是伦敦城内交换系统（Town Clearing System）。伦敦城内交换系统是一个大额的当天交换系统，只清算以伦敦城内的银行为付款行和面额在 1 万英镑以上的票据。另一个是普通交换系统（General Clearing System）。普通交换系统不是当天交换的系统，办理以伦敦城内的交换行为付款行和面额在 1 万英镑以下的票据交换，以及伦敦城以外的票据交换。

英国的交换银行在美国 CHIPS 成立之后，设立并开始使用计算机来办理票据交换工作。在原有的两个清算系统的基础上建立了一个新系统 CHAPS。英国的 11 家清算银行加上英格兰银行共 12 家交换银行集中进行票据交换，其他商业银行则通过其往来的交换银行交换票据。非交换银行须在交换银行开立账户，以便划拨差额，而交换银行之间交换的最后差额则通过它们在英格兰银行的账户划拨。

CHAPS 有四条基本规定：①该系统不设中央管理机构，各交换银行之间只在必要时才进行合作（指最低限度的合作）；②付款电传一旦发出并经通道认收后，即使立即被证实这一付款指令是错误的，发报行也要在当天向对方交换银行付款；③各交换银行在规定的营业时间内必须保证通道畅通，以便随时接收其他通道发来的电传；④各交换银行必须按一致通过的协议办事。CHAPS 使用的计算机设备对所有软件都有备份，一旦机器局部发生故障，备份就能自动接替工作。此外，即使整条通道失灵，每家交换银行也都有另一条完整的通道可供使用。

CHAPS 以高度自动化的信息传递部分取代了依靠票据交换的方式，使伦敦城以外的交换银行付款 1 万英镑以上的票据交换部分实现了当天结算。

3．欧元实施后的欧洲支付系统

在欧洲统一货币欧元启用之前，欧元区 12 个国家有 12 个独立的支付系统，有 12 种不同的支付习惯，这些差别给欧洲的跨境支付带来了很大的不便。在欧元启用前，欧盟内部跨境支付划拨平均需要一周的时间。欧元的启用迫切需要建立一个统一的欧洲支付系统，将欧元区各国的支付系统连接起来，保证资金划拨畅通，特别是大额跨境支付划拨，应保证在最大的安全性下在最短的时间内实现。由此，泛欧实时全额自动清算系统（Trans-European Automated Real-time Gross Settlement Express Transfer System，TARGET）应运而生，于 1999 年 1 月 1 日正式启用。该系统连接欧元区各成员国中央银行的大批量实时清算系统，按法兰克福时间每日运行 11 小时（早 7 时至晚 6 时）。

1999 年欧元启用后，除了 TARGET，欧元区内各商业银行有至少 5 个清算渠道与区内及全球各往来银行进行资金清算划拨。①通过各自的中央银行清算中心与国内银行清算或在 TARGET 上与其他成员国银行清算。②通过欧洲银行协会的结算网络系统清算。这个系统目前共有 22 个国家的 87 家成员银行。③通过 SWIFT 系统进行清算。④通过对清算账户的直接借记和贷记清算。⑤通过国际银行组织电子银行协会清算。

4. 日元清算系统

日元清算系统主要包括汇票和支票清算系统、全银数据通信系统、外汇日元清算系统和日本银行金融网络系统。前三个系统的运营和管理由私营部门东京银行家协会负责，参与机构在日本银行开设的往来账户用以结算彼此之间支付的净头寸。汇票和支票清算系统、全银数据通信系统主要用于小额转账；外汇日元清算系统和日本银行金融网络系统主要用于大额转账。

（1）汇票和支票清算系统

汇票和支票清算系统（Bill and Cheque Clearing System，BCCS）主要为同一地区的金融机构提供汇票和支票的交换清算服务。大中型金融机构，包括银行和外国银行在日本的分支机构，都是 BCCS 的直接参与机构。小型金融机构通过直接参与机构间接地加入 BCCS 进行清算。

（2）全银数据通信系统

全银数据通信系统（Zengin Data Telecommunication System，Zengin 系统）是一个日本国内银行间资金转账的小额清算系统，于 1973 年开始运行。另外，很多小型金融机构，如信用金库、信用合作社、劳工信用协会、农业使用合作社及区域性银行团体都有各自的银行间清算系统。这些清算系统的结构都与 Zengin 系统相似。日本国内银行和外国银行在日本的分支机构等金融机构直接参与 Zengin 系统的清算。小型金融机构参加 Zengin 系统则是分别通过它们各自与 Zengin 系统连接的清算系统来实现的。

（3）外汇日元清算系统

外汇日元清算系统（Foreign Exchange Yen Clearing System，FXYCS）是于 1980 年建成的日本大额支付系统，以简化跨境金融交易日元支付的清算过程。最初，该系统的运转建立在处理纸质单据的基础上，为了适应外汇交易量的快速增长，1989 年东京银行家协会对该系统进行了改造，实现了系统的自动化，并把经营权委托给日本银行。FXYCS 处理跨境金融交易所产生的日元支付，这些跨境金融交易包括外汇交易、日元证券交易和进出口贸易的支付。FXYCS 的自动化系统是日本银行金融网络系统的一部分。

（4）日本银行金融网络系统

由日本银行负责运营的日本银行金融网络系统（Bank of Japan Net Funds Transfer System，BOJ-NET）于 1988 年建成，是一个联机的电子大额资金转账系统，也是日本支付结算系统的核心。BOJ-NET 由两个子系统组成：一个是用于资金转账的 BOJ-NET 资金转账系统；一个是用于日本政府债券结算的 BOJ-NET 日本政府债券服务系统。虽然 BOJ-NET 资金转账系统从建成之日起就为资金的结算提供了两种结算方式，即定时净额结算和实时全额结算，但 2001 年年初日本银行废除了定时净额结算这种结算方式，使实时全额结算成为 BOJ-NET 资金转账系统唯一可用的结算模式。

日本银行提供的大多数支付服务都可以通过 BOJ-NET 资金转账系统进行处理，包括：同业拆借市场和证券交易所引起的金融机构之间的资金转账；在同一金融机构的不同账户之间的资金转账；私营清算系统产生净头寸的结算；金融机构和日本银行之间的资金转账，包括在公开市场操作的交易。通过 BOJ-NET 资金转账系统进行的大多数资金转账都是贷记转账，但机构内的资金划拨也可以通过借记转账来进行。

5．人民币清算系统

（1）中国现代化支付系统

中国现代化支付系统（China National Advanced Payment System，CNAPS）是中国人民银行按照我国支付清算需要，利用现代计算机技术和通信网络开发建设的，能够高效、安全地处理各银行办理的异地、同城各种支付业务及其资金清算和货币市场交易资金清算的应用系统，是中央银行履行支付清算职能、改进金融服务的重要核心系统。目前，CNAPS 主要包括大额实时支付系统、小额批量支付系统、全国支票影像交换系统、电子商业汇票系统和网上支付跨行清算系统等。

① 大额实时支付系统。大额实时支付系统主要办理跨行汇款金额 5 万元以上或 5 万元以下的加急资金汇划业务，业务处理全程自动化，一笔支付业务不到 60 秒即可到账。客户可以通过商业银行柜台、网银、手机银行等发起汇款。

② 小额批量支付系统。小额批量支付系统业务种类丰富，实行 7×24 小时连续运行，满足社会经济活动中多样的跨行支付需要。该系统处理的业务主要包括：汇款金额 5 万元以下的资金汇划业务；代付工资、保险金等定期批量付款业务；煤、水、电、气等公用事业单位的定期批量收款业务等。

③ 全国支票影像交换系统。全国支票影像交换系统上线运营后，支票的使用范围由同一个城市扩大到全国。例如，武汉 A 公司员工去深圳 B 公司采购货物，如果带着大量现金，既不方便，也不安全，这时他可以使用支票付款，将支票交给深圳 B 公司，深圳 B 公司将支票提交给其开户行，由深圳 B 公司的开户行通过全国支票影像交换系统提示付款，从而完成这项交易。

④ 电子商业汇票系统。电子商业汇票系统是纸质商业汇票的电子化发展，客户可以通过电子商业汇票系统实现签发电子汇票、背书转让、贴现、查询等功能。由于采用了数字签名等安全技术，电子商业汇票可以防范假票、克隆票等风险，大大提高了支付资金的安全性。电子商业汇票有效期为 1 年，比纸质汇票的有效期长 6 个月，有利于资金的多次周转。

⑤ 网上支付跨行清算系统。网上支付跨行清算系统可以让客户不受地域和时间限制，全天候通过网上银行办理业务，且实时反馈资金到账情况，方便快捷。其主要办理的业务种类有：5 万元以下金额的主动汇款业务；授权开户银行的被动扣款业务，如资金归集、实时代收、贷款还款等业务；支持客户进行跨行账户信息查询，便利客户的财富管理。

（2）跨境支付系统

随着人民币离岸市场的快速发展，人民币国际化进程加快。为了提高人民币跨境支付清算效率，满足全球结算需求，作为金融基础设施的人民币全球清算系统建设迫在眉睫。

人民币跨境支付系统（Cross-border Inter-bank Payment System，CIPS）是由中国人民银行组织开发的独立支付系统，为境内外金融机构人民币跨境和离岸业务提供资金清算与结算服务，是中国重要的金融基础设施。CIPS 旨在进一步整合现有人民币跨境支付结算渠道和资源，提高跨境清算效率，满足各主要时区的人民币业务发展需要，提高交易的安全性，构建公平的市场竞争环境。

CIPS 于 2012 年 4 月 12 日开始建设，分为两期：一期主要采用实时全额结算方式，为跨境贸易、跨境投融资和其他跨境人民币业务提供清算、结算服务；二期采用更加节约流动性的混合结算方式，提高人民币跨境和离岸资金的清算与结算效率。2015 年 10 月 8 日第一期正式启动，2018 年 3 月 26 日第二期投产试运行。中国人民银行制定了《人民币跨境支付系统业务暂行规则》，规定了参与者准入条件、账户管理要求，业务管理要求等。

CIPS 有 4 项功能：①连接境内外直接参与者，处理人民币贸易类、投资类等跨境支付业务；②采用国际通行报文标准，支持传输包括中文、英文在内的报文信息；③覆盖主要时区人民币结算需求；④提供通用和专线两种接入方式，参与者可自行选择。

6．SWIFT

通信系统是实现支付指令传送和资金清算的专业技术手段，是国际清算的辅助和技术支持系统。目前主要通过 SWIFT 网络（也叫 SWIFT 系统）实现支付指令传送和资金清算。

SWIFT 是一个国际银行同业间非营利性的合作组织，负责设计、建立和管理 SWIFT 国际银行通信系统，为国际金融业务提供快捷、准确、优良的服务。董事会为最高权力机构，总部设在比利时布鲁塞尔，在荷兰和美国设有运行中心，在各会员国（或地区）设有处理站。SWIFT 运营着世界级的金融电文网络，银行和其他金融机构通过它与同业交换电文来完成金融交易。其创始会员为欧洲和北美洲 15 个国家的 239 个大银行。SWIFT 自 1973 年 5 月成立后，银行成员数量增长迅速。1987 年开始，非银行金融机构如证券公司、基金公司、保险公司等开始广泛使用 SWIFT。在我国，中国银行于 1983 年率先加入 SWIFT 并于 1985 年 5 月正式开通使用，现在所有办理国际结算的银行都已成为 SWIFT 会员。

SWIFT 网络遍布全球 207 个国家和地区的 8 100 多家金融机构（包括银行和非银行金融机构），提供金融业报文传输服务及相关接口软件服务，支持 80 多个国家和地区的实时支付清算系统。SWIFT 发报量增长很快，逐步取代了传统的电传方式，是国际结算和清算等业务的通信主渠道。SWIFT 用户分为三种：会员（股东）、子会员和普通用户。其中，会员享受所有的 SWIFT 服务；普通用户指证券公司、基金公司等，只享受相关服务。

SWIFT 具有三个明显的特点：安全可靠；高速度、低费用；自动加核密。它给银行提供了安全、可靠、快捷、标准化、自动化的通信服务，极大地提高了银行国际结算和国际清算的速度与质量。

拓展实训

各国清算系统展示

要求班级分组，每 4 人一组，各组设组长 1 名，利用课余时间收集一个国家的清算系统的相关资料，制作 PPT，在课堂上进行展示。要求每组选择不同国家的清算系统进行展示。由教师和组长组成评委组，给各组评判打分，计入课程平时成绩。

复习思考题

一、判断题

1. 国际结算业务的分类，是由产生结算业务的交易决定的。国际结算的种类可通过国际收支平衡表说明。（　　）

2. 国际清算是银行间的代收代付资金划拨，以及代理行资金债权债务的清偿。（　　）

3. 在国际贸易和国际结算的长期发展中，形成了一整套被各国银行、工商、航运、法律等各界广泛接受并采用的国际惯例，因此，这些国际惯例对当事人具有强制性。（　　）

4. 代理行是指相互间委托办理业务、具有往来关系的银行。（　　）

5. 通信系统是实现支付指令传送和资金清算的专业技术手段，是国际清算的辅助和技术支持系统。目前主要通过 SWIFT 网络实现支付指令传送和资金清算。（　　）

6. 根据结算原因不同，国际结算分为国际贸易结算和国际非贸易结算。（　　）

二、单选题

1.（　　）是指不同国际银行之间通过票据清算所或清算网络，对因资金代收代付而衍生的债权债务进行清偿的活动。

A. 国际结算　B. 国际清算　C. 国际贸易结算　D. 国际非贸易结算

2.（　　）是在东道国注册的独立金融机构，具有法人地位。

A. 代理行　B. 分行　C. 子银行　D. 联营银行

3.（　　）是指在长期的国际交往实践中约定俗成的，为国际社会公认的国际交往行为惯常模式、规则、原则。

A. 国际惯例　B. 国际法律　C. 国际私法　D. 票据法

4. 国际商会的以下出版物中，适用于信用证的是（　　）。

A. UCP600　B. URC522　C. ISP98　D. INCOTERMS 2020

5. 国际商会的以下出版物中，规定托收的是（　　）。

A. UCP600　B. URC522　C. ISP98　D. INCOTERMS 2020

三、多选题

1. 目前国际贸易结算中绝大多数是（　　）结算。

A．现金　　B．非现金　　C．现汇　　D．记账

2．（　　）所引起的跨国货币收付不属于国际贸易结算范畴。

A．劳务输出入　　B．商品贸易　　C．服务贸易　　D．对外直接投资

E．外来投资

3．银行在国际贸易结算中居于中心地位，具体而言，其作用是（　　）。

A．办理国际汇兑　　B．提供信用保证　　C．融通资金　　D．减少汇率风险

4. 办理国际结算业务的银行必须在业务所涉及的范围内建立广泛的网络，包括（　　）。

A．联行　　B．代理行　　C．账户行　　D．合作行

5．国际惯例的特点包括（　　）。

A．通用性　　B．稳定性　　C．效益性　　D．重复性

E．准强制性

四、简答题

1．国际贸易结算和国际非贸易结算的定义分别是什么？

2．国际结算的特点包括哪些？

3．国际结算中适用的国际惯例与规则有哪些？

4．国际结算发展经过了哪些阶段？

5．国际结算、国际清算与国际贸易的关系是什么？

五、案例分析题

1．随着人民币国际化和“一带一路”建设的深入推进，跨境支付业务风生水起，逐渐成为商业银行竞逐的新“蓝海”，也成为商业银行信用卡业务新的增长点。

宏观政策为跨境支付业务带来了新红利。消费升级为跨境支付业务开拓了新空间。随着我国居民生活水平的不断提高，居民消费迅速向旅游、教育、社交、娱乐等更高层次转变，境外旅游、跨境购物和留学教育等跨境支付需求日益旺盛。以境外游为例，2018 年我国公民出境旅游近 1.5 亿人次，同比增长 15%；消费支出超过 1 200 亿美元，我国已连续 5 年成为世界第一大出境旅游客源地。跨境消费市场的迅速发展为我国信用卡跨境支付业务提供了更广阔的发展空间。科技创新为跨境支付业务注入了新动力。近年来，以大数据、生物识别、人工智能为代表的新技术蓬勃发展，特别是移动互联与信用卡的结合，使人们随时、随地、随需进行境内境外、线上线下交易成为可能，信用卡跨境支付不仅满足了各类线下场景的客户需求，还可以让客户享受便捷的线上支付服务。此外，智能芯片的发展为信用卡全球支付提供了安全保障，有效提升了支付安全，奠定了信用卡跨境支付业务发展的基础。

分析：信用卡跨境支付业务发展路径有哪些？

2．近年来，人民币国际化发展呈现出以下特点：人民币跨境结算规模保持持续增长；人民币在跨境交易中的使用比例继续提高；证券投资领域跨境结算规模实现快速增长，在全部跨境结算中占比继续提高；境外主体继续参与境内金融市场，外资持续流入境内债券和股票市场，全面取消了 QFII/RQFII 投资额度限制；伴随着 20 号胶期货在上海国际能源中心挂牌交易和“沪伦通”的开通等，可投资品种不断丰富。2019 年，人民币跨境收付金额

合计 19.67 万亿元，同比增长 24.08%，其中实收 10.02 万亿元，实付 9.65 万亿元。跨境人民币占本外币跨境收付比重为 39.51%，人民币已连续 9 年成为我国第二大国际收付货币。

2020 年年初，受新冠肺炎疫情冲击，部分企业停工停产，人民币在国际支付中的份额略有波动，但随着国内疫情缓解、企业复工复产，以及在中国人民银行的指导下，多家商业银行开辟“绿色通道”、简化业务流程，积极为企业提供人民币结算服务，人民币的全球支付占比回升，经常项目和资本项目跨境人民币收付金额实现了双增长。2020 年上半年，全国收付金额合计 12.67 万亿元，同比增长 36.33%，其中收入 6.31 万亿元，支出 6.36 万亿元，人民币跨境收付继续保持平衡。截至 2021 年 9 月末，人民币在国际支付货币中的份额为 2.19%，为全球第五大支付货币。

分析：人民币国际化面临的挑战有哪些？

第2章

国际结算工具：票据

本章学习目标

1. 掌握票据的定义和基本特征，了解票据的功能。
2. 掌握主要的票据行为，掌握票据背书的种类及其实务操作。
3. 掌握汇票的定义、内容，以及汇票的付款期限、抬头种类。
4. 掌握本票、支票的定义和特点。
5. 掌握汇票、本票和支票的异同。

本章重点

- 票据的定义和主要的票据行为。
- 汇票、本票、支票的定义和内容。
- 汇票、本票和支票的异同。

本章难点

- 票据的定义和主要的票据行为。

引导案例

商业承兑汇票融资

某新能源有限公司（以下简称新能源公司）注册资本2亿元，总资产高达230亿元，年销售收入超过80亿元，在各家银行闲置贷款授信额度极大，根本用不完。该公司是由政府出资设立的国有独资公司，经省政府授权，负责省内电力及其他能源建设资金的筹集和投资管理。主要涉足电力、煤炭、采掘、煤化工、煤层气、新能源、物流及天然气管道运输、金融证券、房地产开发、酒店餐饮、高科技等产业。

某股份制银行为后来者，为新能源公司提供1亿元的贷款额度，但是新能源公司在其他银行的授信额度都用不完，所以这家银行的授信根本就未启用。于是该银行分析：新能源公司有超过30家供应商，全部为煤炭供应商、电力设备供应商、电缆供应商、发电绝缘件供应商等，这些中小型供应商普遍资金紧张，账期多在 2 个月左右。于是，该银行就设计提供供应链融资。

该银行劝说新能源公司将账期从 2 个月延长到 5 个月，但是必须签发商业承兑汇票给供应商。之后，经过银行的仔细分析，各供应商都答应接受商业承兑汇票付款的方案。

具体银企合作情况如下。

1. 新能源公司挑选出 10 家供应商，每家应付货款金额为 1 000 万元。新能源公司将 1 亿元的贷款额度全部串用为商业承兑汇票贴现额度。

2. 新能源公司签发 1 亿元商业承兑汇票，与供应商和银行签订《商业承兑汇票代理贴现三方协议》，银行承诺按照提供给新能源公司的优惠商业承兑汇票贴现利率提供给供应商，新能源公司可以收取 0.1%的手续费。

3. 新能源公司签发 1 亿元的商业承兑汇票给供应商，并代理供应商完成贴现，银行提供商业承兑汇票贴现融资。

4. 银行将贴现后的款项直接划付给 10 家供应商。

案例思考：新能源公司为什么愿意采用该银行的融资建议？

【案例分析】

新能源公司愿意采用银行建议的原因，一是新能源公司可以利用应收账款的期限，解决上游供应商的付款问题，二是商业承兑汇票对新能源公司来说没有成本。对银行来说，使用了新能源公司的授信额度，营销了新能源公司的上游企业，商业承兑汇票贴现利息高于银行承兑汇票，使银行可以赚取更多的盈利。

资料来源：360 个人图书馆。

2.1 票据概述

票据起源于古希腊和古罗马时期，诞生于中世纪，盛行于资本主义时期。古希腊和古罗马时期有一种“自笔证书”被认为是票据的雏形，持有人提示并得到偿付后将该证书退还给债务人。12 世纪，意大利商人所使用的由货币兑换商签发的兑换证书与现代的本票和汇票十分相似。到了资本主义时期，票据在商业中的应用日益普遍，变得不可缺少，逐步产生了背书、承兑等制度。随着银行业的发展，又出现了专门由银行付款的支票。

2.1.1 票据的定义

票据（Instrument）是指由出票人签发的，具有一定格式，约定债务人按期无条件支付一定金额，并经过背书可转让的书面支付凭证。

票据是国际结算中用以抵消国家间债权债务关系的、具有流通和支付手段功能的信用工具。它的产生和普及开启了非现金结算的历史。现代国际结算的基本方法是非现金结算，票据在非现金结算中担任着支付工具和信用工具的角色。票据在货币和商品的让渡中，为反映债权债务关系的发生、转移、偿付而诞生。在商务实践中，它又被赋予了可流通转让的功能和反映当事人债权债务关系的功能。

票据有广义和狭义之分。广义的票据泛指各种有价证券和凭证，如债券、股票、提单、国库券、发票等。狭义的票据仅指以支付金钱为目的的有价证券，即出票人根据票据法签发的，由自己无条件支付确定金额或委托他人无条件支付确定金额给收款人或持票人的有价证券。在我国，票据是汇票（银行汇票和商业汇票）、本票（银行本票）和支票的统称。本章讲述的票据是狭义的票据。

2.1.2 票据的特性

票据虽然可以代替现金流通，但它本身并不是货币，不具有法定货币的强制流通效力。票据具有设权性、要式性、无因性、流通性、提示性和返还性等特性。其中要式性、无因性、流通性是票据的基本特性，强调了保护持票人的权利，促进了票据的流通，也促使票据成为国际贸易结算的主要工具。

1. 设权性

票据一经设立并交付出去，票据的权利和义务便随之确立。票据做成后经过交付，就创设了对于给付一定金额的请求权，并由此派生出一系列相关权利。基本上，这些权利可分为两种：付款请求权和追索权。票据的权利人依法享有这两种权利，直至票据所代表的债权债务关系完全了结，票据退出流通。

2. 要式性

票据的形式（票据上记载的项目）必须符合规定。票据的做成，各个必要项目记载必须齐全，并且必须符合规定，方可使票据产生法律效力。各国法律对票据必须具备的形式条件和内容都做了详细规定，各票据当事人必须严格遵守这些规定，不能随意更改。只有形式和内容都符合法律规定的票据，才是合格的票据，才会受到法律保护。如果票据的必要项目记载不全或不清，那么就是无效票据。

3. 无因性

无因性是指债权人持票行使票据权利时，可以不明示产生票据权利义务关系的原因。当事人的权利义务并不受票据原因影响，无须调查票据原因，只要要式齐全，受让人就能取得票据文义上载明的权利。

票据权利的发生是有原因的。付款人代出票人付款，他们之间一般存在资金关系。出票人让收款人去收款，他们之间通常存在对价关系，即出票人对收款人负有债务，可能是购买了货物，也可能是以前的欠款。这些原因是票据当事人权利义务的基础，也叫票据原因。票据的无因性并非否认这种关系，而是指票据一旦做成，票据权利即与其原因关系相分离，构成独立的票据债权债务关系，不再受先前的原因关系存在与否的影响。

4. 流通性

票据的流通性，是指在法定的合理时间内，票据可以经过背书、交付而将票据权利转让给后手，手续简便但效力明确。票据的权利转让与股票的过户转让和提单的交付转让有所不同，它具有流通转让的以下特点：持票人可经交付或背书后将票据转让给他人，而不必通知原债务人；票据的受让人接受票据即获得了票据上的全部权利，若票据被拒付或出现其他问题，受让人有权以自己的名义提起诉讼；善意而又付过对价的票据受让人，不因其前手票据权利的缺陷而影响其票据权利。

5．提示性

票据上的债权人请求债务人履行票据义务时，必须向付款人提示票据，才能请求付给票款。如果持票人不提示票据，付款人就没有履行付款的义务。因此，票据法规定了票据的提示期限，超过期限则丧失票据权利。

6．返还性

票据的持票人领到支付的票款时，应当将签收的票据交还付款人，以便使票据关系消灭或防止前手再行使追索权，因此票据的返还性使它不能无限期地流通。付款人若不收回票据，一旦持票人恶意转让给另一善意第三人，则付款人仍然可能承担付款责任。

2.1.3　票据的作用

因为票据具备上述特性，所以在国际结算和国际融资业务中发挥了特有的作用，具体表现在以下几个方面。

1．结算作用

票据的结算作用主要表现为，现代国际结算是以票据为基础的非现金结算，票据作为一种基本的支付工具，代替现金用来结算国家之间的债权债务。例如，在国际货物贸易中，债务人（买方）向银行购买一张汇票寄给债权人（卖方），由债权人持该汇票向当地指定银行（付款行）兑付票面上金额的款项，从而结清双方此笔交易的债权债务。在此过程中，票据作为一种支付工具，既避免了买卖双方现金结算的麻烦，又保障了国际贸易货款结算的安全。

2．信用融资作用

票据是建立在信用基础之上的书面支付凭证。个人之间、企业之间的延期偿付，都可以使用票据这个信用工具。例如，买方要求卖方延期付款，如果卖方同意，可以由卖方向买方开立一张远期汇票，经买方承兑后，于到期时付款。这时票据所表现的不仅是货币，还是卖方与买方之间的信用关系。此外，如果在票据到期前，卖方急需资金时还可以将上述汇票经背书转让给他人或向银行贴现，即将票据作为融资的信用工具。采用票据作为信用工具，不仅可以简化借贷手续和追偿手续，还能使资金融通业务得到扩大，从而促进国际贸易的发展。

3．流通作用

票据是可以流通转让的工具，可以仅凭交付或适当背书后转让，受让人背书后还可以再转让，而且背书的次数越多，该票据的付款担保性就越强。票据的流通和转让大大减少了现金的使用，降低了流通费用，方便了债权的自由转让，扩大了流通领域，同时也提高了结算的效率。

4. 抵销债务作用

抵销债务作用表现在发生多方之间的交易方面，交易各方可以通过票据的开立和转让来抵销相互之间的债权债务，从而有效降低国际结算成本，便于国际贸易的发展。例如，中国 A 商人欠美国 B 商人 50 万美元货款，而美国 B 商人又欠美国 C 商人 50 万美元货款。经过协商，中国 A 商人同意按照美国 B 商人的指示开立 50 万美元汇票给美国 C 商人，这样就可以抵销三者之间的债权债务关系。这就是票据的抵销债务作用。这种用票据来抵销两国或多国之间债权债务的做法极大地便利了国际贸易的开展。

2.1.4 票据行为

票据行为是指以票据权利义务的设立和变更为目的的法律行为。票据行为有狭义与广义之分。

狭义的票据行为是指能产生票据债权债务关系的法律行为，包括出票、背书、承兑、保证、参加承兑、保付 6 种。根据票据行为的性质，狭义的票据行为可以分为基本票据行为和附属票据行为。基本票据行为是创设票据的行为，即出票行为。出票行为有效成立后，票据才可以有效存在。票据上的权利义务关系都是由出票行为引起的。附属票据行为是指出票行为以外的其他行为，是以出票为前提，在已成立的票据上所做的行为。

广义的票据行为是指以发生、变更或消灭票据的权利义务关系为目的的法律行为，包括出票、背书、承兑、保证、参加承兑、保付、提示、付款、参加付款、退票、追索等。

根据票据种类不同，票据行为也不完全相同。常见的票据行为主要有以下几种。

1. 出票

出票是指出票人在空白的票据格式上按具体交易情况记载必要项目后再签名，然后把它交到收款人手上的行为。出票是把票据投入流通的第一个票据行为，也称基本票据行为，其他行为都是以出票为基础衍生出来的附属票据行为。

出票包括两个动作，一个是写成汇票并在汇票上签字，另一个是将汇票交付收款人，这样就创设了汇票的债权，使收款人持有汇票就拥有债权。

本票和支票都只开单张，而汇票可以开单张，也可以一式两份。

2. 背书

背书是指持票人在票据背面签名，并将它交付给受让人的行为。通过背书，票据权利由背书人转让给了受让人（又称被背书人）。通过背书转让，后者就取得了该张票据，而背书人对票据所负的责任和出票人是一样的。我国法律规定，背书如果附带条件，则背书行为有效，但条件无效。

汇票、本票、支票都可以背书转让，但并不是所有票据都可以背书，对限制性抬头或记载有“不得转让”字样的票据是不能背书转让的，而对于“来人抬头”的票据，无须背书就可转让。因此，背书转让的只是指示性抬头的票据。一张指示性抬头的票据往往可以经过多次背书，即多次转让。几经转手之后，有可能出现数名背书人和被背书人，如第一背书人和第一被背书人、第二背书人和第二被背书人，形成链状，彼此形成复杂的、连带的债权债务关系。背书有以下 5 种。

（1）记名背书

记名背书又称特殊背书、正式背书、完全背书。记名背书的特点是背书完整全面，由背书人写明被背书人或指定人的名称，并由背书人签章。收款人除了要在支票背面签上自己的姓名，还要写明“此票据现转让给某人”。背书日期可以不记载，未记载的视为到期日前背书。

（2）空白背书

空白背书又称不记名背书，即不记载被背书人名称，只有背书人的签字。汇票一经空白背书，就成了来人汇票。

（3）限制性背书

限制性背书是指背书人在票据背面签字，指定某人为被背书人或记载有“不得转让”字样的背书。这就是说，票据只能转让给某人，不能再继续转让了。例如，“Pay to A only”“Pay to A not transferable”“Pay to A not to order”。

（4）带有条件背书

带有条件背书是指“支付给被背书人”的指示是带有条件的。汇票支付命令是无条件的，但背书可以有条件，用来约束背书人和被背书人。

（5）托收背书

托收背书是指背书人在背书时用文字明确表明委托收款或类似的意思，据以授权被背书人为背书人代收票款，通常是在“Pay to the order of B Bank”的前面或后面写上“For Collection”字样。这种背书不是转让权利的背书，所以背书人交付票据并不发生票据权利的转移，被背书人并不取得票据权利，票据权利仍属于背书人。

3．提示

提示就是持票人将汇票提交付款人要求承兑或要求付款的行为。票据是一种权利凭证，持票人必须向付款人提示票据，以便要求实现票据权利。提示一般要在付款地进行，而且要在合理的时间内提示。如果承兑人或付款人已死亡，可向他们的个人代表做出提示。提示可以分为以下两种。

（1）承兑提示

承兑提示是指远期汇票的持票人向付款人提示汇票要求承兑。对于承兑，英国《票据法》规定在合理的时间内提示，一般认为不应超过半年。日内瓦《统一汇票本票法公约》规定从出票日起一年内做承兑提示。《中华人民共和国票据法》（以下简称《票据法》）规定，对于承兑提示，定日付款、出票后定期付款的是在到期日前，见票后定期付款的是从出票日起 1 个月内。

（2）付款提示

付款提示是指即期汇票或已承兑汇票的持票人向付款人或承兑人提示要求付款。英国《票据法》规定已承兑汇票的付款在付款到期日的当天提示。日内瓦《统一汇票本票法公约》规定在付款到期日或次日的 2 两个营业日内提示。我国《票据法》规定，见票即付汇票的付款提示是出票后 1 个月内，定日付款、出票后定期付款的提示时间为到期日起 10 日内。

4．承兑

承兑是指远期汇票的付款人签名表示同意承担到期付款责任的票据行为。付款人承兑汇票后成为承兑人，他的签名表明他已承诺付款责任，愿意按照承兑内容保证付款，不得以出票人的签字是伪造的、背书人无行为能力等理由来否认汇票的效力。

承兑包括两个动作：写明已承兑（Accepted）并签字；将承兑汇票交付持票人。交付可以是实际的交付，也可以是推定的交付，即只要付款人通知持票人在某日已做了承兑，就算交付。国际上习惯的做法是，对 180 天以内的远期汇票承兑后不退给持票人，而只是书面承兑通知。

英国《票据法》规定，要在持票人做承兑提示的24小时内做承兑，否则就是拒付；拒付后还可再承兑，但汇票到期日是从第一次提示日算起。日内瓦《统一汇票本票法公约》规定，持票人第一次提示时，付款人可不承兑而要求他第二天再提示，第二天提示时就必须做承兑。承兑有两种，即普通承兑和限制承兑。

（1）普通承兑

普通承兑是指承兑人对出票人的指示不加限制地同意和确认，包括简式承兑和正式承兑。简式承兑只有付款人的签字；正式承兑除付款人的签字外，还注明“承兑”字样。见票后远期付款的票据，承兑人还要注明承兑日期。

（2）限制承兑

限制承兑又称保留承兑，是指付款人虽同意付款，但在汇票的付款时间、地点、金额、方式、当事人等要件与原出票人指示的要件有不同时，付款人不会完全同意按票面文义承担责任，而是按自愿方式承担责任。常见的限制承兑有以下 5 种。

① 有条件承兑，即附加了承兑条件，承兑人声明只有在他规定的条件完成后，才履行付款责任。但持票人通常会拒绝接受有条件承兑，随后以汇票未获承兑向前手进行追索。

② 部分承兑，即承兑人只同意对汇票中的部分金额履行到期付款的责任。

③ 地方性承兑，即承兑人在承兑中答应仅在某一地点付款。

④ 改变付款时间承兑。例如，汇票期限原是见票后 30 天，承兑时注明见票后 60 天付款。

⑤ 改变当事人承兑。如果汇票有两个以上付款人，但承兑时并非所有人都承兑，而是由其中一个或几个付款人承兑，那么承兑人就不是全体付款人，此即为改变当事人承兑。已承兑汇票的承兑人承担汇票金额的全部付款责任。

5．参加承兑

参加承兑是指汇票遭到拒绝承兑而退票时，某非汇票债务人在得到持票人同意的情况下，参加承兑已遭拒绝承兑的汇票的一种附属票据行为。

参加承兑时，应注明“参加承兑”及参加承兑人的名称、日期、签名及被参加承兑人的名称。

6．付款

付款是一种支付汇票金额的行为，其目的是消除票据关系。即期汇票提示日即为付款到期日，见票后若干天付款的远期汇票从承兑日推算到期日，持票人在到期日提示汇票，经付款人或承兑人正当付款以后，汇票即被解除责任。

7．拒付

当持票人提示汇票要求承兑和付款时，遭到拒绝就叫拒付，也叫退票。事实上不可能的付款，如破产、死亡等，也属于拒付。一旦发生拒付，持票人即发出拒付通知及时通知前手。我国《票据法》规定退票通知只能以书面形式做成。

（1）退票通知

发出退票通知的目的是让汇票债务人尽早知道拒付之事，以便做好准备。可在退票后 1 个营业日内通知前手，前手再通知其前手，如此反复直到出票人；也可一次性通知全体前手。

（2）拒绝证书

英国《票据法》规定，外国汇票遇到付款人退票时，持票人须在退票后 1 个营业日内做成拒绝证书。国内汇票持票人因拒付而行使追索权时，不必提供拒绝证书。

8．追索

汇票遭拒付时，持票人要求前手偿还票款和费用的行为称为追索。汇票遭到拒付，持票人是主债权人，有权向背书人、承兑人、出票人及其他债务人追索偿还汇票金额及费用。持票人可以依背书人的次序，也可越过前手向其中任何一个债务人请求偿还。为节省时间，持票人甚至可向最主要的债务人追索。

9．参加付款

票据在因拒绝付款而退票，并已做成拒绝证书的情况下，非票据债务人可以参加支付汇票票款。参加付款人要出具书面声明，表示愿意参加付款，说明被参加付款人的名称，并由公证人证明后，即成为参加付款人。

参加付款时，要在汇票上记录参加付款的事实，并记载谁是被参加付款人。如果漏记，则出票人作为被参加付款人。参加付款无须经持票人同意。

10．保证或担保

保证或担保是指非汇票债务人对出票、背书、承兑等行为予以保证，也是对汇票债务的担保。保证人一般是第三者，被保证人则是出票人、承兑人、背书人等。日内瓦《统一汇票本票法公约》甚至允许任何人做保证，包括已在汇票上签过名的债务人。保证人在保证时，要在汇票的正面记载“保证”的字句及日期、保证人签名、被保证人名称（未写时被保证人为出票人）。经过保证后，票据更便于流通。

2.1.5　票据法

票据法是指规定票据制度和票据当事人权利义务关系的法律规范的总称。最早的票据法是 1673 年法国的《陆上商事条例》。由于各国法律文化的特点及政治、经济条件的差异，19 世纪末逐渐形成了三大法系，即法国法系、德国法系和英国法系。三大不同法系票据法的差异，给票据在国际贸易中的使用和流通带来了许多不便，因此，1912 年在海牙制定了统一票据规则，但因第一次世界大战而没能生效。1930 年，国际联盟在日内瓦召开了国际票据统一法会议，通过了《统一汇票本票法公约》及其他相关公约，1931 年又签订了《统一支票法公约》，但英国和美国拒绝加入日内瓦统一票据法系，从而使世界票据法分成两大法系，即英美法系和大陆法系。英美法系以英国《票据法》为蓝本，是英国的国内法，主要在美国和英联邦成员国使用；大陆法系以法国、德国为代表，以日内瓦《统一汇票本票法公约》为依据，包括欧洲的大多数国家，是一种国际公约。

1．英美法系

英国于 1882 年颁布施行的《票据法》，由习惯法、特别法及许多判例编成。该法共计 97 条。美国于 1896 年制定了《统一流通票据法》(*Uniform Negotiable Instruments Law*)。1952 年制定、1962 年修订的美国《统一商法典》(*Uniform Commercial Code*）的第三章“商业票据”中，对汇票、本票、支票和大额定期存单做了详细的规定。美国的票据法律是在英国票据法的基础上发展而成的。

2．大陆法系

奥地利、比利时、丹麦、芬兰、法国、德国、希腊、匈牙利、意大利、卢森堡、摩纳哥、荷兰、挪威、波兰、苏联、瑞典、瑞士、巴西、日本于 1930 年在日内瓦签订了一系列公约，主要包括《统一汇票本票法公约》《统一支票法公约》等。

3．票据法的统一

大陆法系和英美法系存在许多冲突，为消除两大法系的差别，尽可能地融合各自的长处，兼顾两大法系国家的不同利益要求和司法习惯，联合国国际贸易法委员会于 1971 年成立了国际流通票据工作组，1973 年拟订了《国际汇票和国际本票公约草案》和《国际支票公约草案》，经过十余年的讨论修订，于 1988 年 12 月 9 日联合国第 43 届全体大会一致通过，定名为《国际汇票和国际本票公约》和《国际支票公约》。公约要求各国于 1990 年 6 月 30 日前签署，但因签字国过少，目前尚未正式生效。

4．我国票据法

我国于 1995 年 5 月制定了《中华人民共和国票据法》，并于 1996 年 1 月 1 日生效。我国《票据法》涉及国内和国际汇票、本票与支票。后来《票据管理实施办法》、《支付结算办法》和《最高人民法院关于审理票据纠纷案件若干问题的规定》等相继生效。我国不是 1930 年日内瓦公约的签字国，但我国《票据法》的结构和详细规定与日内瓦《统一汇票本票法公约》相似。我国《票据法》中所称的票据主要包括汇票、本票和支票，凡是在中华人民共和国境内发生的票据活动，均适用我国《票据法》。

2.2 汇票

汇票在票据中占有重要的地位，是国际结算中使用最为广泛的一种信用工具。在托收和信用证结算方式中，通常都需要提交汇票，特别是在承兑信用证、议付信用证业务中必须提交汇票。由于汇票最能反映票据的性质、特征和作用，最能集中体现票据所具有的信用、支付和融资等功能，因此汇票是最重要的一种票据，是票据的典型代表。

2.2.1 汇票的定义

英国《票据法》对汇票的定义是："汇票是由出票人向另一人签发的，要求即期、定期或在可以确定的将来时间，向指定人或根据其指令向来人无条件支付一定金额的书面命令。"

我国《票据法》对汇票的定义是："汇票是出票人签发的，委托付款人在见票时或者在指定日期无条件支付确定的金额给收款人或者持票人的票据。"

关于汇票的定义，需要注意以下几点。

1．汇票是出票人发出的书面命令

汇票是出票人签发的、命令付款人向收款人付款的书面指示。汇票必须是书面的，而不是口头的；汇票是一种命令，而不是请求、商量或征求意见等。

2．汇票的支付命令是无条件的

无条件意味着付款不能有限制或附带条件，即不能有先决条件。如果支付命令附加了先决条件，则这张汇票就是无效汇票，不具备法律效力。

3．汇票的三个基本当事人之间的关系

一张汇票有三个当事人。首先是出票人。出票人一般是出口商，出口商在输出商品或劳务的同时或稍后向进口商发出此支付命令，责令进口商付款。其次是受票人。受票人通常是进口商（或进口商的往来银行），进口商在取得进口商品或劳务的同时或稍后接受此项支付命令。最后是收款人。收款人可能是出口商本人，也可能是出口商的开户往来银行。

2.2.2 汇票的内容

汇票的内容是指汇票上记载的项目，也就是汇票的要式。关于汇票的内容，各国略有差别。汇票上有些项目是必需的，即必要项目，只要这些项目齐全，符合票据法的规定，汇票即可有效。有些项目是各国票据法允许的记载项目，即任意记载项目。根据性质和重要性的不同，汇票的内容可以分为三类：绝对必要项目、相对必要项目和任意记载项目。各项目的具体内容如下。

1．绝对必要项目

汇票的绝对必要项目包括：①表明"汇票"的字样；②无条件支付命令；③出票日期；④确定的金额；⑤付款人名称；⑥收款人名称；⑦出票人签章。信用证项下汇票式样如图 2-1 所示。

（1）表明"汇票"的字样

我国《票据法》和日内瓦《统一汇票本票法公约》都要求在汇票的正面标明"汇票"字样，英国《票据法》对此未加以规定。但在实务中，一般都注有"汇票"字样，其目的是与本票、支票等相区别。有的汇票无"Bill OF EXCHANGE"，但"汇票"字样是通过文

中的“Exchange for”显示出的，用“Draft”也可以。

BILL OF EXCHANGE
NO.:12345
Xiang Yang,8 April,2020 ③
Exchange for① CNY50000.00 ④
At sight of this First of exchange (Second of the same tenor and date being unpaid),pay to ② Bank of China or order ⑥ the sum of CNY fifty thousand only④.
Drawn under Bank of ××× Letter of Credit NO.:68122015 Dated:25th Aug.,2020
To:Bank of ×××，London.⑤
ABC CO.Ltd⑦
(signature)

图 2-1 信用证项下汇票式样

（2）无条件支付命令

汇票是无条件的书面支付命令，这是汇票的本质和核心。“无条件支付命令”包含三层含义。首先，汇票是支付命令，而不是请求，不能出现请求的词语，但不排斥用词的礼貌，如“请付（Please pay to）”和“付（Pay to）”。其次，支付不能附加条件，不能把某一事情的发生或某一情况的出现作为付款的先决条件，如前提条件是“货物已抵达或所装运的船只已到或货物已通关”（On arrival of ××或 After clearance）或“指定用我们的 1 号账户”（Out of proceeds in our NO.1 account）。最后，汇票必须是书面的，不能是口头的。

（3）出票日期

出票日期是指汇票签发的具体时间。出票日期有以下三个重要作用。

① 决定汇票的有效期。持票人如果不在规定的时间内要求票据权利，则票据权利自动消失。日内瓦《统一汇票本票法》规定，即期汇票的有效期是从出票日起一年内；我国《票据法》规定，见票即付汇票的有效期为两年。

② 决定付款的到期日。远期汇票到期日的计算是以出票日为基础的，确定了出票日和相应的期限，就能确定到期日。

③ 决定出票人的行为效力。若出票时法人已宣告破产或被清理，则该汇票不能成立。

（4）确定的金额

汇票的金额包括两部分，一是货币名称，二是金额。货币名称一般用缩写（标准代码）表示，要和信用证中使用的货币保持一致，金额一般保留小数点后两位。

汇票必须标明确定或可以确定的金额，在后一种情况下，要求任何人根据票据文义的记载都能得到同样的结果。例如，如果金额是 about USD200，由于不是确定的金额，因此汇票无效。

汇票上表示的小写金额在 Exchange for 处用阿拉伯数字写，大写金额在 the sum of 处用文字写，当两者出现不一致时，各国票据法一般都规定以文字表示的金额为准。因为有的国家的票据法中并未规定大小写要并列一起写，所以有时会出现仅以文字或数字记载金额的汇票，若出现上下文金额不一致时，以其中最小者为汇票金额。在实务中，如果出现这种情况，大多退票，要求出票人修改。我国《票据法》第八条规定，金额要大小写同时记载，两者必须一致，否则票据无效。

许多国家的票据法都允许在金额的后面附有利率条款或汇率条款，但金额仍要确定，若只标明计利息，而未标明利率，也是无效的汇票。例如，USD100.00 Plus interest，金额就不是确定的，应为无效汇票。但日内瓦《统一汇票本票法》规定，这里只是利息的记载无效，汇票本身是成立的。

（5）付款人名称

汇票式样中左下角的 To 表示汇票的付款人，即汇票的受票人。要写清楚其详细地址，以便持票人提示承兑或要求付款。在国际贸易中，如果是信用证交易，则付款人大都是开证行。英国《票据法》还允许有两个或两个以上的付款人，但任何一个付款人都必须对全部债务负责，没有主次之分，即连带负责。

汇票的支付地点叫付款地，一般付款人名字旁边的地址即为付款地。若出口商所开汇票是以外币表示的，有时要在金额后面注明以何地的货币为付款货币，如 New York Funds 或 Payable by an approved banker's desk New York 或 Payable in New York Funds 等。付款地涉及法律适用问题，在付款地发生的承兑付款等行为，都适用付款地的法律。

（6）收款人名称

汇票的收款人写在汇票式样中的 Pay to（The Order of）之后，这也是汇票的抬头。其作用是表明汇票的最初权利者，并可与第一背书人的签名对照，以判断背书是否连续。通常有以下三种方式规定收款人。

① 限制性抬头。

- Pay to A，在汇票的其他地方有“不可转让”字样。
- Pay to A only。
- Pay to A not transferable。

② 指示性抬头。

- Pay to the order of A。
- Pay to A or order。
- Pay to A。

③ 来人抬头。

- Pay to Bearer。
- Pay to A or Bearer。

这种抬头是命令向任何持有该汇票的人付款。对 Pay to A or Bearer 中的 A 可置之不理，只将其视为 Pay to Bearer，这种抬头的汇票称“来人汇票”。另外，经空白背书的指示汇票也是来人汇票。日内瓦《统一汇票本票法》和我国《票据法》禁止以这种抬头开立汇票。

（7）出票人签章

汇票须经出票人亲笔签名或盖章方有效。签字的地方是在汇票式样的右下方，这是汇票最主要的项目。因票据法是根据某人在票据上的签字来确定他的责任的，签字等于承认了自己的债务。根据英国《票据法》对不完整汇票的规定，只要交付了一张签过字的白纸就算确定了债务，其他项目可由持票人根据授权来填写。

以上 7 项内容是我国《票据法》规定必须记载的事项，缺一不可，否则汇票无效，日内瓦《统一汇票本票法》的规定与我国《票据法》的规定基本相同。英国《票据法》规定的必要记载事项只有 5 个，即无条件支付命令、确定的金额、付款人名称、收款人名称和出票人签字，没有对“汇票”字样和出票日期的要求。英国《票据法》认为，没有“汇票”字样，并不会影响汇票的效力；没有出票日期，票据仍然成立。如果出具的是远期汇票，善意持票人可以加上出票日期以确定到期日，使之成为完整的汇票。

2．相对必要项目

汇票除了以上必须记载的内容，还有三个相对必要记载项目。这些项目十分重要，但如果不记载也不会影响汇票的法律效力，因为这些内容可以间接确定。

（1）出票地点

出票地点是指出票人签发汇票的地点，对国际汇票具有重要意义，因为票据是否成立是以出票地法律来衡量的。但是票据不注明出票地并不会影响其生效。我国《票据法》规定，汇票上未记载出票地的，以出票人的营业场所、住所或经常居住地为出票地。

（2）付款地点

付款地点是指持票人提示票据请求付款的地点。根据国际私法的“行为地原则”，到期日的计算、在付款地发生的“承兑”及“付款”等行为都要适用付款地法律。因此，付款地的记载是非常重要的。但是不注明付款地的票据仍然成立。我国《票据法》规定，汇票上未记载付款地的，以付款人的营业场所、住所或经常居住地为付款地。

（3）付款日期

付款日期即付款到期日，是付款人履行付款义务的日期。汇票可分为见票即付的即期汇票和将来付款的远期汇票两大类。汇票上载明的付款到期日体现了这两类汇票的区别。

① 即期汇票。即期汇票即“见票即付”（At sight 或 On demand），出票完成后就可以要求行使票据权利。在持票人向付款人提示汇票时，付款人在正常的营业时间里应马上付款。

除即期付款的外，其余的都属于远期付款。可见，付款期限并不是绝对必须记载的，汇票即使没有载明付款时间，其效力也不受影响。英国《票据法》、日内瓦《统一汇票本票法》和我国《票据法》都规定，如果汇票没有载明付款期限，则为即期汇票。

② 远期汇票。远期汇票比即期汇票更加复杂多样，大致有以下 4 种情况。

第一种称为板期（At a fixed date）付款，也就是定日付款。汇票上的“付款到期日”一栏内具体载明在将来何年何月何日付款，表明确切的付款日，付款人到期付款。

第二种是见票后定期（At a fixed period after sight）付款，又称见票远期付款。汇票上载明见票后若干天或若干月（如见票后 90 天、见票后 3 个月）才付款。这种汇票是先由持票人在规定时间内向付款人做承兑提示，然后以承兑日为起点，推算到期日。这类远期汇票在对外贸易中使用得比较广泛。

第三种是出票后定期（At a fixed period after date）付款，又称出票远期付款。载明出票日后若干天或若干月（如出票日后 90 天、出票日后 3 个月）才付款。和第二种一样，这种远期汇票均需推算出确切的付款到期日，但两者的算法有所不同，前者是从受票人见票之日（承兑日）往后推算，后者则是从出票人出票之日往后推算。这类汇票在国际贸易和结算中也常使用。

第四种的行文是这样的：提单日后若干天或若干月（如提单日后 90 天、提单日后 3 个月）才付款，脱离了具体的出票日或见票日，付款到期日体现并取决于出口方把出口物送交承运人并从承运人处取得运输单据的具体日期。

3. 任意记载项目

汇票的任意记载项目是指除以上两类项目外的项目，是出票人等根据需要而记载的内容。这些项目一旦被接受，即产生约束力。

（1）出票条款

汇票上的出票条款是表明汇票起源交易的文句。通常行文是注明买卖双方的合同号或银行开出的信用证号。汇票是无条件的支付命令，汇票上是不允许附加任何先决条件的，而表明起源交易的出票条款不属于附加条件。

（2）“付一不付二”条款

汇票可以做成一式两份，但其所代表的债权债务只有一笔。原因在于在国际贸易中汇票作为支付命令，通常与代表物权的货运单据一起配套成跟单汇票，一并由出口商邮寄给进口商。为了防止在邮寄途中丢失，往往分两次用连续的航班把两套内容完全一样的跟单汇票寄出，若第一套跟单汇票（含第一张汇票）因故未能寄达，也不会因此延误提货和结算支付，因为第二套跟单汇票（含第二张汇票）会随后寄达。这里必须明确一点，就是两张内容完全相同的汇票并没有正本和副本之别。第一张汇票和第二张汇票都是有效的支付命令，当第一张汇票经过付款后，第二张汇票即自行失效；反之亦然。

（3）担当付款人和预备付款人

担当付款人是出票人根据与付款人的约定，在出票时注明的，或者由付款人在承兑时指定的代替付款人，其目的是方便票款的收付。担当付款人只是推定的受托付款人，不是票据的义务人，对票据不承担任何责任。

预备付款人相当于汇票的第二付款人，在付款人拒绝承兑或付款时，持票人就可以向预备付款人请求承兑或付款，预备付款人参加承兑后成为票据义务人，到期要履行付款责任。

（4）利息和利率

汇票的利息条款必须明确。利息条款的内容通常如下：按年利 8%支付自出票日起到付款日止的利息（Payable with interest at 8% p.a from the date here to date of payment of this instrument）。美国向远东国家开的汇票，通常附有利息条款。如未注明计算期间，则认为从出票日开始，一直到付款日终止。

（5）免做退票通知或放弃拒绝证书

拒绝证书是行使追索权所必需的条件，但出票人也可以在汇票空白处注明“不要拒绝证书”“免除拒绝证书”（Protest Waived、Waived Protest）之类的字样，并在一旁签名，使之具有法律效力。如果汇票上有免除拒绝证书的记载而仍做了拒绝证书，其行为是有效的，但制作费用由持票人自己支付。

2.2.3 汇票的分类

在国际结算业务中使用的汇票种类有多种。汇票可以根据不同的分类标准进行分类，主要包括以下几种。

1. 根据出票人的不同，汇票可分为银行汇票和商业汇票

（1）银行汇票

银行汇票是一家银行向另一家银行签发的书面支付命令，其出票人和付款人都是银行。银行汇票由银行签发后交汇款人，由汇款人带往或寄往收款人处，收款人持汇票向付款行请求付款，付款行在审核无误后即予以付款。银行汇票的信用基础是银行信用。

（2）商业汇票

商业汇票是由企业或个人签发的汇票，其付款人既可以是企业、个人，也可以是银行。商业汇票的信用基础是商业信用，其收款人或持票人承担的风险较大。

2. 根据承兑人的不同，汇票可分为银行承兑汇票和商业承兑汇票

（1）银行承兑汇票

银行承兑汇票是由企业或个人开立的以银行为付款人并经付款行承兑的远期汇票。银行对商业汇票加以承兑改变了汇票的信用基础，使商业信用转变为银行信用，汇票经过银行承兑后，持票人通常能按期得到票款，从而增强了汇票的可接受性和流通性。

（2）商业承兑汇票

商业承兑汇票是以企业或个人为付款人，并由企业或个人进行承兑的远期汇票。商业承兑并不能改变汇票的信用基础。

3. 根据付款时间的不同，汇票可分为即期汇票和远期汇票

（1）即期汇票

即期汇票是付款人在见票时立即付款的汇票。未载明具体付款日期的汇票一般被视为即期汇票。

（2）远期汇票

远期汇票是载明一定期间或特定日期付款的汇票。根据付款期限的表示或确定方法不同，远期汇票有定日付款、出票后定期付款、见票后定期付款等付款形式。

4. 根据有无附属单据，汇票可分为光票和跟单汇票

（1）光票

光票是指无须附带任何单据即可收付票款的汇票。这类汇票全凭票面信用在市面上流通而无物资（货权单据）做保证。银行汇票多为光票。

（2）跟单汇票

跟单汇票是指附带有关单据的汇票。跟单汇票一般为商业汇票。跟单汇票的流通转让及资金融通，除与当事人的信用有关外，更取决于附属单据所代表货物的价值和单据质量。

5. 根据汇票基本关系人的不同，汇票可分为一般汇票和变式汇票

（1）一般汇票

一般汇票是指出票人、付款人、收款人分别为不同的人的汇票。

（2）变式汇票

变式汇票是指基本当事人中有一人兼有两种或两种以上身份的汇票。在变式汇票中，以出票人为收款人的汇票，称为己受汇票或指己汇票；以出票人为付款人的汇票，称为己付汇票或对己汇票；以付款人为收款人的汇票，称为收受汇票。

2.3　本票

在票据中，由汇票发展而来的有本票和支票，它们是国际非贸易结算的工具。从某种意义上说，本票是汇票的特殊表现形式。当汇票的出票人和付款人是同一个人时，便形成了对己汇票，也就是本票。

2.3.1　本票的定义

英国《票据法》对本票的定义是："本票是一人向另一人签发的，保证即期或定期或在可以确定的将来时间，向某人或其指定人或持票来人无条件支付一定金额的书面承诺。"

我国《票据法》对本票的定义是："本票是出票人签发的，承诺自己在见票时无条件支付确定的金额给收款人或者持票人的票据。"

2.3.2　本票的必要项目

我国《票据法》规定，本票必须具备以下几项内容（见图 2-2）。

PROMISSORY NOTE

Promissory Note for ① USD 5 000.00③　　　　Dalian,March 20,2015⑤

On demand we promise to pay② the order of B Company ④ the sum of USD five thousand only ③.

For Bank of Dalian,Dalian.⑥

(Signed)

图 2-2　本票式样

① 表明"本票"的字样。
② 无条件支付的承诺。
③ 确定的金额。
④ 收款人名称。
⑤ 出票日期。出票日期写在式样中的右上角。
⑥ 出票人签章。

以上内容缺一不可，否则本票无效。可见，本票比汇票少一个必要项目——付款人。

2.3.3 本票的基本当事人

由于本票的出票人和付款人是同一人，所以本票的基本当事人只有两个，即出票人和收款人。

出票人即签发本票的人，也是本票的付款人（主债务人）。出票人的主要责任就是履行所承诺的付款，到期时保证支付给收款人或持票人。

收款人即本票的债权人。收款人可以背书转让本票，并对后手保证付款。

2.3.4 本票的用途

本票的在国际结算中的用途主要包括以下几个方面。

① 商品交易中的远期付款，可先由买主签发一张以约定付款日为到期日的本票，交给卖方，卖方可凭本票如期收到货款，如果急需资金，他可将本票贴现或转售他人。

② 用作金钱的借贷凭证，由借款人签发本票交给贷款人。

③ 企业向外筹集资金时，可以发行商业本票，通过金融机构予以保证后，销售于证券市场获取资金，并于本票到期日还本付息。

④ 客户提取存款时，银行本应付给现金，如果现金不够，可开立即期本票交给客户，以代替支付现金。

2.3.5 本票的分类

本票主要分为以下几类，其中最常用也最重要的是商业本票和银行本票，但是我国没有商业本票，也就是说，我国的企业不能签发商业本票。

1. 商业本票

商业本票是由企业或个人签发的本票，其基础是商业信用。相对银行信用而言，商业信用比较不可靠，因此商业本票的使用范围日渐缩小。

美国较大的公司签发的远期商业本票也称商业票据。商业票据是由美国工商企业或金融机构发行的、无抵押品保证的远期本票。发行单位承诺将于到期日支付票面金额给持票人，而不提供任何资产保证，只凭其现有的清偿能力和盈利能力保证到期日一定偿还票款。

美国工商企业拟向美国资金市场筹集资金时，就向市场发行商业票据。很多企业自己附设金融机构，专门从事商业票据的发行，以筹集本企业所需的资金。商业票据经市场投资人购买后，资金流向发行企业供其使用，待票据到期日，发行人即支付票款，偿还给投资人。商业票据的付款期限最长不得超过 270 天，可以不在证券交易管理委员会注册。票面金额从 10 万美元到 500 万美元不等，也有少于 10 万美元面额的个别情况，每次销售额常在几百万美元。商业票据不记收款人名称，仅注明“付给来人”。凡是买入商业票据的投资人都是来人，他可将商业票据持至到期日，凭票取款，也可在到期日以前将商业票据拿到市场上出售。如果其他投资人再买入该商业票据，就是新的来人，他还可以立即再出售，这样商业票据就可以在市场上自由买卖流通。票据正面一般不带利息条款。票据市场利率是指持票人将商业票据拿到市场贴现时的贴现利率，每天公布在各大报纸上。

拓展阅读

商业本票的使用

在实务中什么情况下才会出具本票呢？

例如，某项进出口贸易，货价为 5 000 美元，进出口双方合约规定三个月后付款。进口方收到货物后向出口方开出一张三个月后付款的票据，约定自己三个月后一定付款不误。这张票据就是本票，因为是约定将来某年某月某日付款，所以又称期票。

又如，在国际贸易中，买方有时利用买方信贷进口大型机器设备，买方可以开出远期付款的本票，约定凭票在到期日付款。

商业本票有即期和远期之分。身价高、信誉好的即期商业本票可以贴现，但一般中小企业或个人签发的商业本票由于缺乏信用而很难流通。远期商业本票在结算中主要用于出口买方信贷。当出口地银行把资金贷给进口国商人用以支付货款时，往往要求进口商开立分期付款的本票，并经进口地银行保证后交贷款银行收执，作为贷款凭证。因此，商业本票多为远期本票，即期商业本票的实用价值较小。

资料来源：庞红．国际贸易结算[M]．北京：中国人民大学出版社，2019.

2．银行本票

银行本票是指由银行签发的本票。银行多签发即期本票，在对公或对私的结算业务中被广泛应用。银行开立的即期来人抬头式本票，就相当于钞票。

银行本票常见的种类具有即期性质，上柜即可取现。各国对远期银行本票严格限制其期限。例如，我国《本票法》规定，本票自出票日起，付款期限最长不超过两个月。而融资性质的本票多为远期本票。

3．国际汇票

国际汇票其实也应归入本票之列，称之为“国际小额本票”更名副其实。英国、美国、加拿大等国的大银行发行的国际汇票让持票人带往海外或邮寄到海外，使用时兑付，之后再回流到本国的货币中心。这种国际汇票，银行发行后并不向外拨付头寸，而是等国外的金融机构来银行托收时再由本行付款，因而占用的是购买国际汇票的人的资金。这是银行应用本票技术创立的对本行有利的支付手段，由本行出票，最终由本行付款。

4．旅行支票

旅行支票虽被称为支票，但其实应被归入本票之列。虽然名称叫“支票”，但就其本质而言，归根到底是发行旅行支票的大银行、大旅行社自行付款，应属于一种定额本票。

旅行支票是美国于 1891 年首创的，继而在全球推广，迄今已有百余年的历史，流通领域逐年扩大，经久不衰。其原因在于旅行支票对因公或因私出境人员具有方便、安全的好处，既可以用于在境外支付服务项目的开支和购物的花销，又可以在一定范围内兑付现金，非常方便。另外，旅行支票即便丢失或被窃，也会因为旅行支票上没有持票人的复签而避免被人冒领。

2.4 支票

由于国际结算中很少使用支票，常见的旅行支票又归类于本票，而旅行支票的兑付在本书第 9 章有详细介绍，所以这里只对支票做简单介绍。

2.4.1 支票的定义

英国《票据法》对支票的定义是："支票是以银行作为付款人的凭票即付之汇票。"详细地说，支票是银行存款客户向自己开有账户的银行签发的、授权该银行即期支付一定金额的货币给一个特定人或其指定人或来人的书面无条件支付命令。

我国《票据法》第八十二条规定："支票是出票人签发的，委托办理支票存款业务的银行或者其他金融机构在见票时无条件支付确定的金额给收款人或者持票人的票据。"

支票有两个最重要的特点，一是见票即付，二是银行作为付款人。

根据各国票据法，出票人若要求支票的付款银行履行付款，则出票人必须在该银行有存款，而且出票人必须事先与该银行签订有支票付款协议。支票的当事人有三个：出票人、付款人和收款人。出票人是支票的签发人，他在付款银行开设存款账户并签订有支票协议；付款人是出票人的开户银行；收款人可以在支票上注明，也可以不注明，即将支票做成来人抬头。

2.4.2 支票的必要项目

我国《票据法》规定，支票必须记载以下事项：表明"支票"的字样；无条件支付命令；确定的金额；付款人名称；出票日期；出票人签章。以上内容缺一不可，否则支票无效。不过，支票上的金额可以由出票人授权补记。

除必要项目外，收款人、付款地、出票地都是支票的重要内容。支票上未记载收款人名称的，经出票人授权可以补记；未记载付款地的，以付款人的营业场所为付款地；未记载出票地的，以出票人的营业场所、住所或经常居住地为出票地。

2.4.3 支票的特点

支票是一种特殊的汇票，因此，它在许多方面都同汇票类似。例如，都是无条件的支付命令，都有三个基本当事人，主要条款的规定也比较类似。但与汇票相比，支票还有以下几个主要特点。

① 支票的出票人必须具备一定的条件。首先，支票的出票人必须是银行的存款户，即在银行要有足够的存款，在银行没有存款或存款不足的人不可能成为支票的出票人，即不允许签发"空头支票"。其次，支票的出票人要与存款银行订有使用支票的协定，即存款银行要同意存款人使用支票。最后，支票的出票人必须使用存款银行统一印制的支票，支票

不能像汇票和本票一样由出票人自制。

② 支票为见票即付票据。支票都是即期付款票据，因此付款行必须见票即付。由于没有远期支票，因此也不需要办理承兑手续。

③ 支票的付款人仅限于银行，而汇票的付款人可以是银行、企业或个人。

④ 在通常情况下，支票的出票人是主债务人，但保付支票除外，它的主债务人为保付银行。

⑤ 支票上一般不附带利息条款，即便有关于利息的记载，该记载也无效，付款时无须支付。

⑥ 对于超过法定或合理的流通期限，晚提示付款的支票，付款人可以不付款，但出票人并不因此解除对持票人的票据责任，除非晚提示对出票人造成损失。

⑦ 支票只开立一张，不能像汇票那样可以开成一式两份。

2.4.4 支票的分类

我国《票据法》规定，支票可按照不同的用途分为现金支票和转账支票。现金支票只能用于支取现金，转账支票只能用于转账，不得支取现金。国际上，根据不同的标准，支票可以分为以下几种。

1. 根据收款人不同，支票可分为记名支票和不记名支票

（1）记名支票

记名支票是指在支票上“收款人”一栏写明某人为收款人。记名支票除非有限制转让的文字，否则即为指示性抬头的支票，可以背书转让。记名支票在取款时，必须由收款人签章并经付款行验明其真实性。

（2）不记名支票

不记名支票是指在支票上“收款人”一栏写成持票来人的支票。不记名支票又分空白支票和来人支票。空白支票即抬头空白的支票；来人支票即抬头为持票来人的支票。任何人只要持有这种支票，就可以向银行要求付款，且取款时不需要签章。银行对持票人获得支票的过程是否合法不负责任。

2. 根据支票上是否划线，支票可分为非划线支票和划线支票

（1）非划线支票

非划线支票也叫现金支票，持此类支票既可以提取现金，也可以通过往来银行代收转账。

（2）划线支票

划线支票是指在支票上划有两道平行线，分为一般划线支票和特殊划线支票。一般划线支票是在平行线中不注明收款银行名称的支票，收款人可以通过任何一家银行代收转账。特殊划线支票是在平行线中具体写明收款银行名称的支票，即付款银行只能将票款划付给划线中指定的银行。

3. 根据是否加具“保付”，支票可分为保付支票和普通支票

保付支票是付款行应出票人或收款人的要求，在支票上加盖“保付”或其他同义的签

章，以表明支票提示时付款行一定付款。普通支票是指没有加盖“保付”的支票。

4. 根据出票人不同，支票可分为银行支票和个人支票

银行开出的支票是银行支票，私人开出的支票是个人支票。

2.4.5 汇票、本票和支票的区别

汇票、本票和支票在票据法上的意义都是票据，都可以用于国际结算。本票和支票都是从汇票发展而来的一种特殊汇票，因此，它们在许多方面都同汇票类似。但三者之间也有一些区别，具体表现在以下几个方面（见表 2-1）。

表 2-1 汇票、本票和支票的区别

项目	汇票	本票	支票
无条件支付	委托命令	承诺	委托命令
基本当事人	出票人、付款人、收款人	出票人、收款人	出票人、付款人、收款人
主债务人	承兑前：出票人 承兑后：承兑人	出票人	出票人
出票人责任	担保付款人承兑和付款	自负付款责任	担保付款人付款
期限	即期、远期	即期、远期	即期（见票即付）
出票份数	一套（一般一式两份）	一张	一张
付款人	任何人	自己	银行
票据行为	无保付	无承兑、参加承兑、参加付款、保付	有保付、无承兑、参加承兑、参加付款

1. 性质不同

汇票和支票是无条件支付的命令，是出票人命令他人付款；本票是无条件的支付承诺，是出票人承诺自己付款。

2. 当事人及相互关系不同

汇票和支票各有三个基本当事人，即出票人、付款人和收款人；本票只有两个当事人，即出票人和收款人，付款人就是出票人。

3. 主债务人不同

本票和支票的主债务人一直是出票人；汇票有两种情况，即期汇票和承兑前的远期汇票的主债务人是出票人，承兑后的主债务人是承兑人。

4. 出票人的责任不同

汇票的出票人要担保付款人承兑和付款；支票的出票人要担保付款人一定付款；本票的出票人自负付款责任。

5. 期限不同

支票是见票即付，无到期日的记载；汇票和本票有即期和远期付款之分，一般应记载到期日。

6. 出票份数不同

汇票可以出成一式两份，而本票和支票只开立一张。

7. 付款人的性质不同

支票的付款人必须是银行；而汇票和本票的付款人既可以是银行，也可以是企业或个人。

8. 票据行为不同

本票无承兑和参加承兑行为；支票无承兑、参加承兑、参加付款等行为；而汇票具有以上全部票据行为。

拓展实训

票据行为的模拟操作

1．出票人宏源盛公司 HORIZON.Co.在 2021 年 6 月 8 日于南京签发一张即期汇票，命令 MIDLAND 银行在见票后付款给中国银行或其指定人，金额为 USD100 000.00。

实训要求：

（1）出票：HORIZON.Co.外销员代表公司用英文开出汇票；公司总经理刘凡。

（2）背书：代表收款人做空白背书；行长李帮辉。

（3）提示：代表中国银行提示汇票给米兰银行，要求付款。

（4）付款：代表米兰银行，见票立即付款。

2．出票人宏源盛公司 HORIZON.Co.在 2021 年 6 月 8 日于南京签发一张远期汇票，命令 MIDLAND 银行在见票后 20 天付款给 C.Co.或其指定人，金额为 USD100 000.00，C.Co.于 6 月 10 日获得上述银行的承兑。

实训要求：

（1）出票：代表 HORIZON.Co 用英文开出汇票，公司总经理刘凡。

（2）背书：代表收款人做空白背书，行长李帮辉；代表米兰银行做承兑。

（3）提示：代表中国银行提示汇票给米兰银行，要求承兑。

（4）承兑：代表米兰银行承兑。计算并写出到期日。

（5）提示：汇票到期，代表中国银行提示汇票给米兰银行，要求付款。

（6）付款：代表米兰银行，看见到期的承兑汇票立即付款。

复习思考题

一、判断题

1．提示付款即持票人在合理时间内，向受票人提示并要求即时付款，因此，所提示的

汇票应是即期汇票。 (　　)

2. 汇票的出票人在汇票的受票人承兑汇票后，即解除了对汇票的责任。 (　　)

3. 银行汇票通常都是光票。 (　　)

4. 所谓拒付就是受票人对向他提示的汇票明确表示拒绝付款。 (　　)

5. 票据的付对价持票人的权利不受其前手权利缺陷的影响。 (　　)

6. 票据所谓的空白背书即不签名盖章，只有记名背书才在票据上签名盖章。 (　　)

7. 票据的流通转让性是保护受让人的权利，使其能得到充分的票据权利甚至受让人可以得到其前手所得不到的权利。 (　　)

8. 本票的出票人是该本票的主债务人，即使是远期本票，也不必办理承兑手续。 (　　)

二、单选题

1.（　　）的出票人在该票据流通的任何情况下都是该票据的主债务人。

A. 汇票　　B. 本票　　C. 支票　　D. 旅行支票

2. 下列三种汇票中，注明（　　）表示不可转让。

A. Pay to Johnson Co. Ltd. only

B. Pay to Johnson Co. Ltd. and its order

C. Pay to bearer

D. Pay to the order of Johnson Co. Ltd.

3. 票据经过付款后，应由（　　）收存。

A. 出票人　　B. 背书人　　C. 收款人　　D. 付款人

4. 只能即期付款的票据是（　　）。

A. 汇票　　B. 本票　　C. 支票　　D. 远期汇票

5. 根据我国《票据法》，当票据上金额的大小写不一致时，（　　）。

A. 以大写金额为准　　B. 以小写金额为准

C. 以金额较小者为准　　D. 票据无效

6. 以下（　　）是对支票的正确表述。

A. 支票是一种无条件的书面支付承诺

B. 支票的付款人可以是银行、工商企业或个人

C. 支票可以是即期付款或远期付款

D. 支票是以银行为付款人的即期汇票

7. 以（　　）为抬头人的汇票为不可转让的汇票。

A. 限制性记名　　B. 指示性记名　　C. 来人　　D. 持票人

三、多选题

1. 本票与汇票的最主要区别是（　　）。

A. 本票是无条件支付的书面承诺，汇票则是无条件支付的书面命令

B. 本票只能是即期付款，汇票则有即期付款与远期付款之分

C．本票的付款人只能是银行，而汇票付款人既可以是银行，也可以是工商企业

D．本票有两个基本当事人，汇票则有三个基本当事人

2．对于远期汇票付款时间的规定，除了指定具体付款日期，还可以规定（　　）。

A．出票后若干天/月付款　　B．见票后若干天/月付款

C．提单签发后若干天/月付款　　D．发到目的港若干天/月付款

3．属于以银行为出票人的票据有（　　）。

A．银行汇票　B．银行本票　C．支票　D．银行承兑汇票

E．商业汇票

4.（　　）为狭义的票据范畴。

A．股票　B．汇票　C．本票　D．发票

E．债券　F．支票

5．下列选项中，均表示为票据上确定的金额的是（　　）。

A．GBP 5 500 more or less　　B．HKD 5 500 plus interest at 7.5% p.a

C．CHF 5 500　　D．EUR 5 500 by installment within 4 months

E．about CAD 5 500　　F．AUD 5 500 plus interest

G．USD equivalent for SGD 5500 at the prevailing rate in Singapore

6．在支票业务中，不可能发生（　　）行为。

A．出票　B．背书　C．承兑　D．保证

E．参加承兑　F．追索

7．下列说法中，（　　）是正确的。

A．远期本票的当事人有两个：出票人、收款人

B．本票有即期和远期之分

C．远期本票不需要承兑

D．本票的付款人是出票人

8．即期汇票不可能发生的票据行为是（　　）。

A．出票　B．背书　C．承兑　D．参加付款

E．参加承兑

四、简答题

1．票据行为主要有哪些？

2．汇票的绝对必要项目有哪些？

3．背书的种类有哪些？

4．票据的无因性是指什么？

5．汇票、本票和支票的区别有哪些？

五、案例分析题

1．甲开立 100 英镑的支票给乙，让他向丙银行取款，乙拿到支票后拖延很久不去取款，恰在此时，丙银行倒闭，甲在丙银行账户里的存款分文全无。乙在未获支票款项的情况下，找到了甲，让甲负责。甲以支票已过期为由拒绝对乙负责。

分析：甲拒绝支付的做法对吗？为什么？

2. 2021 年 12 月 25 日，A 市甲公司财务人员到乙银行 A 分行营业部要求兑付 9 张每张价值 1 000 美元的由美国丙公司发行的旅行支票。乙银行 A 分行的业务人员审核后发现，这些旅行支票与运通公司的票样相比，印刷粗糙，估计是彩色复印机所制；票面金额、徽标等没有凹凸感；复签底线也不是由小字母组成的，而是一条直线，估计是复印机无法分辨原票样的细微字母；票面在紫光灯照射下泛白色，没有水印。经仔细查询审核，该分行确认这些旅行支票为伪造票据，予以没收。经查，这些伪造的旅行支票是丁公司出具给甲公司抵债用的，甲公司准备兑付后还贷款。

分析：本案例给了你什么启示？

第3章

国际结算工具：单据

本章学习目标

1. 理解单据的定义、作用和种类。
2. 掌握商业发票的作用和内容。
3. 掌握运输单据的主要种类；掌握海运提单的内容和功能；理解各种运输单据之间的区别。
4. 掌握保险单据的主要内容和种类；了解附属单据的种类。

本章重点

- 商业发票的作用和内容。
- 保险单据的主要内容和种类。
- 海运提单的内容和功能。

本章难点

- 海运提单的内容和功能。

引导案例

利用1/3正本提单提货

我国A公司向韩国B公司出口一批货物。根据B公司的要求，银行开立以A公司为受益人的信用证，该信用证中规定：1/3提单正本，空白抬头，在装船后两天内自寄申请人。A公司收到信用证后积极备货，装船后按照信用证的要求将1/3正本提单寄给了申请人B公司，其余两份正本提单连同其他单据交议付行办理议付。当开证行审核单据并要求B公司付款赎单时，才发现B公司早已利用1/3正本提单提货，不知去向，于是拒绝付款给A公司。

案例思考：为什么会出现正本提单寄给申请人的情况？如何避免相关风险？

【案例分析】

正本提单虽然有三份，但只要一份提货后，其余两份即自动失效。因此，如果信用证规定 1/3 正本提单自寄申请人且空白抬头，那么风险是非常大的。在近洋运输的前提下，船舶的航行时间往往只有 2~3 天，而单据到达银行的时间最快也要一周。这样就造成了货物已经到港但是单据还在路上的尴尬。如果市场行情旺盛，进口商急需提货，几天的延误也可能造成不小的损失。在这种情况下，进口商往往要求卖方将 1/3 正本提单先寄给自己，待单据到达银行后再到银行付款赎单。这时出口商一定要严格审核进口商的资信情况，对于这样的条款必须慎之又慎。

资料来源：李秀芳.进出口贸易实务案例及问题解答[M].北京：电子工业出版社，2015.

3.1 单据概述

在国际贸易中，不论采取什么结算方式，都会发生单据的交换。国际商会制定的 UCP600 中有近一半的条款都与单据有关，由此可见单据在国际结算中的重要性。国际结算中常见的单据有商业单据、官方单据等。各种国际结算单据的缮制与审核需遵循一定的规则。

3.1.1 单据的定义

单据（Documents）是出口商应进口商和其他有关方的要求必须提交的、完整代表货物所有权的各种相关证明文件。

单据通常由出口商制作或取得后通过银行转交给进口商，交单是出口商履约的重要环节和内容。由于国际贸易中货物被单据化，使商品买卖通过单据买卖来实现。卖方交付单据代表交付货物，买方付款赎取单据代表买到货物。国际贸易中货物的单据化大大地便利了货物买卖时货权的让渡和转移，同时又促进了单据的发展。

3.1.2 单据的作用

在国际贸易中，各国（地区）采用的或要求对方提供的单据不尽相同，但它们的功能和作用基本上是相同或大致相同的。例如，运输单据代表货物所有权的归属；保险单据是货物在运输过程中一旦发生损坏灭失即可获得相应经济补偿的依据；各种商检证明是保障货物品质、规格、数量、质量的官方或非官方凭证；原产地证明是证明货物的原产地并凭以享受差别优惠关税的凭证，等等。归纳起来，单据的作用有以下几个。

1. 单据可以代表货物的物权

在国际贸易结算业务中，卖方交付单据代表交付了货物，买方取得单据代表收到了货物。这样，通过单据的转移就达到了货物转移的目的，同时也使货物的转移合法化。

2. 单据是一种履约的证明

单据中有详细的货物描述及卖方履约情况的相关证明，出口商只有在履行了合同义务后才能取得相应的单据。

3．单据是付款的证据

在信用证业务中，开证行的付款是以信用证中规定的相符单据为依据的。在汇款、托收等非信用证结算方式中，进口商收到货物或单据后，一般应在规定时间内履行付款义务。至于货款支付的数量、时间、币种等，均以汇票、发票等为依据。

此外，单据还是进口商提货、进出口商报关、纳税、享受税收优惠的重要凭证。

3.1.3　单据的分类

单据工作贯穿于国际贸易活动中的每个环节，因此单据的种类繁多。近年来，随着国际贸易的发展，国际结算环节中的单据种类也越来越多。根据不同的分类标准，可以将单据划分为不同的类别。单据的分类主要有以下几种。

1．根据贸易双方不同，单据可分为进口单据和出口单据

（1）进口单据

进口单据即进口国的企业及有关部门涉及的单据，包括进口许可证、信用证、进口报关单等。

（2）出口单据

出口单据即出口国的企业及有关部门涉及的单据，包括出口许可证、出口报关单、商业发票、包装单据、运输单据、保险单、汇票、检验检疫证书、原产地证书等。

2．根据单据的性质，单据可分为金融单据和商业单据

根据 URC522 中的分类方式，国际贸易单证可按性质不同分为金融单据和商业单据。

（1）金融单据

金融单据具有货币属性，如汇票、本票、支票或其他类似用以取得货款的凭证。

（2）商业单据

商业单据是指由出口方填写和签发的，说明与合同项下货物有关的，如货物名称、数量、规格、重量、体积、包装、价格等内容的单据。URC522 的分类方式比较简明扼要，除了金融单据，其他单据都归为商业单据，这就使得商业单据的种类相当多。

3．根据 UCP600 中的分类，单据可分为运输单据、保险单据、商业发票和其他单据

（1）运输单据

运输单据是出口商按规定装运货物后，承运人或其他代理人签发的一种收货凭证。运输单据不仅是货物运输中最重要的证件，也是结汇中最重要的单据。

（2）保险单据

保险单据是保险人与投保人之间订立的保险合同的证明文件，是保险人对投保人的承保证明，是反映双方权利义务关系的契约。保险单据是保险索赔和理赔的主要依据。

（3）商业发票

商业发票是出口商向进口商开出的发货价目清单，即载有货物名称、数量、价格等内容的清单，是卖方向买方计收货款、清算账目的单据。

（4）其他单据

其他单据包括装箱单、原产地证书、受益人证明、船公司证明、装运通知等。

3.1.4 单据缮制的基本要求

现代国际贸易主要是通过单据的出具和交换来完成的。出口企业只有做好单据工作，缮制合格的单据，才能安全、及时地收汇。特别是当采用信用证作为支付方式时，开证行付款的前提是“单证一致，单单一致”，所以企业缮制单证时要遵守“正确、完整、及时、简明、整洁”的原则。

1. 正确

正确是单据工作的前提，单据不正确就不能安全结汇。因为不管是在托收还是信用证项下，如果单据不正确，买方都有拒付货款的权利。

这里所说的“正确”，至少包括两个方面的内容：一方面要求各种单据必须做到“三个相符”，即单据与信用证相符、单据与单据相符、单据与贸易合同相符；另一方面要求各种单据必须符合有关国际惯例和进出口国的有关法令及规定。通常银行只控制“单证相符”和“单单相符”；外贸出口企业除要求以上“三个相符”外，还有一个“单货相符”需要严格控制，这样单据才能真正代表出运货物，不致错发、错运。

2. 完整

单据的完整是指成套单据的完整性。单据在通过银行议付或托收时，一般都是成套、齐全的，而不是单一的。例如，在 CIF 交易中，卖方向买方提供的单据至少应有发票、提单和保险单。在以信用证为支付方式的情况下，出口商只有按照规定备齐所需单据，银行才能履行议付、付款或承兑的责任。目前，国外有些地区开来的信用证所列条款日益繁复，所需单据类别甚多，除发票、提单、保险单等主要单据外，还有各种附属证明，如检验证书、重量单、装箱单、产地证书、邮政收据等，这些单据都需要经过一定的手续和事先申请才能取得。在单据制作和审核过程中，必须密切注意，及时催办，防止遗漏和误期，以保证全套单据的完整无缺。

此外，单据完整还要求每种单据的所填内容必须完备齐全。任何单据都有它的特定作用，这种作用是通过单据本身的特定内容即格式、项目、文字、签章等来体现的，如果格式使用不当、项目漏填、文本不通、签章不全，就不能构成有效文件，也就不能为银行所接受。例如，签署和背书，一般只需盖一个章即可，但如果漏盖了章，这张单据便成为“未签署”的单据，而未经签署的单据是无效的。背书是使单据的转移得以实现的手段，不同的背书形式直接影响单据的流通价值和作用。

3. 及时

及时是指各种单据的出单日期必须合理、可行，也就是说，每种单据的签发日期都不能超过信用证规定的有效期限或按商业惯例的合理日期。例如，保险单的日期必须早于提单的签发日期或同一时期，提单日期不得迟于装运期限，装运通知书必须在货物装运后立即发出等。这些日期如果搞错了，同样会造成出单不符。

及时出单还反映在交单议付上。这里主要是指向银行交单的日期不能超过信用证的交单有效期。有些信用证除了规定有效期，还另外规定了交单期限。UCP600 规定：“除交单到期日外，每个要求运输单据的信用证还应规定一个运输单据出单日期后必须交单付款、承兑或议付的特定期限，如未规定该期限，银行将拒收迟于运输单据的出单日期 21 天后提交的单据，但无论如何，单据也不得迟于信用证到期日提交。”过期交单将会遭到拒付或造成利息损失。因此，在信用证允许的前提下应尽量提早交出单据，这样有利于尽早收汇。

4．简明

单据的内容应力求简化，如果画蛇添足，反而有可能弄巧成拙。UCP600 中指出：“为了防止混淆和误解，银行应劝阻在信用证或其任何修改书中加注过多细节的内容。”其目的就是避免单据的复杂化。

单据的简洁、明了，要求各种单据在论述各项内容时，语句流畅，语法规范，用词应力求简明扼要，恰如其分，尽量避免烦琐冗长。简化单据不仅可以减少工作量和提高工作效率，而且有利于提高单据的质量和减少单据的差错。

5．整洁

单据的外观质量在一定程度上反映一个国家、一个企业的业务和技术水平。如果说正确和完整是单据的内在质量，那么整洁则是单据的外观质量。所谓整洁，主要是指单据的表面清洁、美观、大方；单据中的各项内容清楚、易认，各项内容的记载简洁、明了。各种单据的更改都要有一个限制点，不允许在一份单据上做多次修改；若有更改之处，一定要盖校对章。

3.2 商业单据

商业单据是指由出口商填写、签发的，说明与合同项下货物有关的，如货物名称、数量、规格、重量、体积、包装、价格等内容的单据。商业单据主要包括商业发票、包装单据、运输单据和保险单据。

3.2.1 商业发票

1．商业发票的定义

商业发票（Commercial Invoice）是出口商向进口商开出的发货价目清单，即载有货物名称、数量、价格等内容的清单，也是卖方向买方计收货款、清算账目的单据。

对出口商来说，商业发票是出货的记账单据，也是凭以向进口商索取提供货物及/或服务价款的单据。对进口商来说，商业发票是进货的记账凭证，也是凭以办理进口报关、纳税手续的重要文件。

商业发票是全套单据的中心，其他单据如运输单据、保险单据、包装单据等，都是为支持商业发票的货物而开立的。

2．商业发票的内容

商业发票没有统一的格式，每个出具商业发票的单位都有自己的发票格式。虽然格式各有不同，但是商业发票填制的项目大同小异。一般来说，商业发票应该具备首文、正文和结文三项基本内容。商业发票的格式和内容如图 3-1 所示。

广 东 省 纺 织 品 进 出 口 针 织 品 有 限 公 司				
GUANGDONG TEXTILES IMP．& EXP．KNITWEARS COMPANY LIMITED				
15/F.，GUANGDONG TEXTILES MANSION 168 XIAOBEI ROAD GUANGZHOU，CHINA				
商业发票				
COMMERCIAL INVOICE				
Messrs:	JOHNSON'S S．A.	INVOICE NO. :	YSM1999B	
	NUBLE 1034	INVOICE DATE :	OCT．05，2021	
	SANTIAGO	L/C NO. :	524250	
	CHILE	L/C DATE :	AUG．20，2021	
		S/C NO. :	GD-98TX2509	
Exporter	GUANGDONG TEXTILES IMP．& EXP KNITWEARS COMPANY LIMTIED. 15/F., GUANGDONG TEXTILES MANSION 168 XIAOBEI ROAD GUANGZHOU, CHINA			
Transport details:		Terms of payment:		
	FROM HUANGPU TO SAN ANTONIO W/T HONG KONG BY VESSEL	BY L/C		
MARKS & NUMBERS	DESCRIPTION OF GOODS	QUANTITY	UNIT PRICE	AMOUNT
JOHNSON'S 97KCS05107 SAN ANTONIO CHILE NO.1-80 MADE IN CHINA	GARMENTS (100% COTTON JERSEY BABY'S OVERALL)	4 000PCS	USD1.50/PC	USD 6 000.00
JOHNSON'S 97KCS05111 SAN ANTONIO CHILLE NO.1-80 MADE IN CHINA	GARMENTS (100% COTTON JERSEY BABY'S BEATLE WITH SNAP WITH A SMALL EMB ON NECK)	4 000PCS	USD1.60/PC	USD 6 400.00
		CFRC3%SAN ANTONIO…. LESS C3		USD 12 400.00 USD372.00
		CFR SAN ANTONIO		USD 12 028.00
	TOTAL QUANTITY: 8000PCS	PACKING:	160CARTONS	
	TOTAL WEIGHT： NET WT.:1 000KGS	GROSS WT.:	1 200KGS	
	TOTAL: U. S. DOLLARS TWELVE THOUSAND AND TWENTY-EIGHT ONLY.			
	WE CERTIFY THAT THE GOODS NAMED HAVE BEEN SUPPLIED IN CONFORMITY WITH S/C NO. GD-98TX2509			
		GUANGDONG TEXTILES IMP．& EXP． KNITWEARS COMPANY LIMITED		

图 3-1 商业发票的格式和内容

（1）首文部分

首文部分包括发票号码、出票地点和日期、合同号、信用证号、收货人、启运地和目的地等内容。

① 发票号码（Invoice No.）。发票号码由出口商统一编号。

② 出票地点和日期（Place & Date）。出票地点和日期通常在发票右上角。出票地点应为信用证规定的受益人所在地，通常是议付所在地。在全套单据中，发票是签发日期最早的单据，出票日期只要不早于合同的签订日期，不迟于提单的签发日期即可。

③ 合同号（S/C No.）。合同号应与信用证上列明的一致，一笔交易涉及几个合同的，应在发票上表示出来。

④ 信用证号（L/C No.）。当采用信用证支付货款时，应填写信用证号。若信用证没有要求在发票上标明信用证号，此项可以不填。当采用其他支付方式时，此项不填。

⑤ 收货人（Consignee）。此栏前通常印有 To、Sold to Messrs、For Account and Risk of Messrs 等。收货人即买方名称，应与信用证中所规定的严格一致。如果信用证中没有特别的规定，将信用证的开证申请人或收货人名称和地址填入此栏。如果信用证中没有申请人名称，则此栏填汇票付款人。

⑥ 起运地和目的地（From … To …）。此栏填写货物自装运地（港）至目的地（港）的地名，如果货物需要转运，则注明转运地。这些内容应与提单上的相关部分一致。

（2）正文部分

发票的正文是说明履约情况的部分，主要包括唛头及件数、货物描述、单价、总价、包装和件数等内容。

① 唛头及件数（Marks and Numbers）。唛头一般由三部分组成：客户名称缩写（如不用客户名称，可以由发票号码/合同号码/订单号码代替）、目的港和件数。如果无唛头，可以打上 N/M（No mark），发票中的唛头应与提单上的唛头相一致；如果信用证规定有唛头，可按照信用证缮制。

② 货物描述（Quantity and Description）。货物描述的内容一般包括货物的名称、规格和数量。信用证支付方式下的发票对货物的描述应与信用证上的描述严格一致。如果是属于托收方式的，发票对货物的描述内容可参照合同的规定结合实际情况进行填制。

③ 单价（Unit Price）。单价包括计价货币、计价单位、单位价格金额和贸易术语 4 部分，如果信用证有具体规定，则应与信用证一致。发票金额应与汇票金额相同，且不能超过信用证上的总金额。

④ 总价（Amount）。除非信用证上另有规定，否则货物总价不能超过信用证上的金额。

⑤ 包装和件数。在发票中应列明货物的包装方式和件数。包装方式和件数不仅要与提单中列明的一致，还要与唛头相符。

（3）结文部分

发票的结文一般包括声明文句和出票人签章。

① 声明文句。信用证要求在发票内特别加列船名、原产地、进口许可证号码等声明文句，制单时必须一一详列。常用的声明字句有以下几种。

- 证明所到货物与合同或订单所列货物相符。例如，“We certify that the goods named have been supplied in conformity with Order No. 123.”（兹证明本发票所列货物与第 123 号合同相符。）
- 证明货真价实。例如，“We certify that this invoice is in all respects true and correct both as regards to the price and description of the goods referred herein.”（兹证明本发票所列货物在价格和品质规格各方面均真实无误。）
- 证明已经航邮有关单据。例如，“This is to certify that two copies of invoice and packing list have been airmailed direct to applicant immediate after shipment.”（兹证明发票、装箱单各两份，已于装运后立即直接航邮开证人。）

② 出票人签章。出票人签章一般在发票的右下角，包括两部分内容：一是出口商的名称（信用证的受益人）；二是出口公司经理或其他授权人手签，有时也用手签图章代替手签。

3.2.2 包装单据

包装单据虽然是商业发票的补充性单据，却是国际贸易中非常重要的单据，它对货物包装有详细说明。

对于不同特性的货物，进口商可能对某个或某几个方面（如包装方式、重量、体积、尺码）比较关注，希望出口商重点提供某个方面的单据，因而包装单据种类众多，不同的包装单据要求的侧重点不同。常见的包装单据有以下几种。

1. 装箱单

装箱单（Packing List/Packing Slip）用于概述货物的装箱情况，通常要注明货物的品名、数量、唛头、毛重和净重等。装箱单的格式和内容如图 3-2 所示。

2. 包装说明

包装说明（Packing Specification）或称包装提要（Packing Summary）是对货物包装情况的说明，侧重于表述货物的包装材料、包装方式、包装规格等内容。

3. 重量单

重量单（Weight List/Weight Note）或称磅码单（Weight Memo）是在装箱单的基础上，详细描述货物的毛重、净重、皮重等情况。

4. 尺码单

尺码单（Measurement List）强调每件货物的尺码、总尺码等，通常用立方米表示货物的体积。

5. 花色搭配单

花色搭配单（Assortment List）用以说明货物的花色、规格等内容。

广东省纺织品进出口针织品有限公司					
GUANGDONG TEXTILES IMP. & EXP. KNITWEARS COMPANY LIMITED					
15/F., GUANGDONG TEXTILES MANSION 168 XIAOBEI ROAD GUANGZHOU，CHINA					
装箱单					
PACKING LIST					
Exporter:	GUANGDONG TEXTILES IMP. & EXP.		DATE :	OCT. 05，2021	
	KNITWEARS COMPANY LIMITED		INVOICE NO.:	YSM1999B	
	15/F., GUANGDONG TEXTILES		L/C NO. :	EWTE78125B	
	MANSION 168 XIAO BEI ROAD		S/C NO. :	GD-98TX2509	
	GUANGZHOU，CHINA				
			Transport details:		
			FROM GUANGZHOU TO SAN ANTONIO.		
			W/T HONG KONG BY VESSEL		
			Shipped per：G.H. V.2111/SAN JOSE V.9205		
Shipping Marks	Quantity	Description of goods	Net WT	Gross WT	Measurement
JOHNSON'S	50PCS/CTN	GARMENTS(100% COTTON	4.00KGS/CTN	5.00KGS /CTN	(42*23*25)CM*80
97KCS05107	80CTNS	JERSEY BABY'S OVERALL)	320.00KGS	400.00KGS	1.932CBMS
SAN ANTONIO		4 000PCS			
CHILE					
NO.1-80					
MADE IN CHINA					
JOHNSON'S	50PCS/CTN	GARMENTS(100% COTTON	8.50KGS/CTN	10.00KGS/CTN	(55*30*34)CM*80
97KCS05111	80CTNS	JERSEY BABY'S BEATLE	680.00KGS	800.00KGS	4.420CBMS
SAN ANTONIO		WITH SNAP WITH A			
CHILE		SMALL EMB ON NECK)			
NO.1-80		4 000PCS			
MADE IN CHINA					
			1 000.00KGS	1 200.00KGS	6.42CBMS
	TOTAL QUANTITY：	8 000PCS			
	TOTAL：	ONE HUNDRED AND SIXTY CARTONS ONLY.			
		L/C NO.：GDP976578.			
			GUANGDONG TEXTILES IMPORT. & EXP. KNITWEARS COMPANY LIMITED		

图 3-2　装箱单示例

3.2.3　运输单据

运输单据（Shipping Document）是出口商按规定装运货物后，承运人或其他代理人签发的一种收货凭证。

运输单据一方面反映了货物被接管或装运时的状况，已装运货物所要经历的运程，货物的有关当事人及其相互之间的权利义务关系；另一方面通常代表了运输中的货物，是货物的物权凭证。因此，运输单据是货物运输业务中最重要的证明文件，也是国际贸易结算中最重要的单据之一。

国际货物运输方式多种多样，运输单据的种类也很多，包括海运提单、海运单、多式联运单据、航空运单、铁路运单、公路运单、专递收据和邮政收据等。在国际贸易中，货物主要是通过海运方式来运输。

1．海运提单

海运提单（Marine/Ocean Bills of Lading），简称提单，是船方或其代理人签发的，证明已收到货物，允许将货物运至目的地，并交付给托运人的书面凭证。

（1）海运提单的当事人

① 托运人（Shipper/Consignor），指委托船公司运送货物的当事人，也称货方。信用证项下提单的托运人一般是信用证的受益人（出口商）。

② 承运人（Carrier），指承运货物的一方，也称船方。承运人有义务按照提单的记载将货物运至目的地交给收货人。根据不同的情况，承运人可能是船舶所有人（船东），也可能是租船人。

③ 收货人（Consignee），即有权在目的港凭提单向承运人提取货物的当事人，也称抬头人。收货人一般是进口商，也可能是第三方。

（2）海运提单的作用

① 货物收据。海运提单（以下简称提单）是承运人或其代理人签发的货物收据，证明已按提单所列内容收到货物。对承运人来说，向托运人签发提单后，就确认按提单所列明的内容收到货物，从而承运人就有责任在正常情况下向收货人交付货物。对托运人来说，提单是承运人收到货物的收据，这种收据具有法律效力，是托运人权利的保证。

② 运输契约证明。提单上列明了承运人与托运人之间的权利和义务，但是提单本身并不是运输合同，而是运输合同的证明。提单的签发在货物装船以后，提单对托运人来说是运输合同的证明。提单背面印的条款即视为双方共同接受的运输合约条款，承运人和托运人分别对此各自承担合约规定的责任。在班轮运输条件下，提单是处理承运人与托运人在运输中产生的争议的依据；在租船运输条件下，承运人或其代理人签发的运输契约是租船合同，提单是运输契约的证明。

③ 物权凭证。提单代表了货物的所有权，是物权凭证。提单的合法持有人凭提单可以在目的港向船公司提取货物，也可以在载货船舶到达目的港之前，通过转让提单而转移货物所有权或凭以向银行办理押汇。收货人在目的港提取货物时或办理提单转让时，必须提交正本提单。提单是货物所有权的凭证，提单的转移也就是货物的转移。

④ 索赔的依据。若货物在运输途中受到损失，提单是货主向船公司或保险公司提出索赔的依据之一。

（3）海运提单的分类

随着国际海运业务的不断发展和创新，提单的种类日益增多，可以按照不同的标准进行如下分类。

① 按货物是否已装船，分为已装船提单和收妥备运提单。

- 已装船提单（Shipped on Board B/L），指船公司将货物装上指定船舶后签发的提单。
- 收妥备运提单（Received for Shipment B/L），指承运人应托运人的要求，在收到货物等待装船期间先行签发的一种提单，其特点是先签单后发运货物。

② 按提单有无不良批注，分为清洁提单和不清洁提单。

- 清洁提单（Clean B/L），指未载有明确表示货物及/或包装状况有缺陷的条文或批注的提单。
- 不清洁提单（Unclean B/L），指承运人在提单上加注货物或包装状况不良或存在缺陷等批注的提单。

③ 按运输途中是否转船，分为直运提单和转运提单。

- 直运提单（Direct B/L），指货物运输途中不转船，直接运达目的港的提单。
- 转运提单（Transhipment B/L），指货物需要在运输途中港口换船才能运往目的港的提单，一般注有“在××港转船”的字样。

④ 按提单收货人的抬头不同，分为记名提单、不记名提单和指示提单。

- 记名提单（Straight B/L），指提单收货人名字、地址确定，且不可背书转让，只能由收货人本人提货，多用于贵重物品或捐赠品的运输。
- 不记名提单（Open B/L），指提单收货人未指明，任何提单持有者都可以向承运人提取货物。这种提单不用背书即可转让，风险很大。
- 指示提单（Order B/L），指在记载收货人姓名时，记载为“凭指示”（To Order）或“凭××指示”（To the Order of）。

⑤ 按提单内容的繁简，分为全式提单和简式提单。

- 全式提单（Long Form B/L），指正反面均有详细条款，全面记载承运人和托运人权利义务的提单。目前主要采用全式提单。
- 简式提单（Short Form /Blank Back B/L），又称背面空白的提单。按照国际商会的定义，简式提单是指船公司或其代理人签发的，背面未印有承运条款细则，或者仅注明某些或全部装运条款的提单。简式提单大多是美国的船公司签发的。除非信用证有特殊规定，银行一般不接受简式提单。

⑥ 按使用船只的不同，分为班轮提单和租船提单。

- 班轮提单（Liner B/L），指由班轮承运人或其代理人签发的提单。
- 租船提单（Charter Party B/L）。大宗货物通常包租不定期船进行整船运输，当货方租船运输时，由船长、船东或他们的代理人签发的以租船合约为依据的提单就叫租船提单。

⑦ 按承运人身份的不同，分为承运人提单和运输行提单。

- 承运人提单（Carrier B/L），指由承运人、船长或他们的代理人签发的提单。
- 运输行提单（Freight Forwarder B/L），指由运输行以自己的名义签发的提单，以及由运输行以承运人的名义或以承运人的代理人身份签发的提单。

⑧ 按签发提单的时间不同，分为倒签提单和过期提单。

- 倒签提单（Anti-dated B/L），指承运人或其代理人应托运人的要求，在货物装船完毕后，以早于货物实际装船日期为签发日期的提单。当货物实际装船日期晚于信用证规定的装船日期时，若仍按实际装船日期签发提单，托运人就无法结汇。为了使签发提单的日期与信用证规定的装运日期相符，以利于结汇，承运人应托运人的要求，在提单上仍以信用证的装运日期填写签发日期，以免违约。

- 过期提单（Stale B/L）。过期提单有两个含义。一是指出口商在装船后延滞过久才交到银行议付的提单。按照国际商会 UCP600 的规定："如信用证无特殊规定，银行将拒收在运输单据签发日期后超过 21 天才提交的单据。在任何情况下，交单不得晚于信用证到期日。"二是指提单晚于货物到达目的港，这种提单也称为过期提单。近洋国家的贸易合同一般都规定有"过期提单也可接受"（Stale B/L is acceptance）的条款。

（4）海运提单的内容与缮制

不同船公司设计的提单格式和内容不尽相同。完整的提单包括正面关于商品装运情况的记载和背面印制的运输条款。提单正面的内容包括以下几项。

① 提单编号（B/L.No.）。提单编号是由承运人或其代理人按承运人接受托运货物的先后次序或按舱位入货的位置编排的号码。提单编号一般列在提单右上角，以便于工作联系和查核。

② 托运人（Shipper）。此栏填写委托运输人的名称和地址。托运人一般为国际贸易中的卖方、信用证支付方式下的受益人或托收支付方式下的委托人。

③ 收货人（Consignee）。收货人又称提单抬头。此栏填写收货人的名称和地址，必要时可填写电话、传真或代码。如属记名提单，此栏可填写具体的收货人名称；如属指示提单，则填"To Order"或"To Order of ××"。

④ 通知方（Notify Party）。通知方是指船公司在货物到达目的港时发送到货通知的收件人，有时就是进口商。信用证支付方式下的提单，如果信用证上对提单通知方有具体规定，则必须严格按照信用证的要求填写。如果是记名提单或收货人指示提单，且收货人又有详细地址的，则此栏可以不写。如果是空白指示提单或托运人指示提单，则此栏必须填写通知方的名称和详细地址；否则，船方就无法与收货人取得联系，收货人也不能及时报关提货。通知方一般为预定的收货人或收货人的代理人。

⑤ 船名（Ocean Vessel）。此栏填写装运货物的船名和航次。若是已装船提单，必须填写船名；若是收妥备运提单，待货物实际装船完毕后记载船名。

⑥ 装货港（Port of Loading）。此栏应填写实际装船港口的具体名称，为防止港口出现重名现象，必要时应加注港口所在国家（地区）的名称。

⑦ 卸货港（Port of Discharge）。此栏应填写实际卸下货物的港口具体名称。如属转船，第一程提单上的卸货港填写转船港，收货人填写第二程船公司；第二程提单上的装货港填写上述转船港，卸货港填写最后的目的港。如由第一程船公司签发联运提单（Through B/L），则卸货港可填写最后目的港，并在提单上列明第一程船名和第二程船名。如经某港转运，则要显示"via ××"字样。

⑧ 货名（Description of Goods）。在信用证项下，货名必须与信用证上规定的货名一致。

⑨ 件数和包装种类（Number and Kind of Package）。此栏按货物的实际包装情况填写。采用集装箱运输时，此栏填写实际装运的集装箱数量或件数。

⑩ 毛重（Gross Weight）。此栏填写实际装运货物的毛重，单位为千克，该栏目数据是

船公司计算运费的依据之一。

⑪ 尺码（Measurement）。此栏填写实际装运货物的总体积，单位为立方米，该栏数据是船公司计算运费的依据之一。

⑫ 运费与费用（Freight and Charges）。此栏一般填写“Freight Prepaid”（预付）或“Freight Collect”（到付）字样。如以 CIF 或 CFR 方式出口，此栏一般填写“Freight Prepaid”字样；如以 FOB 方式出口，则此栏可填写“Freight Collect”字样，除非收货人委托发货人垫付运费。

⑬ 提单的签发地点、日期（Place and Date of Issue）。提单的签发地点原则上是装货地点，一般是装货港或货物集中地；提单的签发日期应该是提单上所列货物实际装船完毕的日期，也应该与收货单上签发的日期一致。如果是在跟单信用证项下结汇，提单上所签发的日期必须与信用证或合同上所要求的最后装船期一致或先于装船期。如果卖方估计货物无法在信用证规定的期限内装船，应尽早通知买方，要求修改信用证，而不应该利用倒签提单、预借提单等欺诈行为取得货款。

⑭ 正本提单份数（Number of Original B/L）。提单份数一般按信用证要求出具，如“full set of”一般理解为正本提单一式三份，每份都有同等效力，收货人凭其中一份提取货物后，其他两份自动失效。副本提单的份数可视托运人的需要而定。

⑮ 承运人或船长或由其授权人签字或盖章。国际商会 UCP600 规定，提单由承运人或其具名代理人、船长或其具名代理人签字或盖章有效。

2. 海运单

（1）海运单的定义和作用

海运单（Sea Waybill）是承运人签发给发货人的，将货物运往指定地点、交给指定人的运输合同证明。海运单自 1997 年开始被大西洋上的部分运输公司采用，它是运输高速化的产物。目前，海运单在欧洲和远东之间、欧洲内部及欧洲与中东或北美之间的贸易中被广泛使用。

海运单的记名收货人是唯一的收货人，承运人负责把货物交给该收货人，无须收回该项单据，即海运单下进口商作为记名收货人，可以不凭海运单而直接提货。

海运单的作用包括：海运单是承运人收到货物的收据；海运单是运输合约的证明；解决经济纠纷时，海运单可作为货物担保的基础。此外，海运单不是物权单据，而是不可流通转让的运输单据，只要证明身份，船公司即可交货给指定收货人，无须交出海运单。

（2）海运单与海运提单的区别

海运单与海运提单都是海运中的运输单据，但两者有一定的区别，主要包括以下几点。

① 海运单与海运提单的最大区别是海运单不能流通转让，货物只能交给海运单上注明的收货人。

② 海运单除单据上写明的收货人外，其他人不能提货，但可以征得开证行同意，以开证行作为收货人协助受益人控制交货。而海运提单可以转让给任何一个受让人凭以提货。

③ 海运单的收货人无须提示该单据，即可领取货物，这样可以避免货物先于提单到达目的港，造成收货人提货困难。而海运提单则必须交给承运人或其代理人换取货物。

④ 海运单项下银行不能取得货物的控制权，因此海运单对银行的债权没有保障。而海运提单对银行的债权是有保障的。

3．多式联运单据

多式联运单据（Multimodal Transport Document，MTD）是指证明国际多式联运合同成立，以及证明多式联运经营人接管货物并负责按照多式联运合同条款交付货物的单据。

多式联运单据由承运人或其代理人签发，其作用与海运提单相似，既是货物收据，也是运输契约的证明。当多式联运单据被做成指示抬头或不记名抬头时，可作为物权凭证，经背书可以转让。

多式联运单据表面上和联运提单相似，但联运提单承运人只对自己执行的一段负责，而多式联运承运人对全程负责；联运提单由船公司签发，包括海洋运输在内的全程运输，多式联运单据由多式联运承运人签发，也包括全程运输，但多种运输方式中可以不包含海洋运输。

4．航空运单

（1）航空运单的定义

航空运单（Airway Bill）是指承运货物的航空承运人（航空公司）或其代理人在收到承运货物并接受托运人要求后，签发给托运人的货物收据。与海运提单不同，航空运单不是物权凭证，既不能背书转让，也不能凭以提货。

航空运单的正本一式三份，每份都印有背面条款。第一份交托运人，是承运人或其代理人接收货物的依据；第二份由承运人留存，作为记账凭证；最后一份随货同行，在货物到达目的地、交付给收货人时作为核收货物的依据。

（2）航空运单的特点

① 出口商只提交给银行一张正本单据。信用证不应要求出口商向银行提交多于一张的正本航空运单。

② 航空运单是不可流通的单据。航空运单不是物权凭证，只是货物收据和运输合约，不能背书转让，信用证对此也不能有要求。

③ 航空运单不能控制买方付款。在 D/P 托收项下，航空运单不能控制买方付款；在信用证项下，航空运单不能作为提供给银行的抵押品。

④ 必须做成记名收货人。航空运单是直交记名收货人的单据。当信用证的开证申请人作为航空运单的收货人时，银行无法控制开证申请人在信用证项下的偿付，可以征得开证行的同意，以开证行作为航空运单的收货人，便于控制。开证申请人偿付后，开证行才能交货给开证申请人。

5．铁路运单

（1）铁路运单的定义

铁路运单是国际铁路运输中使用的单据，是由铁路承运人或其代理人签发的证明托运人与承运人运输合约的凭证。

铁路运单只是运输合约和货物收据，不是物权凭证，但在托收或信用证支付方式下，托运人可凭铁路运单副本办理托收或议付。

（2）铁路运单的分类

按铁路运输经营方式不同，铁路运单可以分为国际货协运单和承运货物收据。

① 国际货协运单。国际货协运单是国际铁路货物联运所使用的运单，是铁路与货主之间运输契约的证明。国际货协运单正本从始发站随同货物附送至终点站，并交给收货人，是铁路与货主之间交接货物、核收运杂费用、处理索赔与理赔的依据。运单副本是卖方凭以向银行结算货款的主要单据之一。

② 承运货物收据。承运货物收据既是承运人出具的货物收据，也是承运人与托运人之间运输契约的证明。我国内地通过铁路运往我国港、澳地区的出口货物，一般委托中国对外贸易运输公司承办。当出口货物装车发运后，中国对外贸易运输公司签发承运货物收据交给托运人，作为对外办理结汇的凭证。承运货物收据只有第一联为正本，反面印有“承运简章”，载明承运人的责任范围。通过铁路对我国港、澳地区出口货物时，由于国内铁路运单不能作为对外结汇的凭证，故使用承运货物收据这种具有特定性质和格式的单据。

（3）铁路运单的内容

① 国际货协运单的内容。国际货协运单载明的栏目一般包括经由路线及到达站、收货人及发货人名称与地址、发货的特别声明、货物名称、数量、唛头、包装、价格、运费、海关记载、车辆记载等。按照《国际铁路货物联运协定》的规定，国际货协运单以发送国家的文字和德文或俄文印制。在我国，则以中、俄两种文字缮制运单。

国际货协运单一式五联：第一联为收货正本，随货交收货人；第二联为运行报单，由铁路发站分送有关到达铁路站；第三联为运单副本，由铁路发站送交发货人，作为发货人向银行议付的运输单据；第四联为货物交付单，由铁路发站交有关到达铁路站；第五联为货物到达通知，由铁路发站转交收货人。

② 承运货物收据的内容。承运货物收据的主要内容包括承运人的名称、承运收据的中英文名称、编号、发票号码、合同号码、收货人及发货人的名称和地址、起运地及过境地和目的地、签发日期、装运日期、车号、唛头、件数、货名、大写件数、运费支付地点、提货地点、货运代理人名称、签字盖章、承运简章（背面）等。

6．公路运单

（1）公路运单的定义

公路运单是利用汽车运输时，由承运人或代理人签发的，作为收到货物的收据和运输合同的证明。公路运单不是议付或可转让的单据，也不是物权凭证。

（2）公路运单的内容

公路运单一般一式四联，第一联为托运单，第二联为承运单，第三联为车辆调配单，第四联为结算统一账单。

《国际公路货物运输合同公约》（以下简称 CMR）是国际上有关公路运输的公约，1956 年在日内瓦由欧洲 17 个国家一致通过。CMR 规定公路运单必须记载下列事项：运单签发日期和地点，发货人、承运人、收货人的名称和地址，货物交接地点、日期，货物品名和包装方法，货物重量、运费，海关报关须知等。需要说明的是，我国并没有参加 CMR。2016 年，我国加入了联合国《国际公路运输公约》（以下简称 TIR），成为联合国 TIR 第 70 个缔约方，目前已经有 42 个“一带一路”沿线国家加入了 TIR。TIR 将有效降低我国与“一带一路”沿线国家，特别是中亚、西亚、南亚和东北欧地区之间的通关时间，提高通关效率。

7. 专递收据和邮政收据

专递服务机构签发的专递收据不是物权单据，不可流通转让，货物直接交给收件人。邮政收据通常由寄件人填写，注明寄件人和收件人的名称和地址、寄运货物的名称和价值等，邮局核实重量并收费后签发。

邮政收据不是物权凭证，只是货物收据和运输合约。它不可流通转让，直接把货物交给记名收货人，不能背书转让。当货物到达目的地后，经证明身份即可把货物交给收货人。在信用证项下，邮政收据既可以做成以开证申请人为运单记名收货人，也可以经开证行同意，以开证行为收货人，以便银行能控制开证申请人的偿付。

3.2.4 保险单据

1. 保险单据的定义

保险单据是保险人与投保人之间订立的保险合同的证明文件，它是保险人对投保人的承保证明，也是反映双方权利义务关系的契约。在被保险货物发生保险责任范围内的损失时，保险单据是保险索赔和理赔的主要依据。

2. 保险单据的分类

根据保险业务的不同，保险单据有不同的种类。常用的保险单据主要有以下几种。

（1）保险单

保险单（Insurance Policy）是保险人和投保人订立的正式保险合同的书面凭证，是一种完整、独立的保险文件，因此又称为正式保险单，俗称大保单。保险单与指示性海运提单一样，可以由被保险人背书后随物权的转移而转让。保险单的转让无须征得保险人的同意，也无须通知保险人。

（2）预约保险单

预约保险（Open Cover）是进出口商进行长期或多次运输时，为了避免多次投保的繁杂手续，而与保险人订立的一种保险约定。预约保险单可以是定期的，也可以是永久性的，往往都注有“Cancellation Clause”（注销条款）。

（3）保险证明

保险证明（Insurance Certificate）俗称小保单，是在预约保险单项下签订的一种保险单据，是保险人发给被保险人的用以证明保险合同业已生效的文件。

保险证明同样也可以经被保险人背书后随物权的转移而转让。它与正式保险单的区别在于，背面通常不载明保险人与被保险人双方的权利和义务等全部保险条款，只列明注意事项和索赔指南。

（4）保险声明

保险声明（Insurance Declaration）也是预约保险项下的一种保险单据，是投保人在确定了货物详情、装运日期、运输工具等细节后，将这些资料填写在印有保险人预先签字并注明预约保险单号的声明格式上，向保险人做出的单向申报。

（5）暂保单

暂保单（Cover Note）是由保险经纪人接受投保人的委托后，向投保人签发的保险单据。通常，暂保单是基于不明确的货物运载工具和起运日期等情况，先办理投保而经保险公司同意后签发的。一旦得知确切的货物运载工具和起运日期等详细资料，须将暂保单交给保险经纪人换取正式保险单。因此，银行不接受保险经纪人出具的暂保单。

3．保险单据的内容与缮制

不同种类保险单据的具体内容与缮制方法也有所不同，其中以保险单所包含的内容最为典型和齐全。其他保险单据可参照保险单具体缮制。本节以信用证结算方式下的海运保险单为例，诠释保险单据的缮制。

（1）保险公司名称（Name of Insurance Company）

此栏填写保险公司名称。根据信用证和合同要求到相应的保险公司去办理保险单据，尤其是在信用证支付方式下，如来证规定“insurance policy in duplicate by PICC”，即信用证要求出具由中国人民保险公司开立的保险单一式两份。保险公司的全称及公司标记一般会用较醒目的字体预先印制在保险单的最上端，从而帮助被保险人确定保险单责任的承担者，并起到宣传保险公司形象的作用。

（2）发票号码（Invoice No.）

此栏填写投保货物商业发票的号码。

（3）保险单号（No.）

此栏填写保险单号码。该号码是由保险公司指定的，作为本保险单的编号。

（4）被保险人（Insured）

此栏填写在“at the request of”后。除信用证对投保人有特殊规定应按来证要求办理外，一般情况下，在 CIF 或 CIP 价格术语下，投保人是卖方，即信用证受益人，所以此栏填写卖方名称。但是，实际出险时，往往由买方索赔，所以当保险单以卖方为被保险人时，卖方要在保险单的背面签字盖章进行背书，以表示该保险索赔的权益转让给保险单的持有人，同时受让人承担被保险人的义务。

（5）标记（Marks and Nos.）

此栏填制货物包装上的运输标志，与提单、发票上同一栏目的内容一致。

（6）包装及数量（Quantity）

此栏填制运输包装件数，与提单上同一栏目的内容一致，如“carton”等。如果保险单上未表明包装及数量，银行便无法确定信用证所规定数量的货物是否已全部投保，因此开证行可以拒付。

（7）保险货物项目（Description of Goods）

此栏填制货物的名称，一般要求按发票品名填制。如果发票品名繁多，本栏允许填统称，但统称不得与发票或信用证规定的品名相抵。若有可能列出具体品名，那么列出与发票或信用证一致的品名更妥，这是最佳的填制方法。

（8）保险金额（Amount Insured）

保险金额应严格按照信用证和合同上的要求填制，一般以信用证规定的币种、金额表示。如信用证和合同无明确规定，根据国际商会 UCP600 的规定，一般以发票金额加一成（110%的发票金额）填写。发票金额的 110%就是买方进行这笔交易所付的费用和预期利润，其公式为：保险金额=CIF 货值×（1+保险加成率）。

（9）总保险金额（Total Amount Insured）

此栏只需将保险金额以大写的形式填入，计价货币也应以全称形式填入，且保险金额使用的货币单位应与信用证中的一致，大写金额末尾应加“only”，以防涂改。

（10）保费（Premium）

此栏一般由保险公司填制或预先印好“as arranged”字样。保费通常占货物价值的1%~3%。

（11）费率（Rate）

此栏由保险公司填制或预先印上“as arranged”字样。险别不同，费率不一。

（12）装载运输工具（Per Conveyance）

此栏应按照实际情况填写，当直航时，则在该栏填制船名；当运输由两段或两段以上运程完成时，应填写已知的各程船名。

（13）开船日期（Sailing on or about）

此栏填制提单的签发日期或签发日期前 5 天内的任何一天，或者可以简单填上“AS PER B/L”。

（14）起讫地点（From××To××）

此栏填制货物实际装运的起运港口和目的港口名称，应与提单所记载的地点一致，而且符合信用证要求。

（15）承保险别（Conditions）

此栏应根据信用证或合同中保险条款的要求填制。本栏是保险单据的核心内容，是将来划定理赔责任范围的主要依据。

（16）赔款偿付地点（Claim Payable At××）

此栏应按照信用证或合同规定填制，如无具体规定，一般将目的地作为赔付地点，赔款货币为与投保金额相同的货币。

（17）日期（Date）

此栏填制保险单的签单日期。由于保险公司提供仓至仓服务，故保险手续应在货物离开出口方仓库前办理。因此，保险单签单日期不但不得晚于运输单据记载的装运日期，而且要适当早于装运日期，除非保险单上记载有保险责任最迟于装运或接受监管之日起生效。

（18）授权人签章（Authorized Signature）

保险单经保险公司签章后方能生效，除非信用证另有规定，银行也将接受保险经纪人以保险公司代理人的身份开立和签署的保险证明。

（19）“Original”字样

正本保险单上必须有“Original”字样。保险公司出具的全套保险单一般包括正本（Original）一份、副本（Duplicate）一份和复本（Copy）三或四份。实际签发份数按信用证规定处理。

4．海运保险的险别

目前，国内使用较为广泛的海洋运输保险条款有伦敦协会货物保险条款和中国海洋运输货物保险条款。

（1）伦敦协会货物保险条款

1982 年 1 月 1 日起正式使用的伦敦保险业协会《伦敦协会货物条款》（*Institute Cargo Clauses*，ICC）得到了世界保险界和贸易界的广泛接受。

ICC 将海洋货物运输保险条款分为主险和附加险两大类。

① 主险。主险有协会货物（A）险条款（Institute Cargo Clauses A）、协会货物（B）险条款（Institute Cargo Clauses B）和协会货物（C）险条款（Institute Cargo Clauses C），均不包括附加险。

② 附加险有协会战争险条款（货物）和协会罢工险条款（货物）两种。附加险不能单独投保。

（2）中国海洋运输货物保险条款

中国人民保险公司 1981 年 1 月 1 日修订的《海洋运输货物保险条款》（*Ocean Marine Cargo Clauses*，OMCC）分为基本险和附加险两类。基本险可以单独投保，附加险不能单独投保，只有在投保某一基本险的基础上才能加保。

① 基本险。基本险分为平安险（Free From Particular Average, F.P.A.）、水渍险（With Particular Average, W.P.A.；或者 With Average，W.A.）和一切险（All Risks，A.R.）三种。

a. 平安险

平安险是海运基本险中保险范围最小的一种，其承保责任范围如下。

- 被保险货物在运输途中由于恶劣气候、雷电、海啸、地震、洪水等自然灾害造成整批货物的全部损失或推定全损。当被保险人要求赔付推定全损时，须将受损货物及其权利委付给保险公司。
- 由于运输工具遭受搁浅、触礁、沉没、互撞、与流冰或其他物体碰撞及失火、爆炸等意外事故造成货物的全部或部分损失。
- 在运输工具已经发生搁浅、触礁、沉没、焚毁等意外事故的情况下，货物在此前后又在海上遭受恶劣气候、雷电、海啸等自然灾害所造成的部分损失。
- 在装卸或转运时由于一件或数件整件货物落海造成的全部或部分损失。
- 被保险人对遭受承保责任内危险的货物采取抢救、防止或减少货损的措施而支付的合理费用，但以不超过该批被救货物的保险金额为限。
- 运输工具遭遇海难后，在避难港由于卸货引起的损失，以及在中途港、避难港由于卸货、存仓及运送货物所产生的特别费用。
- 共同海损的牺牲、分摊和救助费用。
- 运输契约中约定有“船舶互撞责任”条款，根据该条款规定应由货方偿还船方的损失。

b. 水渍险。水渍险的承保责任范围，除承担上述平安险的各项责任外，还承担被保险货物由于恶劣气候、雷电、海啸、地震、洪水等自然灾害所造成的部分损失。

c. 一切险。一切险，除承担平安险、水渍险的各项责任外，还承担被保险货物在运输途中由于一般外来风险所造成的全部或部分损失。因此，一切险承担了一般附加险中包含的责任，但不包含特殊附加险。如欲投保特殊附加险，必须在一切险之外另加。

② 附加险。附加险有一般附加险（General Additional Risk）和特别/特殊附加险（Special and Specific Additional Risk）之分。

a. 一般附加险。一般附加险承保的是由于一般外来风险所造成的全部或部分损失，其险别共有下列 11 种。

- 偷窃、提货不着险（Theft, Pilferage and Non-Delivery，TPND）。
- 淡水雨淋险（Fresh Water and/or Rain Damage，FWRD）。
- 短量险（Risk of Shortage）。
- 混杂、玷污险（Inter-Mixture and Contamination Risk）。
- 渗漏险（Leakage Risk）。
- 碰损破碎险（Clash and Breakage Risk）。
- 串味险（Taint of Odour Risk）。
- 受潮受热险（Sweating and Heating Risk）。
- 钩损险（Hook Damage Risk）。
- 包装破碎险（Breakage of Packing Risk）。
- 锈损险（Risk of Rusting）。

b. 特别/特殊附加险。特别/特殊附加险承保由于特殊外来风险所造成的全部或部分损失，其险别共有下列 8 种。

- 战争险（War Risks），又称兵险。
- 罢工、暴动及民变险（Risks of Strike, Riots and Civil Commotion，SRCC），简称罢工险。
- 交货不到险（Failure to Deliver Risk）。
- 拒收险（Rejection Risk）。
- 黄曲霉素险（Aflatoxin Risk）。
- 舱面险（On Deck Risk）。
- 进口关税险（Import Duty Risk）。
- 货物出口到中国香港（包括九龙）或澳门地区存仓火险责任扩展条款。

3.3 官方单据

官方单据是指政府机构（如我国的商务部、出入境检验检疫局等）出具的单据和证明。官方单据主要有原产地证明书、商品检验证书、海关发票和领事发票等。

3.3.1 原产地证明书

原产地证明书（Certificate of Origin），简称原产地证或产地证，是证明出口货物的生产来源地，以供进口国海关采取不同的国别政策和关税待遇的书面证明文件。原产地证明书在国际贸易中具有独特的法律效力，在证明原产地方面具有不可替代的作用，是进行国际贸易的一项重要证明文件。

1. 原产地证明书的作用

原产地证明书是货物生产或制造地的具有法律效力的书面文件，它的作用主要包括以下几种。

① 原产地证明书是各国海关据以征收关税和实施差别待遇的有效凭证。

② 原产地证明书是货物进口国实行有差别的数量控制、进行贸易管理的有效工具。

③ 原产地证明书起到保障进口商品合乎卫生条件的作用。

④ 原产地证明书起到证明商品内在品质、提高商品竞争力的作用。

⑤ 原产地证明书是海关对进口货物进行统计的重要依据。

2. 原产地证明书的分类

目前，国际上主要按原产地证明书的不同用途和适用范围来对其进行分类。按此标准，出口货物原产地证明书通常可以分为一般原产地证、普惠制产地证、纺织品产地证、地区经济集团协定原产地证 4 种。

（1）一般原产地证

一般原产地证是用以证明有关出口货物和制造地的一种证明文件，是货物在国际贸易行为中的“原籍”证书。在大多数情况下，一般原产地证是在实施优惠关税的双边协定国家之间享受最惠国待遇的一种凭证。

（2）普惠制产地证

普惠制产地证是发达国家对发展中国家向其出口的制成品和半制成品（包括某些初级产品）给予的一种普遍的、非歧视性的、非互惠的关税减免优惠制度。给惠国实行减免关税产生的差额，使受惠国出口商品的价格具有更大的竞争能力，吸引进口商购买更多的受惠国产品，从而扩大受惠国制成品和半制成品的出口，增加外汇收入，促进工业化。

（3）纺织品产地证

纺织品产地证是指出口国的授权机构向设定进口限制的国家出口纺织品配额类商品所签发的一种原产地证，主要是针对实施优惠关税多边纺织品贸易协定的国家（如欧盟国家及美国、加拿大、芬兰、瑞典、挪威和奥地利等国）而使用的。

（4）地区经济集团协定原产地证

地区经济集团协定原产地证是指一定区域内的国家享受互惠的减免关税待遇的货物原产地证明文件，如北美自由贸易区产地证、英联邦特惠税产地证。

3.3.2 商品检验证书

商品检验证书（Inspection Certificate）是由检验检疫部门对出口商品进行检验后所出具的公证鉴定，用于证明货物已经经过查验，说明货物品质、数量及其他检测内容情况的证明文件。

1. 商品检验证书的主要作用

商品检验证书关系到有关各方的经济责任和权益，其作用主要表现在以下几个方面。

① 作为卖方所交付货物的品质、重量、数量、包装及卫生条件等是否符合合同规定的依据。

② 作为买方对货物品质、数量、重量、包装等提出异议、拒收货物、要求赔偿的凭证。

③ 作为卖方向银行议付货款的单据之一。

④ 作为出口国和进口国海关验放的有效证件。

⑤ 作为证明货物在装卸和运输途中实际状况、明确责任归属的依据。

2. 商品检验证书的分类

在国际贸易中，不同的交易商品需要进行不同的检验检疫，因此，商品检验证书的种类有很多。常见的商品检验证书有以下几种。

（1）品质检验证书

品质检验证书是证明进出口商品品质、规格、等级、成分和性能等的文件。

（2）重量检验证书

重量检验证书是证明进出口商品重量的文件。

（3）数量检验证书

数量检验证书是证明进出口商品数量的文件。

（4）兽医检验证书

兽医检验证书是证明出口动物产品或食品经过检疫合格的证件，适用于冻畜肉、冻禽、禽畜罐头、冻兔、肠衣等出口商品。兽医检验证书是对外交货、银行结汇和进口国通关输入的重要证件。

（5）卫生/健康检验证书

卫生/健康检验证书是证明可供人类食用的出口动物产品、食品等经过卫生检验或检疫合格的证件，适用于肠衣、罐头、冻鱼、蛋品、乳制品、蜂蜜等，是对外交货、银行结汇和通关验放的有效证件。

（6）消毒检验证书

消毒检验证书是证明出口动物产品经过消毒处理，保证安全卫生的证件，适用于猪鬃、马尾、羽毛、人发等商品，是对外交货、银行结汇和通关验放的有效凭证。

（7）熏蒸证书

熏蒸证书是用于证明出口粮谷、油籽、皮张等商品，以及包装用木材与植物性填充物等已经过熏蒸灭虫的证书。

（8）残损检验证书

残损检验证书是证明进口商品残损情况的证件，适用于进口商品发生残、短、毁等情况，可作为收货人向发货人/承运人/保险人等有关责任方索赔的有效证件。

（9）船舱检验证书

船舱检验证书证明承运出口商品的船舱清洁、冷藏效能及其他技术条件是否符合保护承载商品的质量和数量完整与安全的要求，可作为承运人履行租船契约适载义务、对外贸易关系方进行货物交接和处理货损事故的依据。

（10）生丝品级及公量检验证书

生丝品级及公量检验证书是出口生丝的专用证书。其作用相当于品质检验证书和重量/数量检验证书。

此外，根据具体业务需要，商检机构还可以签发产地检验证书、检温证书、验舱证书等。

3.3.3 海关发票

1．海关发票的定义

海关发票（Customs Invoice）是出口商应进口国海关要求出具的一种单据，基本内容与普通的商业发票类似，其格式一般由进口国海关统一制定并提供，主要用于进口国海关统计、核实原产地、查核进口商品价格的构成等。

美国、加拿大、澳大利亚、新西兰、尼日利亚、赞比亚等十多个国家对进口货物按净值（按 FOB 价）估价征税，所以发票不能作为估价的标准，需要另外提供海关发票。

2．海关发票的内容

由于各国、各地区的海关发票格式不一，加之用外文印制，所以本节不再一一列举海关发票的内容。海关发票的内容应与商业发票或其他单据相一致。下面仅简单介绍中国海关发票的一般内容，如图 3-3 所示。

海关发票

发票号：

发票日期：

1.卖方____________　2.随附单据____________

3.装运时间、转运和运输情况________________

4.收货人____________________

5.买方____________________

6.原产地____________________

7.贸易和付款条件________________

8.使用货币________________________

9.货物描述及规格________________________

10.数量____________________________

11.单价____________________________

12.发票总额________________________

13.费用项目：

（1）包装费____________________________

（2）海运或国际运费________________________

（3）保险费____________________________

（4）国内运输费用________________________

（5）其他费用____________________________

14.签字：

图 3-3　中国海关发票的一般内容

3.3.4 领事发票

1．领事发票的定义

领事发票（Consular Invoice）是出口商根据进口商国家驻出口国领事馆规定的固定格式

内容填制，并经领事签证的发票。领事发票作为有关货物进口报关的前提条件之一，有些国家不要求按固定格式填写，而规定由其领事在普通商业发票上签证，亦具有同等效力。领事发票有时以领事签证发票（Consular Legalized Invoice）形式出现。

凡要求提供领事发票的国家，在开出信用证时，一般都须加列提交领事发票的特别条款。出口商在向领事馆申请签证时，都要提供进口国的进口许可证。各国领事馆计收的签证费不尽相同，有的是按每笔计收，有的是按货值计收，实质上是变相加收进口税。

2．领事发票的主要作用

① 拉丁美洲一些国家及菲律宾等国，以领事发票代替原产地证明书，用来核定产品的原产地，以针对不同来源地的商品实行差别关税待遇。

② 某些国家还以领事发票代替进口许可证，对于没有领事发票的进口货物课以最高税率，或者完全禁止进口。

③ 通过领事发票查核商品出口价格，防止进口商品倾销。

3．领事发票的内容

领事发票和商业发票是平行的单据，有些国家规定了领事发票的固定格式，可以从领事馆获得。各国领事发票格式不同，但内容一般都包括以下几项：①出口商与进口商的名称、地址；②出口地（港）；③目的地（港）；④运输方式；⑤品名、唛头与包号；⑥包装的数量、种类；⑦货物的毛重、净重；⑧货物的品质与规格；⑨货物的价值与产地。

4．缮制领事发票注意事项

领事发票的内容应与商业发票相同；必须注明所装运的货物是某国制造的或出产的；领事发票日期不应迟于汇票和提单日期。

3.4 其他单据

3.4.1 受益人证明

1．受益人证明的定义

受益人证明（Beneficiary’s Certificate）是一种由受益人自己出具的证明，以便证明自己履行了信用证规定的任务或证明自己按信用证的要求办事，如证明所交货物的品质、证明运输包装的处理、证明按要求寄单等。

受益人证明一般无固定格式，内容多种多样（见图 3-4），以英文制作，通常签发一份。

受益人证明的名称因所证明事项不同而略异，可能是寄单证明、寄样证明（船样、样卡和码样等）、取样证明、证明货物产地/品质/唛头、包装和标签情况、电抄形式的装运通知、证明产品生产过程、证明商品业已检验、环保人权方面的证明（非童工、非狱工制造）等。

受益人证明通常会显示发票号、合同号或信用证号以表明与其他单据的关系。受益人证明的内容应与合同或信用证规定严格相符。因属于证明性质，所以按照有关规定，受益人证明的证明人（受益人）必须签字。

中国五金矿产进出口公司广东省分公司									
CHINA NATIONAL METALS AND MENERALS IMPORT AND EXPORT CORPORATION GUANGDONG BRANCH									
NO.774，DONGFENG ROAD（EAST），GUANGZHOU，CHINA									
受益人证明									
BENNEFICIARY'S CERTIFICATE									
							DATE: DEC 10，2021		
		RE: INVOICE NO.:		6039/24941		L/C NO.:	GMS119T		
WE HEREBY CERTIFY THAT SHIPPED GOODS HAS KEPT THE SIZE WITH 400 × 400 × 200MM TILES，DIMENSIONAL TOLERANCE +OR-1MM，DIAGONAL TOLERANCE +OR-1MM THICHNESS+OR-1MM..									
						IMPORT AND EXPORT CORPORATION			
						GUANGDONG BRANCH			

图 3-4 受益人证明示例

2．受益人证明的分类

受益人证明主要有以下几种类型。

（1）寄单证明

寄单证明是最常见的一种受益人证明，通常是受益人根据规定，在货物装运前后一定时期内，邮寄或传真给规定的收受人全套或部分副本单据，并将证明随其他单据交银行议付。例如，“CERTIFICATE FROM THE BENEFICIARY STATING THAT ONE COPY OF THE DOCUMENTS CALLED FOR UNDER THE LC HAS BEEN DISPATCHED BY COURIER SERVICE DIRECT TO THE APPLICANT WITHIN 3 DAYS AFTER SHIPMENT.”意思是受益人证明已把信用证项下所要求的单据副本在装船后 3 日内通过快递直接寄给开证人。

（2）寄样证明

例如，“CERTIFICATE TO SHOW THAT THE REQUIRED SHIPMENT SAMPLES HAVE BEEN SENT BY DHL TO THE APPLICANT ON JULY 10，2021.”意思是证明要求的装运样品已于 2021 年 7 月 10 日通过 DHL 寄给申请人。

（3）包装和标签证明

例如，某信用证要求，“A CERTIFICATE FROM THE BENEFICIARY TO THE EFFECT THAT ONE SET OF INVOICE AND PACKING LIST HAS BEEN PLACED ON THE INNER SIDE OF THE DOOR OF EACH CONTAINER IN CASE OF FCL CARGO OR ATTACHED TO THE GOODS OR PACKAGES AT AN OBVIOUS PLACE IN CASE OF LCL CARGO.”意思是受益人应证明已把一套发票和箱单贴在集装箱箱门内侧（整箱货）或拼箱货的显眼地方。

3.4.2 船公司证明

1. 船公司证明的定义

船公司证明是指卖方应买方要求由公司或其代理人出具的，用以证明船龄、船籍、航程、船级、集装箱船和运费等内容的书面文件。为满足进口商的要求，出口商在交单议付时，往往还须按信用证要求出具船公司的有关证明。

2. 船公司证明的种类

（1）船舶本身的证明文件

① 集装箱船只证明。进口商或银行在合同/信用证中规定货物须装集装箱船并出具相应证明的，可由受益人自行制作并加盖有关签发人的图章，也可在运输单据上加以注明。

② 船龄证明。有些国家/地区来证规定装载货物的船舶的船龄不得超过 15 年，受益人必须要求船代或船公司出具载货船只的船龄证明。这一要求的主要目的在于禁止使用老龄船，保护货物运输安全。

③ 船籍证明，用于证明船舶所属国籍。

④ 船级证明。有些信用证规定提供船级证明。国际上著名的船级社有英国劳合社、德国船级社、挪威船级社、法国船级社、日本海事协会、美国船级社等。

（2）运输和航行证明

① 航程证明。航程证明主要说明航程中船舶停靠的港口。一些阿拉伯国家开来的信用证中往往要求在提单上随附声明一份，明确船籍、船名、船东及途中所经港口顺序，出口商须按要求签发此类证明，并按证明中所述行驶、操作船舶。

② 转船证明。出口商出具转船证明，说明出口货物将在途中转船且已联系妥当，并由托运人负责将有关转船事项通知收货人。

③ 货装具名船舶证明。例如，信用证要求出口方提供由船公司或其代理出具的货装美国总统轮船公司的证明。

④ 船长收据。有的信用证规定，样品或单据副本交载货船只的船长带交进口商，并提供给船长收据，如果委托船长带去而未取得船长收据，将影响出口商收汇。船长收据常见于近洋运输。

此外，船公司证明还包括进港证明、运费已交收据港口费用、装卸准备就绪通知书和装卸时间事实记录等，由于政治原因，巴基斯坦和印度互不允许悬挂对方国旗的船舶靠岸，巴基斯坦港口还不接受来自南非、韩国、以色列和中国台湾的船舶，如要求出具相应证明的，出口方必须提供。

（3）航运组织和公约证明

① 班轮公会证明。信用证规定，货物须装班轮公会船只时，向银行所交单据中应包括船公司或船代出具的证明。例如，某信用证要求船证应明确载货船舶系船东保赔协会成员并应随附正本证明。(Shipping company's certificate stating that the carrying vessel has entered Paul Club and should be attached with the original documents.)

② 黑名单证明。典型的黑名单证明是阿拉伯国家所要求的抵制以色列证明。其通常规定船上所装货物为非以色列原产，船不经停任何以色列港口，船只可依法自由进入阿拉伯

国家法律和规则允许进出的港口。（The vessel carrying the goods is not Israeli and will not call on any Israeli ports while carrying the goods and that the vessel is not banned entry to the port of the Arab States for any reasons whatever under law and the laws and regulations of such Sates allowed.）

③ SMC 和 DOC。船舶安全管理证书（Safety Management Certificate，SMC）和安全符合证书（Document of Compliance，DOC）是按照《国际安全管理规则》的规定，载货船舶应在船上拥有的必要证书。我国海事局按《国际安全管理规则》的规章发给船公司 DOC，船舶则可获 SMC。如果船公司没有相应证书，那就没有办法按信用证要求来出具此类证明。

3.4.3　装运通知

1．装运通知的定义

装运通知是出口商向进口商发出货物已于某月某日或将于某月某日装运某船的通知。装运通知大多以电报方式发送，也有用航邮方式发送的。

在装运货物后，按照国际贸易的习惯做法，发货人应立即（一般在装船后 3 日内）发送装运通知给买方或其指定的人，从而方便买方办理保险和安排接货等事宜。如果卖方未及时发送装船通知给买方而使其不能及时办理保险或接货，卖方应负责赔偿买方由此而引起的一切损害及/或损失。

2．装运通知的内容

装运通知的内容没有固定的格式，一般由出口商自行设计，主要包含以下几项。

① Messrs，填列进口商名称及地址。

② Invoice No.，填写商业发票号码。

③ Date，填写装船通知开立日期。

④ L/C No.，填写信用证号码。

⑤ Purchase Order No.，填写销货合同号码。

⑥ Vessel，填写装运船名与航次，须与海运提单、发票和其他单据相同。

⑦ Port of Loading，起运港，须与海运提单一致。

⑧ Port of Discharge，目的地，须与海运提单一致。

⑨ On Board Date，写明装船日期。

⑩ Estimated Time of Arrival，写明预订抵达日期。

⑪ Container，写明集装箱个数及种类。

⑫ Freight，写明海运费总金额。

⑬ Description of Goods，指所装运的货品内容，按实际情况填写。

⑭ Quantity，货物数量，须与商业发票所记载者相同。

⑮ Invoice Total Amount，货物总价，须与商业发票所记载者相同。

⑯ Documents Enclosed。装船通知的作用在于方便买方购买保险或准备提货手续，出口商做此项通知时，有时会附上或另行寄上货运单据（押汇单证）副本，方便进口商了解装货内容。

⑰ Commercial Invoice，写明所需商业发票份数。

⑱ Packing List，写明所需包装单份数。

⑲ Bill of Lading，写明所需提单份数。

⑳ Insurance Policy，写明所需保险单份数。

㉑ 下方空白栏。如还有其他单据随附，填于下方空白栏。

㉒ 右下方空白栏。填写出口商公司名称、负责人签字。内容与商业发票相同，应由出口商签署。

装船通知示例如图 3-5 所示。

广 东 轻 工 家 电 有 限 公 司		
GUANGDONG LIGHT ELECTRICAL APPLIANCES COMPANY LIMITED		
52，DEZHENG ROAD SOUTH GUANGZHOU，CHINA		
FAX:	+86-20-8331 6675	
RE: INVOICE NO.:	GDP982653	
To Messrs:	A. B. C. CORP. AKEDSANTERINK AUTO	
	P. O. BOX. 9，　FINLAND	
装船通知		
ADVICE OF SHIPMENT		
	(1) Name of Commodity:	HALOGEN FITTING W500
	(2) Quantity:	800 CARTONS
	(3) Invoice Value:	USD36 480.00
	(4) Name of Carrying Steamer:	DONGFANGHONG/SUISUN　103
	(5) Date of Shipment:	MAY.20，2021.
	(6) Shipping Marks:	N/M
	(7) Credit No.:	LRT9802457
	(8) Port of Loading:	GUANGZHOU
	(9) Port of Discharge:	HELSINKI
	(10) Open Policy No.:	QG3004535
		GUANGDONG LIGHT ELECTRICAL
		APPLIANCES CO.，LTD.

图 3-5　装运通知示例

拓展实训

缮制信用证业务下的相关单据

根据以下给出的信用证和相关资料，按题意完成各小题。

信用证：

L/C 样 本

FM: HABIB BANK LTD., DUBAI
TO: BANK OF CHINA, NANJING BRANCH

Form of Doc. Credit	*40 A:	IRREVOCABLE
Doc. Credit Number	*20:	LC-2021-1098
Date of Issue	31C:	211010
Expiry	*31 D:	Date 211230　　Place CHINA
Applicant	*50 :	AL-HADON TRADING COMPANY P. O. BOX NO. 1198, DUBAI U A E
Beneficiary	*59:	NANJING GARMENTS IMP. AND EXP. CO., LTD. NO. 301 ZHEN AN TONG ROAD NANJING , CHINA
Amount	*32B:	Currency USD Amount 40 750.00
Pos. / Neg. Tol. (%)	39A:	5/5
Available with /by	*41D:	ANY BANK BY NEGOTIATION
Draft at…	42C:	DRAFTS AT 60 DAYS AFTER SIGHT FOR FULL INVOICE VALUE
Drawee	42A:	* HABIB BANK LTD., DUBAI *TRADING SERVICES, POX 1106, *DUBAI U A E
Partial Shipments	43P:	ALLOWED
Transhipment	43T:	ALLOWED
Port of loading	44E:	NANJING CHINA
Port of discharge	44F:	DUBAI U A E
Latest Date of Ship	44C:	211215
Descript of Goods	45A:	MEN'S UNDERWEAR 2 PCS SET　CFR DUBAI ART NO. 3124A,　U. PRICE USD52.50/DOZ, 300DOZ ART NO. 3125A,　U. PRICE USD50.00/DOZ, 500DOZ ALL OTHER DETAILS AS PER PROFORMA INVOICE NO. HT-2578 OF M/S. HALLSON TRADING P. O. BOX 2512 DUBAI U A E
Documents required	46A:	+SIGNED COMMERCIAL INVOICE IN TRIPLICATE +PACKING AND ASSORTMENT LIST IN TRIPLICATE STATING THAT THE GOODS OF SIZE S,M,L,XL ARE PACKED INTO 4 DOZ PER ONE EXPORT CARTON, EACH SIZE EACH DOZEN +MANUALLY SIGNED CERTIFICATE OF ORIGIN IN TRIPLICATE SHOWING B/L NOTIFY PARTY AS CONSIGNEE AND INDICATING THE NAME OF THE MANUFACTURER +FULL SET OF CLEAN ON BOARD BILLS OF LADING MADE OUT TO ORDER OF SHIPPER AND BLANK ENDORSED AND MARKED FREIGHT PREPAID, NOTIFY M/S HALLSON TRADING, P. O. BOX NO. 2512 DUBAI U A E AND ALSO SHOWING THE NAME, ADDRESS, TEL. NO. OR FAX NO. OF THE CARRYING VESSEL'S AGENT AT PORT OF DISCHARGE +A SEPARATE CERTIFICATE FROM THE SHIPPING CO. OR ITS AGENT CERTIFYING THAT THE CARRYING VESSEL IS ALLOWED BY ARAB AUTHORITIES TO CALL AT ARABIAN PORTS AND IS NOT SCHEDULED TO CALL AT ANY ISRAELI PORTS DURING ITS TRIP TO ARABIAN COUNTRIES +SHIPPING ADVICE MUST BE SENT TO THE DUBAI INSURANCE COMPANY ON FAX NO.

	82354322 SHOWING THE SHIPPING DETAILS +ONE SET OF NON-NEGOTIABLE SHIPPING DOCUMENTS AND SHIPMENT SAMPLES SHOULD BE SENT DIRECTLY TO THE OPENERS AND A CERTIFICATE AND RELATIVE POST RECEIPT FOR THIS EFFECT IS REQUIRED
Additional Conditions 47A:	
	1. INSURANCE TO BE EFFECTED BY BUYER 2. REIMBURSEMENT UNDER THIS CREDIT IS SUBJECT TO UNIFORM RULES FOR BANK TO BANK REIMBURSEMENT UNDER DOCUMENTARY ICC PUBLICATION NO. 525 3. WE SHALL ARRANGE REMITTANCE OF THE PROCEEDS TO YOU ON RECEIPT OF DOCUMENTS COMPLYING WITH THE TERMS OF THIS L/C CONFIRMING THAT THE DRAFT AMOUNT HAS BEEN ENDORSED ON THIS LETTER OF CREDIT 4. AMOUNT AND QUANTITY 5 PCT MORE OR LESS ARE ALLOWED 5. ALL DOCUMENTS MUST SHOW OUR L/C NUMBER 6. THIS L/C IS UNRESTRICTED FOR NEGOTIATION
Details of Charges 71B:	ALL BANKING CHARGES OUTSIDE DUBAI ARE FOR A/C OF BENEFICIARY
Presentation Period 48:	DOCUMENTS TO BE PRESENTED WITHIN 15 DAYS AFTER THE DATE OF SHIPMENT，BUT WITHIN THE VALIDITY OF THE CREDIT

相关资料：

发票号码：2021-1500	发票日期：2021 年 11 月 30 日
提单号码：HSKK50088	提单日期：2021 年 12 月 10 日
船名：CMA CROWN V. 987	集装箱：1×20’ LCL CFS/CFS
集装箱号：TRIU287756	封号：80709
原产地证号：08NJ98699	商品编号：6302.2900
包装：4DOZ/CTN	体积：58×40×25CMS
净重：20.00KGS/CTN	毛重：22.00KGS/CTN
合同号：NG08-2578	预约保单号：08-236147

议付银行：中国银行南京分行(BANK OF CHINA, NANJING BRANCH)

生产厂家：南京佳美服装厂(NANJING JUSTMADE GARMENTS FACTORY)

唛头：

HALLSON

HT-2578

DUBAI

NO. 1-200

1. 请分别写出该信用证的开证银行、开证申请人、受益人、通知银行，该信用证的启运港、目的港名称，以及该信用证的开证日、交单期、最后装船日、有效期和到期地点。

2. 把下面的发票补充完整。

南京服装进出口有限公司

NANJING GARMENTS IMP. AND EXP. CO., LTD.

NO. 301 ZHEN AN TONG ROAD NANJING, CHINA

商业发票

COMMERCIAL INVOICE

To: (1)	Invoice No.:	2021-1500
	Invoice Date:	30 NOV., 2021
	L/C No.:	(2)

		L/C Date:	(3)	
Transport details				
From: NANJING CHINA		To: DUBAI U A E		BY VESSEL
Marks & Nos	Description of goods	Quantity	U. price	Amount
(4)	MEN'S UNDERWEAR 2 PCS SET (6)	(7)	(5) (8)	(9)
Total:				

SAY U. S. DOLLARS FORTY THOUSAND SEVEN HUNDRED AND FIFTY ONLY

TOTAL PACKED IN 200CARTONS.

GROSS WEIGHT: 4400.00KGS.

(10)

南京服装进出口有限公司（章）

NANJING GARMENTS IMP.&EXP.CO.LTD

张红（章）

3．把下面的装箱搭配单补充完整。

南 京 服 装 进 出 口 有 限 公 司

NANJING GARMENTS IMP. AND EXP. CO., LTD.

NO. 301 ZHEN AN TONG ROAD NANJING, CHINA

装 箱 搭 配 单

PACKING AND ASSORTMENT LIST

To:

AL-HADON TRADING COMPANY

P. O. BOX NO. 1198, DUBAI, U A E

Invoice No.: (1)

Invoice Date: 30 NOV., 2021

L/C No.: (2)

Transport details

From: (3) To: (4) BY VESSEL

Marks & Nos	C/No., Package	Quantity Description of goods	G. Weight	N. Weight	Measurement
HALLSON HT-2578 DUBAI NO. 1-200	1-75 75CTNS 76-200 125CTNS	(5) ART. NO. 3124A, 4DOZ/CTN, 300DOZ ART. NO. 3125A, 4DOZ/CTN, 500DOZ	@22KGS (6)	@20KGS (7)	@(58*40*25) (8)

TOTAL	200CTNS	800DOZ			
SIZE QUANTITY ASSORTMENT					
	S	M	L	XL	TOTAL PCS/CTN
ART. NO. 3124A ART. NO. 3125A	(9)	12PCS 12PCS	(10)	12PCS 12PCS	48PCS 48PCS

WE HEREBY STATE THAT THE GOODS OF SIZE S, M, L, XL ARE PACKED INTO 4 DOZ PER ONE EXPORT CARTON, EACH SIZES EACH DOZEN.
SAY TWO HUNDRED CARTONS ONLY.

南京服装进出口有限公司（章）
NANJING GARMENTS IMP.& EXP.CO.LTD
张红（章）

4．把下面的装船通知补充完整。

南 京 服 装 进 出 口 有 限 公 司

NANJING GARMENTS IMP. AND EXP. CO., LTD.

NO. 301 ZHEN AN TONG ROAD NANJING, CHINA

装 船 通 知

SHIPPING ADVICE

L/C No. LC-2021-1098

Date:(1)

To: (2)

To whom it may concern:

We hereby state that the goods under the Open Policy No. 08-236147 have been shipped. The shipping details are as follow:

Description of goods: (3)

Number of package: (4)

Quantity: 800DOZ

Goods value: (5)

Container & Seal No.: (6)

Port of loading: (7)

Port of discharge: (8)

Bill of Lading No.: (9)

Vessel Name & Voy: (10)

南京服装进出口有限公司（章）

NANJING GARMENTS IMP. & EXP. CO. LTD

张红（章）

复习思考题

一、判断题

1．只有掌握了全套正本海运提单，才能保证对有关货物的控制权。（　）

2．清洁提单即要求提单本身纸张完好整洁，所填写的内容无任何涂改或不洁之处。（　）

3．海运提单、铁路运单、航空运单都是物权凭证，都可通过背书转让。（　）

4．一切险是平安险、水渍险和一般附加险的合并，但并不包括战争险和罢工、暴动及民变险。（　）

5．在国际货物运输中，投保人只有投保了基本险之后才能加保一般附加险。（　）

二、单选题

1．海运提单的签发日期应被理解为（　　）。

A．货物开始装船的日期　　B．签订运输合同的日期

C．货物完成装船的日期　　D．签订合同的日期

2.（　　）必须经过背书才能转让。

A．记名提单　B．不记名提单　C．指示提单　D．清洁提单

3．海运提单和航空运单（　　）。

A．均为物权凭证　　B．均为可转让的物权凭证

C．前者是物权凭证，可以转让；后者不是物权凭证，不能转让

D．不确定

4．按照国际保险市场的惯例，国际货物贸易运输保险的保险金额是以商业发票的（　　）价格为基数，再加上适当的保险加成计算得出的。

A．FOB　B．CFR　C．CIF　D．FAS

5．信用证项下商业发票的抬头人一般是（　　）。

A．出口商　B．开证申请人　C．开证行　D．议付行

6．根据国际商会 UCP600 的规定，国际货物运输的最低投保金额应是 CIF 或 CIP 的（　　）。

A．50%　B．80%　C．110%　D．150%

7．某提单对所运货物批注如下，“ONE WOODEN CASE BE STRENGTHENED BY TWO IRON STRIPS”。该提单是（　　）。

A．直达提单　B．清洁提单　C．不清洁提单　D．倒签提单

8.（　　）不属于商业发票的本文。

A．发票号码　B．唛头　C．货物名称　D．货物规格

三、多选题

1．我国商品检验检疫机构所签发的各类检验证书的作用是（　　）。

A．买卖双方交接货物、结算货款的主要依据之一　B．通关验放的有效证件之一

C．对外索赔的有效证件之一　　　　　　　　D．进行仲裁的有效证件之一

2．在按 CIF 价格术语成交的贸易结算中，卖方应提交的单据有（　　）。

A．B/L　　　　B．Insurance policy　　C．Invoice　　D．Form A

3．根据 URC522 中的分类方式，国际贸易单证按性质不同可分为（　　）。

A．金融单据　　　　　　　　B．商业单据

C．保险单据　　　　　　　　D．运输单据

4．下面属于船公司证明的有（　　）。

A．船龄证明　　B．船籍证明　　C．船级证明

D．航程证明　　E．转船证明

四、简答题

1．单据缮制的基本要求有哪些？

2．单据的作用有哪些？

3．包装单据的种类有哪些？

4．海运提单的功能有哪些？

5．原产地证明书的作用有哪些？

五、案例分析题

1．受益人向议付行交来全套单据，经审核，议付行认为单单、单证一致，于是一面向受益人办理结汇，一面单寄开证行取得索偿。开证行经审核后，认为议付行交来的全套单据不能接受，因为提单上开证申请人的通信地址的街名少了一个 g。（正确的地址为 Sun Chiang Road，现写成 Sun Chian Road。）

获此信息后，受益人即与开证申请人取得联系，要求取消此不符点，而开证申请人执意不肯。事实上，开证申请人已通过借单看过货物后决定拒绝接收货物，并由此寻找单据中的不符点，以此为借口拒绝付款。

分析：本案给你的启示是什么？

2．A 银行开立了一张以 X 为受益人的不可撤销信用证，信用证的通知行为 B 银行。该信用证对货物的装运描述如下：装运矿砂 400 吨，分四批出运，4—7 月每月运 100 吨。

在得到信用证通知后，受益人 X 于 4 月 5 日出运矿砂 100 吨，5 月 13 日出运矿砂 97 吨。这两批货物出运后，X 按时将全套单据送交通知行 B 银行议付，并很快得到了货款。

6 月 21 日，受益人再次出运矿砂 100 吨，由于该信用证是公开议付信用证，受益人 X 此次将全套单据交由议付行 C 银行议付。C 银行审核单据后认为单单、单证相符，于是一方面对 X 付款，同时单寄开证行 A 银行索偿。

A 银行审单后认为不能偿付 C 银行，因为货物在第二批装运时发生短装，所以第三批即告失效。C 银行认为不能接受 A 银行的拒付理由，坚持要求 A 银行偿付，并外加延期支付的利息。

分析：A 银行的拒付是否成立？为什么？

第4章 国际结算方式：汇款

本章学习目标

1. 掌握国际结算方式的定义和分类。
2. 掌握汇款的定义、汇款当事人和汇款的种类。
3. 掌握电汇业务流程及银行间头寸的划拨方式。
4. 理解汇款方式在国际经济往来中的具体应用和风险防范。

本章重点

- 汇款的定义和汇款当事人。
- 电汇、票汇和信汇的业务流程。

本章难点

- 汇款方式在国际经济往来中的具体应用和风险防范。

引导案例

汇款业务诈骗案例

东方国际集团上海市对外贸易有限公司（以下简称上海外贸公司）与匈牙利金城豪克国际贸易责任有限公司（以下简称豪克公司）签订了一份95HTI4E025售货合同，约定由上海外贸公司供给豪克公司不同规格的棉服和羽绒服，货物数量总计28 000件，总金额为365 600美元，装运数量允许有5%的增减，价格条件为CIF布达佩斯，装运口岸为中国上海，目的地为匈牙利布达佩斯，付款条件为提单日后70天内电汇付款。售货合同签订后，上海外贸公司按合同约定在最迟装运期前将货物装上船只，取得提单并交给豪克公司。但货物到港后，一部分被匈牙利海关没收，另一部分下落不明，豪克公司因此拒绝付款，上海外贸公司因此遭受了很大的损失。

【案例分析】

电汇是所有结算方式（包括汇款中的信汇与票汇，以及托收与信用证等）中收款最快的一种，一般可以当天到账，汇出行无法占用汇款过程中的资金。汇款的银行费用虽然相对于信汇、票汇略高一些，但相对于托收和信用证低得多。此外，考虑到银行占押资金的损失，特别是在电汇金额较大时，电汇的银行费用几乎可以忽略不计。出口商先行将货物出运，进口商收到货物后再将货款汇付给出口商。在本案例中，"70天内电汇付款"其实是出口商向进口商提供的单方融资渠道，并且出口商还要承担进口商拒付的风险，因此对进口商有利，对出口商不利。豪克公司拒付后，上海外贸公司的收款没有任何保证，加上对豪克公司的资信不了解，最终使其蒙受巨大的损失，这也是汇付结算方式存在的风险——资金负担严重不均衡。

资料来源：张晓芬，李劲涛.国际结算[M].北京：北京大学出版社，2011.

4.1 国际结算方式概述

国际结算要想顺利完成，除了运用一定的结算工具，如汇票、本票和支票，还需要使用一定的结算方式，如汇款、托收和信用证等。这就是接下来几章讲述的内容。

4.1.1 国际结算方式的定义与内容

国际结算方式又称国际支付方式，是指以一定的条件实现国际货币收付的方式，主要包括汇款、托收、信用证和银行保函等。国际结算方式的产生、演变、应用、发展及创新是国际结算的第二个研究对象。

一般而言，国际结算方式应包括以下内容。

① 按照买卖双方议定的具体的交单与付款方式，办理单据和货款的对流。

② 在结算过程中，银行充当中间人和保证人，正确结清买卖双方的债权和债务。

③ 买卖双方可以向银行提出资金融通的申请。

④ 必须订明结算的具体类别、付款时间、使用货币、所需单据和凭证。

依据付款时间的先后不同，国际结算方式包括预付货款（Payment in Advance）、装运时付款（Payment at Time of Shipment）和装运后付款（Payment after Shipment）三种付款时间。由于银行依据的装运时间以海运提单日期为准，所以银行的付款时间有交单前预付、交单时付款（又称即期付款）和交单后付款（又称远期付款）。

国际结算使用的货币，应是可兑换的货币，可以是出口国货币，也可以是进口国货币，还可以是国际通用的第三国货币。美元、英镑、欧元、日元等货币是主要的世界通用货币，对卖方和买方来说，使用世界通用货币结算易被双方接受；至于是使用出口国货币还是进口国货币，须经买卖双方协商决定。

国际结算方式一般可划分为汇款、托收、信用证三大类别。每个类别还可以再分为若干具体种类，通常是结合交易情况、市场销售情况、对方资信情况由买卖双方协商订立。

4.1.2 国际结算方式的分类

国际结算方式可以从多个角度进行分类。

1．按照汇兑的方向不同，可分为顺汇和逆汇

顺汇（Remittance）也称汇款法，是由债务人或付款人主动将款项交给银行，委托银行使用某种结算工具，交付一定金额给债权人或收款人的结算方法。顺汇的基本流程如图 4-1 所示。

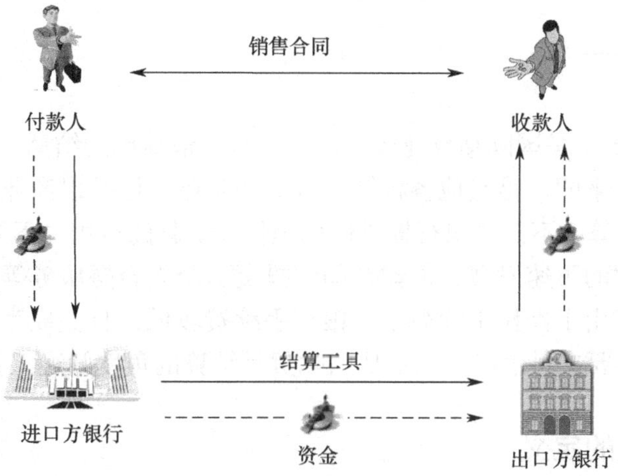

图 4-1　顺汇的基本流程

顺汇的特点是结算工具的传递方向与资金的流动方向一致，并且是从付款（债务）方传递到收款（债权）方。汇款属于顺汇。

逆汇（Reverse Remittance）又称出票法，是由债权人以开出汇票的方式，委托银行向国外债务人索取一定金额的结算方式。逆汇的基本流程如图 4-2 所示。

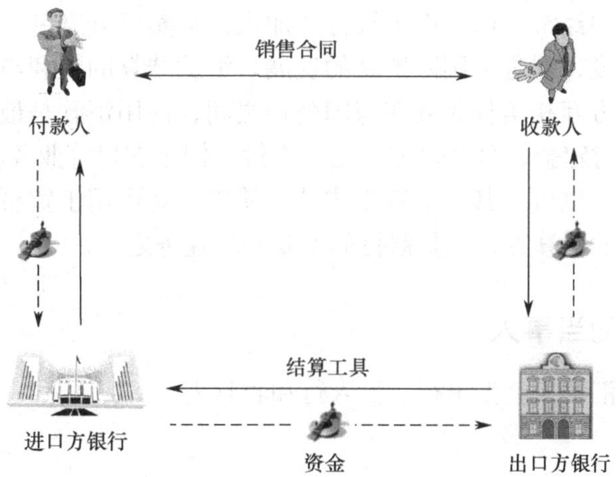

图 4-2　逆汇的基本流程

逆汇的特点是结算工具的传递方向与资金的流动方向相反。托收和信用证属于逆汇。

2．按照授信角度不同，可分为商业信用形式和银行信用形式

商业信用形式是指银行对结算中的收付双方均不提供信用，只是接受委托，办理款项的收付，如汇款方式和托收方式。

银行信用形式是指银行为交易提供信用保证的结算方式，如信用证方式和银行保函方式等。

4.2 汇款概述

汇款（Remittance）是国际结算业务中产生最早、最简单的结算方式，是为了解决现金结算的困难而发展起来的，是其他各种结算方式的基础。汇款以商业信用为基础，收付双方仅通过银行办理结算，不需要银行提供信用担保。汇款的运用并不局限于国际贸易业务，随着全球经济一体化的飞速发展，汇款在国际投资、个人金融服务等非贸易结算领域也被广泛应用。汇款方式由于操作手续简单，银行手续费较低，日益成为国际贸易结算和国际非贸易结算的一种重要支付手段。以下从国际贸易结算的角度阐述汇款。

4.2.1 汇款的定义

汇款又称汇付，是指汇出行应汇款人的要求，以一定的方式，把一定的金额，通过其国外联行或代理行作为汇入行，付给收款人的一种结算方式。汇款属于商业信用，银行只提供服务而不提供信用。无论是汇出行还是汇入行，都不对贸易中的货物和单据承担责任。

凡属外汇资金的调拨都采取汇款的方式，国际结算方式中的汇款是其他各种结算方式的基础。因为任何一笔结算都要发生资金的转移，即使是托收、信用证等结算方式，最终也是通过汇款方式来了结的。

汇款在国际贸易中经常使用，由于银行的加入，买卖双方避免了直接进行现金交易，加快了国际结算的速度，促进了国际贸易的发展。汇款结算的顺利与否完全取决于交易双方的信用，在交易双方互相信任时或在跨国公司之间，使用汇款是最理想的选择。此外，汇款结算还可用于支付定金、分期付款、尾款支付、佣金支付等业务。

汇款可单独使用，也可与其他结算方式结合使用，既适用于贸易结算，也适用于非贸易结算。汇款是基本的结算方式，是银行的主要外汇业务之一。

4.2.2 汇款的当事人

汇款的当事人有汇款人、汇出行、汇入行和收款人。

1. 汇款人

汇款人即债务人，在国际贸易合同中是进口商。汇款人在委托汇出行办理汇款时需办理以下手续。

① 填写汇款申请书。

② 提供汇款金额及承担的银行费用。

③ 向银行提供证明其交易真实的商业单据。

2. 汇出行

汇出行是受汇款人委托对外汇出款项的银行，一般是汇款人所在地的银行。汇出行按照汇款人填写的汇款申请书办理向国外汇款的业务，直至该笔汇款有了结果为止。

在受理电汇业务时，汇出行需审核汇款申请书的内容是否清楚、完整，双方的责任与义务是否明确。汇款申请书上必须注明汇款货币名称、金额、收款人名称与地址，以及收款人的开户行名称、地址、账号等，同时还应注明有关国外费用由谁负担。核对客户在申请书上加盖的印鉴、签章与该客户在汇出行预留的授权书印鉴、签章，并由核对人员在申请书上盖章确认相符。如果印鉴或签章不符，应迅速与客户联系。汇款的资金来源（包括外汇和人民币资金来源）必须到位，不得透支。

在收到汇款人的汇款申请书后，汇出行的一般处理程序如图 4-3 所示。

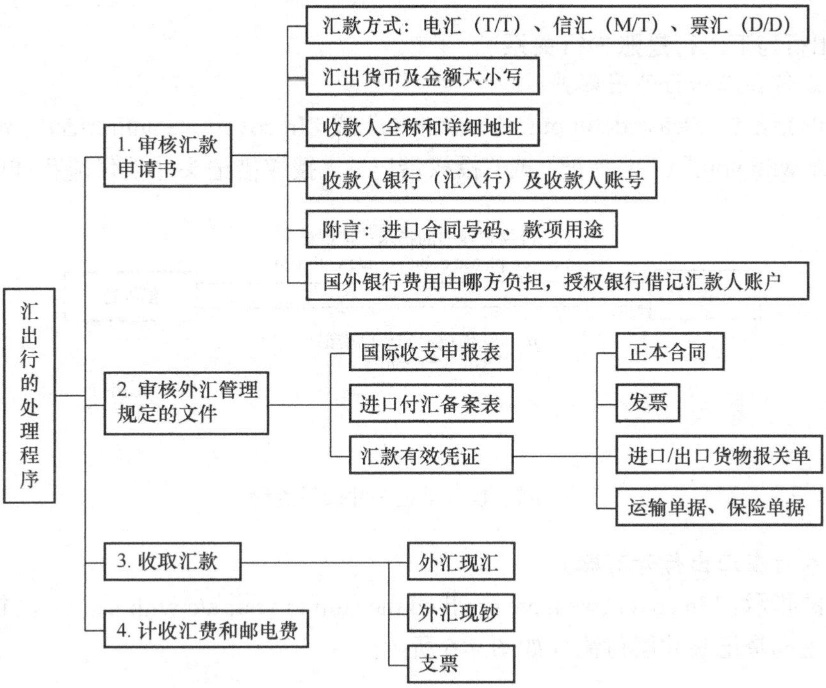

图 4-3　收到汇款申请书后汇出行的一般处理程序

3. 汇入行

汇入行即解付行，一般是国外的收款人所在地银行，办理汇入汇款业务。汇入行的一般处理程序如图 4-4 所示。

4. 收款人

收款人即债权人，是汇款人委托银行交付汇款的对象。在国际贸易中，收款人即出口商，其权利是凭证取款。

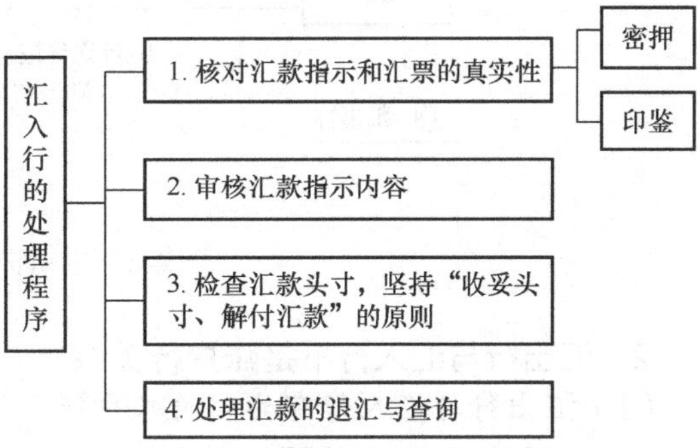

图 4-4　汇入行的一般处理程序

4.2.3 汇款的种类

按照汇款使用的支付工具不同，汇款可以分为电汇、信汇和票汇三种方式。

在目前的实际业务中，信汇已经很少使用，票汇一般用于小额支付，电汇使用得最多。

4.2.4 汇款头寸的偿付

汇款头寸的偿付是指汇出行办理汇出业务时，应及时将汇款金额拨交给解付汇款的汇入行，俗称“拨头寸”。一般在进行汇款时汇款通知书上须写明拨头寸的指示，如果汇出行和汇入行之间相互开有账户，则偿付比较简单；如果汇出行和汇入行之间没有建立直接的账户往来关系，则需要其他银行的加入。具体内容如下。

1．汇出行与汇入行是账户行关系

（1）汇出行在汇入行开有账户

拨头寸的指示：“Please debit our a/c with you” 或 “In cover ,we authorized you to debit the sum to our a/c with you.”（“请借记” 或 “授权借记”。）授权借记头寸偿付流程如图 4-5 所示。

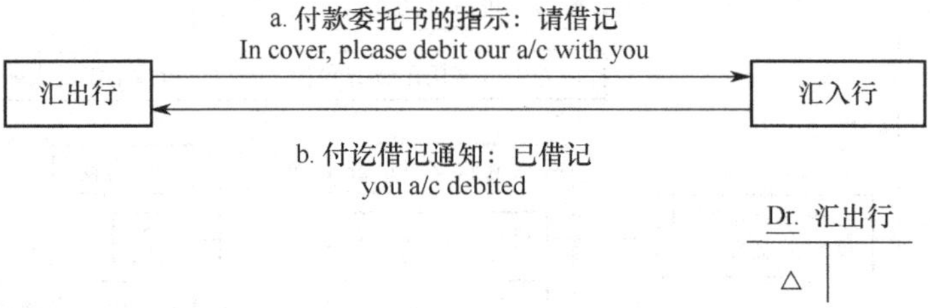

图 4-5　授权借记头寸偿付流程

（2）汇入行在汇出行开有账户

拨头寸的指示：“In cover ,we have credited the sum to your a/c with us.”（“已贷记” 或 “主动贷记”。）主动贷记头寸偿付流程如图 4-6 所示。

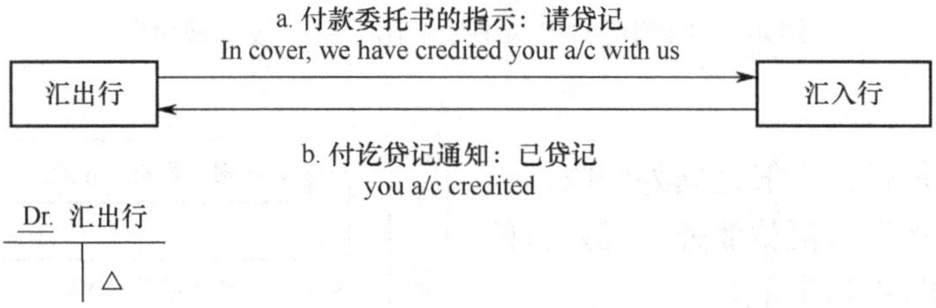

图 4-6　主动贷记头寸偿付流程

2．汇出行与汇入行不是账户行关系

（1）汇出行与汇入行有共同的账户行

汇出行与汇入行有共同的账户行，即双方在同一家银行开有账户，通过该银行进行转

账。拨头寸指示为："In cover ,we have authorized X Bank to debit our a/c and credit your a/c with them." 共同账户行头寸偿付流程如图 4-7 所示。

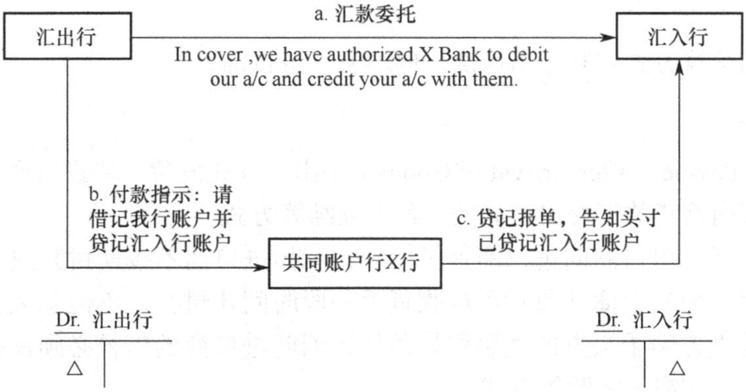

图 4-7　共同账户行头寸偿付流程

（2）汇出行和汇入行没有共同的账户行

汇出行和汇入行没有共同的账户行，即双方在不同的银行开有账户，必须通过两家或两家以上的银行进行转账。拨头寸指示为："In cover, we have instructed X Bank pay / remit the proceeds to your a/c with Y Bank."（汇入行在收到 Y Bank 贷记报单后，即可解付。）各账户行头寸偿付流程如图 4-8 所示。

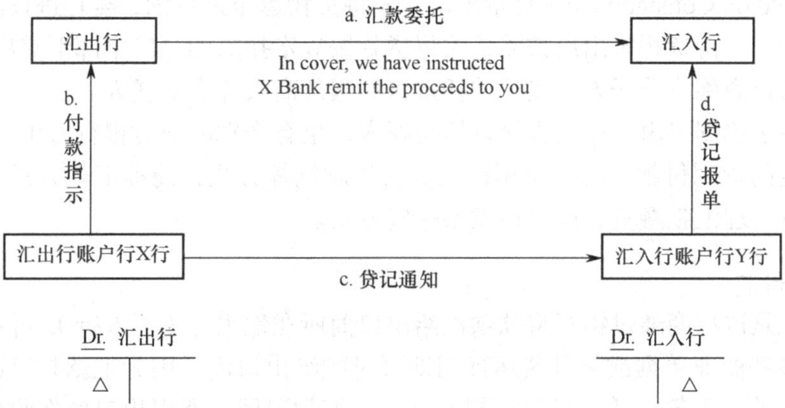

图 4-8　各账户行头寸偿付流程

4.2.5　汇款在国际贸易中的应用

国际贸易中采用汇款方式结算，银行提供的是划拨资金的服务，与买卖双方交接货物无关。因此，对银行来说，它与普通的非贸易汇款业务完全相同。但对买卖双方来说，有三种支付方式：预付货款、货到付款和凭单付汇。

1. 预付货款

预付货款（Payment in Advance）是进口商先将货款的一部分或全部汇交出口商，出口商收到货款后，立即或在一定期限内发运货物的一种汇款结算方式。预付货款是对进口商而言的，对出口商来说则是预收货款。

预付货款实际上是出口商向进口商收取的预付定金。需要预付货款的商品大多是热门商品。

预付货款的结算方式有利于出口商，但不利于进口商。

2．货到付款

货到付款（Payment after Arrival of Goods）是出口商先发货，待进口商收到货物后，立即或在一定期限内将货款汇交出口商的一种汇款结算方式。

在此种方式下，出口商向进口商提供信用，承担进口商不按期付款或不付款的风险，并且资金负担重。而进口商在收货后或收货后一段时间才付款，不但掌握主动权，而且资金负担小，这是卖方给予买方的优惠贸易条件，因此进口商的信誉必须良好。这种方式有时还可称为赊销方式或记账赊销方式。

货到付款在国际贸易上可分为售定和寄售两种。

（1）售定

售定（Goods Sold）是指买卖双方已经成交，货物已售妥发运，并经进口商收到后在一定时期内将货款汇交出口商。大多数货到付款都采用售定方式。

这种方式对进口商有利而对出口商不利，因为货物出口后，出口商就失去了控制货物的权利，如进口商不付款，出口商将货款两失。

（2）寄售

寄售（Sold on Consignment）是指出口商先将货物运至进口国，委托进口国的商人在当地市场代为销售，待货物售出后被委托人将货款按规定扣除佣金后全部汇交出口商。

寄售的出口商称为委托人，接受委托寄售的国外商人称为受托人。

寄售的装运单据多由委托人直接寄给受托人，也有个别的通过银行寄单。

已经售定的货到付款交易，采用汇款支付货款结算方式，简称汇款方式。为了便利贸易，银行可以办理汇款融资，即出口发票融资方式。

3．凭单付汇

凭单付汇是进口商通过银行将款项汇给出口商所在地银行（汇入行），并指示该行凭出口商提供的某些商业单据或某种装运证明即可付款给出口商。因为汇款是可以撤销的，在汇款被支取之前，汇款人随时可以通知汇款行将汇款退回，所以出口商在收到银行的汇款通知后，应尽快发货，尽快交单，尽快收汇。

4.2.6 汇款结算方式的风险及防范

1．汇款结算方式的风险

（1）国家信用风险

国家信用风险来源于不可抗拒的国外因素，可以分为政治风险和宏观经济风险，是由进口国的法律和法规所产生的，并不是合同条款能免除和改变的。在国际贸易中，如果进口国经济衰退、外汇匮乏而无力对外支付、国内货币大幅度贬值、战争内乱导致经济停滞等，都可能使买方不能履行对外付款的责任。

（2）商业信用风险

汇款方式属于商业信用。对于“货到付款”的卖方和预付货款的买方，能否按时收款和按时收货，完全取决于对方的信用。如果卖方收款后不发货或买方收取货物后不付款，都可使对方钱货两空，这种信用风险与买卖双方的信用有很大的关系。另外，经营不善、企业破产、市场行情发生变化、进口商品在进口后价格剧降、进口商亏本等都会导致商业信用风险。

（3）结算风险

出口企业面临的结算风险主要是外汇风险。结算风险主要是指企业以外币作为交易结算货币进行贸易活动时产生的风险，是由于对外交易的时间和结算时间不一致而形成的。结算时间往往滞后于合同签订时间，两者之间有一定的时间间隔，导致结算时的汇率可能不同于合同签订时的汇率，从而产生外汇风险。

在汇款结算方式下，出口商的风险较高。尤其是在双方按货到付款或赊销交易条件下，出口商面临着进口商收到货物后迟付或不付款的风险，其中赊销付款风险最大。这种风险在欠发达地区最常见，其手段有：①先给出口商几笔小订单，正常付款，骗得信任，而后突然再给一笔大订单，收货后消失；②以质量规格不符为由拒绝付款，并以此压价；③利用本国海关关于进口退货或转卖需要征得进口商同意的规定，既不办理通关手续也不付款，更不同意退货或转卖，使货物长期滞港，以此威胁降价，这种风险在印度、非洲等国家和地区比较常见；④利用本地或在我国设立的小海运公司或货代公司管理松懈的弱点，或者与其勾结，诱其无单放货。

应用案例

信汇欺诈的危害

吴某与李某是好朋友，一次吴某由于疏忽将印鉴留在了李某家中。李某利用该印鉴并模仿吴某的签字，仿造了他的付款授权信，将吴某的款项汇到自己的账户中。事后虽然李某的诈骗行为被发现并且受到了法律的制裁，但是由于李某已经将所汇款项挥霍殆尽，吴某仍然遭受了很大的损失。

在本案例中，汇款人和汇款行应分别得到什么教训？

【案例分析】

在本案例中，李某的行为是典型的信汇欺诈。依照银行的业务惯例，顾客可致信他的开户行要求将一定金额的款项汇交收款人。开户行视此信为书面授权，核对客户印鉴相符后，凭以借记客户账户并将款项汇出。欺诈者利用这种做法，模仿客户签字，伪造授权信，骗取银行汇出款项。因此，对于此类汇款，尤其是大额汇出汇款和转账，要倍加注意。

资料来源：徐进亮，李俊.国际结算实务与案例[M].北京：机械工业出版社，2012.

2．汇款结算方式的风险防范

汇款方式属于商业信用。对于货到付款的出口商，能否按时收款，完全取决于进口商的信用。对于出口商面临的风险，主要有如下几种防范措施。

① 对客户进行有效的资信调查，弄清对方的资信情况，只和那些资信可靠、经营作风正派的客户采用汇款结算方式。当客户资信不佳或不明时，尽量不要采用汇款结算方式，尤其是 T/T。

② 对进口商寄来的票据，应委托银行检验其真实性，必要时等收妥款项后再发货。凭单付汇时，出口发货宜采用海运方式，以掌握货权，不宜采用空运和铁路运输方式。为了防止凭提单复印件提货，给客户传真复印件时，应抹去箱号和铅封号。如果买卖合同未约定出口商必须何时将提单正本寄给客户，应尽量等收到余款后再寄提单，尽量提高预付款比例。

③ 可以采用福费廷或银行保函等方式来转嫁风险。采用福费廷，出口商不仅能将商业风险、国家风险、利率风险和外汇风险转嫁给包买商，还可以获得无追索权的出口贸易融资以减轻资金负担。另外，货到付款可与银行保函配合使用，要求进口商开具银行保函。如果进口商到期拒付，由银行保函的开证行承担付款责任，从而降低出口商收汇的风险。

④ 通过做国际保理业务和投保出口信用险，规避收汇风险。

4.3 电汇

4.3.1 电汇的定义和特点

电汇（Telegraphic Transfer，T/T）是汇出行应汇款人的申请，使用加押电报、电传或 SWIFT 通知汇入行（国外联行或代理行），指示其解付一定金额给收款人的汇款方式。

随着电信业的发展，电汇越来越方便、快捷，通常用于紧急或大额款项支付、资金调拨、各种支付指示等。电汇方式的优点是速度快，收款人可迅速收到汇款。在结算过程中，在途的款项不能产生利息，要等汇款收到后才能生息。在利率较高的情况下，大额款项的收款人往往要求采用电汇方式以使资金早日入账生息。电汇的缺点是费用较高，但由于电汇速度快，资金在途的时间较短，节约的在途资金利息足以弥补所支付的电汇费用。因此，目前的汇款业务以电汇为主。

4.3.2 电汇业务流程

进出口双方在外贸合同中约定以电汇方式结算，其流程如图 4-9 所示。

电汇业务流程说明如下。

① 汇款人填写电汇汇款申请书，交款给汇出行，支付汇款手续费。

② 汇款人取回电汇回执。

③ 汇出行发出加押电报、电传或 SWIFT 给汇入行，委托国外汇入行解付资金给收款人。

④ 汇入行收到电报，核对密押无误后，缮制电汇通知书，通知收款人来银行收款。

⑤ 收款人收到通知书后，在收款联上盖章，交汇入行。

⑥ 汇入行借记汇出行账户，将资金支付给收款人。

⑦ 汇入行将借记付讫通知书寄给汇出行，通知它汇款解付完毕。

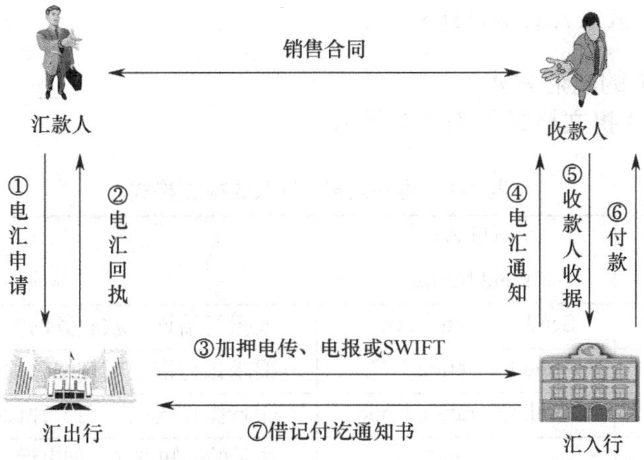

图 4-9　电汇业务流程

4.3.3 采用不同电汇方式的电汇内容

1．采用电报或电传的电汇方式

采用电报或电传方式的电汇应具备下列内容。

① FM：（汇出行名称）。

② TO：（汇入行名称）。

③ DATE：（发电日期）。

④ TEST：（密押）。

⑤ OUR REF NO.（汇款编号）。

⑥ NO ANY CHARGES FOR US（我行不负担费用）。

⑦ PAY (AMT) VALUE (DATE)（付款金额、起息日）。

⑧ TO (BENEFICIARY)（收款人）。

⑨ MESSAGE（汇款附言）。

⑩ ORDER（汇款人）。

⑪ COVER（头寸拨付）。

举例如下。

FM：BANK OF CHINA, TIANJIN

TO：THE HONGKONG AND SHANGHAI BANK CORP. ,HONGKONG

DATE：1 ST MARCH, 2015

TEST 1253

OUR REF NO.208TT0517

NO ANY CHARGES FOR US

PAY USD 20 000 VALUE 1ST MARCH TO YOURSELVES FOR CREDIT OF A/C NO. 004-110-106028-001 OF PRECISION PHOTO EQUIPMENT LTD. HONGKONG MESSAGE CONTRACT NO.P10158

ORDER PHOTOGRAPH CO. TIANJIN (By order of)

COVER DEBIT OUR A/C WITH YOU.

2．采用 SWIFT 的电汇方式

客户汇款 MT103 报文格式如表 4-1 所示。

表 4-1　客户汇款 MT103 报文格式

必选/可选	项目编号（Tag）	项目名称（Field Name）	解　释
M	20	Sender's Reference	发报行给该汇款业务的参考号
O	13C	Time Indication	要求银行借记或贷记款项的时间指示
M	23B	Bank Operation Code	银行操作代码，用 5 种代码表示 5 种处理类型
O	23E	Instruction Code	指示的通知方式，如电话、电报等。有 13 种代码表示不同的通知方式，可多选，但必须按特定顺序选
O	26T	Transaction Type Code	交易类型代码，通过代码表示交易目的或属性
M	32A	Value Date / Currency / Interbank Settled Amount	结算起息日/币种/银行间清算金额
O	33B	Currency/Instructed Amount	指示币种/金额，在汇款金额没有包括对汇款人或收款人的收费，也没有汇率转换时，此金额等同于 32A
O	36	Exchange Rate	汇率，以发送方币种金额为计算基数
M	50a/k	Ordering Customer	汇款人
O	51A	Sending Institution	发报行的 BIC 代码
O	52a	Ordering Institution	汇款人账户行
O	53a	Sender's Correspondent	发报行的代理行
O	54a	Receiver's Correspondent	收报行的代理行
O	55a	Third Reimbursement Institution	第三方偿付行，除汇出行的分行或代理行外的另一家银行，且是汇入行的分行
O	56a	Intermediary Institution	中间行（一般为收款行的账户行）
O	57a	Account with Institution	账户行
M	59a	Beneficiary Customer	收款人
O	70	Remittance Information	交易信息（付款理由或汇款人附言）
M	71A	Details of Charges	费用承担细则
O	71F	Sender's Charges	发报行费用
O	71G	Receiver's Charges	收报行费用，若费用由汇款人承担，这里显示的金额已结清
O	72	Sender to Receiver Information	附言（银行对银行附言，与收款人、汇款人无关）
O	77B	Regulatory to Reporting	汇款人或收款人所在国家要求的法规信息代码
O	77T	Envelope Contents	其他汇款信息传达格式

注：M=Mandatory（必选项目）；O=Optional（可选项目）

4.3.4 中国银行电汇业务操作方法

1. 中国银行电汇业务的受理和审核

中国银行受理汇出汇款业务时需审核客户提交的符合收付汇管理办法规定的有效凭证、汇款申请书及国家外汇管理局规定的材料，进行合规性和表面一致性审核。

① 购汇申请书货币金额与汇款申请书相符，经风险管理岗根据汇款公司提交符合收付汇管理办法规定的相关材料审核同意，方能购汇办理汇款。

② 汇款公司从其现汇账户支付汇款时，必须符合账户的支付范围。例如，向保税区注册的企业付款，应提供保税区企业的外汇登记证或复印件，方能办理汇款。

③ 审核汇款申请书，如图 4-10 所示。

汇款申请书是汇出行办理汇款的依据，也是汇款申请人和汇出行之间委托与被委托关系的契约，应订明合理的银行免责条款。在受理电汇业务时，需审核汇款申请书的内容是否清楚、完整，双方的责任义务是否明确。汇款申请书必须注明汇款货币名称、金额、收款人名称地址，以及收款人的开户行名称、地址、账号等，同时还应注明有关国外费用由谁负担。除直接汇往海外机构的可使用中文外，必须用英文填写汇款申请书内容。核对客户在汇款申请书上加盖的印鉴、签章与该客户在汇出行预留的授权书印鉴，并由核对人员在申请书上盖章确认相符。如果印鉴或签章不符，应迅速与客户联系。汇款的资金来源（包括外汇和人民币资金来源）必须到位，不得透支。

a. 对资本项下汇出汇款，向国外汇出投资款或还外债付息应凭当地外汇局的核准件办理汇款。

b. 对货到付款项下汇出汇款，中国银行应凭客户提供的有效商业单据（合同和发票）、正本进口货物报关单、贸易进口付汇核销单、进口付汇备案表（如需）办理。对正本进口货物报关单真实性的核查应使用进出口报关单联网核查系统，对报关单上的经营单位与付汇人不一致或在核查中查不出来报关单的情况，还要进行“二次核对”。如果一张报关单一次付完，报关单核注结案，则正本留存中国银行，报关单复印件和核注电子底单加盖“付汇报审付讫章”交予客户办理核销手续；如果一张报关单分多次付汇，则付汇金额为多少，核注金额即为多少，正本退给客户，中国银行留存报关单复印件。

c. 对预付货款项下汇出汇款，如企业名单未在国家外汇管理局付汇名录上，则另须领进口付汇备案表，付汇金额应在 3 万美元以上，并由国外银行开具预付款保函。

d. 对技术进口等项下汇出汇款，除须提供相关材料外，另须提供由经贸厅出具的《技术进口合同数据表》和《技术进口合同登记证书》、由税务机关出具的税务凭证或证明。

e. 对服务贸易项下汇出汇款（如佣金、差旅费、展览费等），须提供合同（协议）、发票（支付通知）、相关材料，付佣金提供的合同中需显示佣金条款，佣金金额不超过合同金额的 10%且不能超过 10 万美元；如超过，须经国家外汇管理局批准。

f. 对利润红利项下汇出汇款，须提供以下材料：书面申请和购汇申请书（如购汇）；《外商投资企业外汇登记证》并在正本上批注；董事会利润分配决议书；注册会计师事务所出具的验资报告及相关年度利润或股息红利情况的审计报告；税务凭证。

境 外 汇 款 申 请 书

APPLICATION FOR FUNDS TRANSFERS (OVERSEAS)

致：中国银行

TO: BANK OF CHINA

日期 Date

□ 电汇 T/T □ 票汇 D/D □ 信汇 M/T	发电等级 Priority	□ 普通 Normal □ 加急 Urgent	

申报号码 BOP Reporting No.	□□□□□□ □□□□ □□ □□□□□□ □□□□		
20 银行业务编号 Bank Transac. Ref. No.		收电行/付款行 Receiver / Drawn on	
32A 汇款币种及金额 Currency & Interbank Settlement Amount		金额大写 Amount in Words	
其中 现汇金额 Amount in FX		账号 Account No./Credit Card No.	
其中 购汇金额 Amount of Purchase		账号 Account No./Credit Card No.	
其中 其他金额 Amount of Others		账号 Account No./Credit Card No.	
50a 汇款人名称及地址 Remitter's Name & Address			
□对公 组织机构代码Unit Code□□□□□□□□-□	□ 对私	个人身份证件号码 Individual ID NO. □中国居民个人Resident Individual □中国非居民个人Non-Resident Individual	
54/56a 收款银行之代理行 名称及地址 Correspondent of Beneficiary's Bank Name & Address			
57a 收款人开户银行名称及地址 Beneficiary's Bank Name & Address	收款人开户银行在其代理行账号 Bene's Bank A/C No.		
59a 收款人名称及地址 Beneficiary's Name & Address	收款人账号 Bene's A/C No.		
70 汇款附言 Remittance Information	只限140个字位 Not Exceeding 140 Characters	71A 国内外费用承担 All Bank's Charges If Any Are To Be Borne By	□汇款人OUR □收款人BEN □共同SHA

收款人常驻国家（地区）名称及代码 Resident Country/Region Name & Code					□□□
请选择：□ 预付货款 Advance Payment □ 货到付款 Payment Against Delivery □ 退款 Refund □ 其他 Others				最迟装运日期	
交易编码 BOP Transac. Code	□□□□□□ □□□□□□	相应币种及金额 Currency & Amount		交易附言 Transac.Remark	
本笔款项是否为报税货物项下付款	□ 是 □ 否	合同号		发票号	
外汇局批件/备案表号/业务编号					

银行专用栏 For Bank Use Only		申 请 人 签 章 Applicant's Signature	银 行 签 章 Bank's Signature
购汇汇率 @ Rate		请按照贵行背页所列条款代办以上汇款并进行申报 Please Effect The Upwards Remittance, Subject To The Conditions Overleaf.	
等值人民币 RMB Equivalent			
手续费 Commission			
电报费 Cable Charges			
合计 Total Charges		申请人姓名 Name of Applicant	核准人签字 Authorized Person
支付费用方式 In Payment of the Remittance	□ 现金 by Cash □ 支票 by Check □ 账户 from Account	电话 Phone No.	日期 Date
核印 Sig. Ver.		经办 Maker	复核 Checker

填写前请仔细阅读各联背面条款及填报说明

Please read the conditions and instructions overleaf before filling in this application

第一联 银行留存联

图 4-10 中国银行汇款申请书

2．中国银行电汇业务操作流程

① 中国银行经办人员经审核无误后，应按照客户指定的收款人的开户银行选择解付行，并进行有关登记手续（电脑或手工录入）。每笔汇款均需登记，登记的内容包括汇款日期、汇款编号、汇款人、货币金额、汇入行（解付行）、外汇来源、销账日期等。选择解付行的原则有：如客户已明确选定汇入行，应根据客户的指示对外付汇；如客户委托中国银行代为选定汇入行，应遵循拉直付汇路线、减少中转环节、减轻费用负担、提高汇款效率、缩短解付周期原则；同时考虑收款人所在国家（地区）的政治、经济状况等因素合理选择汇入行（解付行）。选择的顺序如下。

a．与汇出行有汇款货币账户关系的收款人开户银行。

b．与中国银行和收款人开户银行同时有汇款货币账户关系的海外机构/代理行。

c．位于汇款货币清算中心的海外机构或与中国银行有账户关系的代理行。

② 经办人员根据汇款申请书上的内容采用 SWIFT 标准汇款格式缮制报文。SWIFT MT 103 各场次按规定要求填写，主要内容包括收报行名称及发电日期，汇款编号，起息日、货币符号及汇出金额，收款人名称、地址，收款人账户名称、地址、账号，汇款人的名称、地址，汇款人附言，费用负担和银行间信息等。

办妥以上手续后，经办人员将有关的 SWIFT 报文底稿及传票、客户的汇款申请书等交复核人员及有权审批人员复核、审批（签字权限遵循总行规定），并经有权人员对外发出 SWIFT。

③ 经办人员首先通过国际结算系统将汇出款项转入“832 汇出汇款”科目核算，并通过国际结算系统向汇款人收取汇费及有关邮电费。汇款经办人员将加盖汇款业务章和汇款编号的汇出汇款申请书回单退给汇款人，汇款 SWIFT、汇出汇款申请书和“832”销账联留底，按汇款业务顺序号清点归卷。另设“832 汇出汇款”卡片账由专人负责管理，并在销账后归卷。

④ 因收账人长期没有收到款项，汇款人要求汇出行对外查询的，汇出行应发 MT195 或 MT199 对外查询原因；因付款批示有误，如收款人账号与户名不符等，汇入行主动向汇出行查询的，汇出行应在 3 个工作日内答复查询，电复可采用 MT196 或 MT199。

⑤ 在接到汇款申请人要求对汇出的款项办理退汇或止付的书面申请后，经办人员应向国外解付行查询证实有关事项。待收到解付行同意退汇的答复并收妥款项后，汇出行方可办理汇出款项的退汇和止付手续。退汇和止付产生的费用由汇款人承担。

3．中国银行电汇业务头寸偿付办法

直接委托我国外联行或账户行解付，汇出行本身或省行、总行在汇入行开有往来账的，可请其解付后，借记汇出行或省行、总行账。

汇出行与汇入行没有代理关系或账户关系的，可委托有账户关系的银行转汇到汇入行。

4．中国银行电汇业务销账的处理要点

通过总行或清算行开在海外联行、代理行账户清算汇款头寸的电汇，应于次工作日上划总行或清算行，同时核销“832 汇出汇款”科目账；通过国外代理行开在总行的账户清算汇款头寸的电汇，需在汇出款项的当日将汇款头寸上划总行，并核销“832 汇出汇款”科目账。

5. 中国银行电汇汇款的原则

① 原则上汇出行应按照汇款人的指示办理汇出汇款。汇往受美国经济制裁的国家的款项，应绕过美国本土清算，以免汇款被美国政府冻结，造成损失。

② 若受理汇出汇款业务的汇出行与汇入行（解付行）没有账户关系，不能直接办理汇款，可通过管辖分行或总行转汇。汇出行应将汇款申请书内容及汇款头寸一并划至转汇行，要求转汇。转汇行按先记账后发电、确保头寸到位的原则，核对密押、邮划报单是否盖有联行章后，根据委托行的要求对外发出汇款批示，报单上必须列明汇款内容和“要求转汇”字样。

③ 每笔汇款均应按资金部规定预报头寸，汇往韩国的暂不预报头寸。

④ 对于单笔金额达到或超过等值 50 万美元的汇款及其他非常规汇款业务，各行应按规定及时、准确地报送当地外汇局备案。

6. 中国银行电汇业务档案的管理

每笔汇出汇款业务档案均包括：汇款申请书留底，“832”销账联（未核销时），SWIFT 留底联，涉及该笔汇款的查询复函电（如有）。所有文件按日期先后顺序附在后面。

档案存放及保管方法有：电汇汇款销账前，按汇款编号归入业务未了卷。设“832”卡片账，抽卡销账后归档，已销账的卡片每月装订成册，对未销账的卡片另卷保管；电汇汇款销账后，将有关资料归入业务已了卷，妥善保管 5 年。

此外，还要定期分货币核对“832”科目的账实情况。

4.4 信汇和票汇

4.4.1 信汇的定义和特点

信汇（Mail Transfer，M/T）是汇出行应汇款人申请，将信汇委托书或支付委托书邮寄给汇入行，授权其解付一定金额给收款人的一种汇款方式。

信汇适用于金额较小或不急需的款项支付。20 世纪 70 年代以前，由于电汇采用电报传递付款指令，费用高、错漏多，因此在国际结算业务中使用信汇方式相对较多。随着现代电汇技术的发展，目前在国际结算业务中已经较少使用信汇方式结算了。

信汇方式的优点是费用较为低廉，缺点是汇款速度较慢。信汇因采用邮递方式传递付款指令，收款时间较长，一般需要 1 周左右的时间，资金利息损失较为明显，但是银行可以借机利用这部分在途资金。此外，信汇无须发电报，所以费用较电汇低廉。目前，美国等西方国家逐渐不再接受信汇业务，我国银行办理的信汇业务大部分是汇往港澳地区，且金额较小。

4.4.2 信汇业务流程

进出口双方在外贸合同中约定以信汇方式结算的，需要完成的流程如图 4-11 所示。

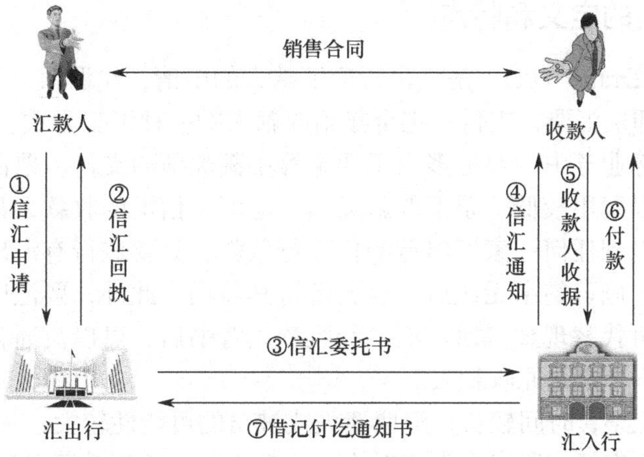

图 4-11　信汇业务流程

信汇业务流程说明如下。

① 汇款人填写信汇申请书，交款付费给汇出行。

② 汇款人取回信汇回执。

③ 汇出行制作信汇委托书或支付委托书，经过两人双签，邮寄汇入行。

④ 汇入行收到信汇委托书或支付委托书，核对签字无误后，将信汇委托书的第二、第三、第四联收据正副本一并通知收款人。

⑤ 收款人凭收据取款。

⑥ 汇入行借记汇出行账户，取出头寸，解付汇款给收款人。

⑦ 汇入行将借记付讫通知书寄给汇出行，通知汇款解付完毕。

应用案例

中国的甲银行发信汇通知书给纽约的乙银行，受益人是乙银行的客户。由于甲银行和乙银行之间没有账户关系，甲银行就电报通知其境外账户行丙银行，将资金调拨给乙银行。

【案例分析】

这是一起信汇偿付案例。在甲乙双方银行没有互设账户的情况下，汇款偿付必然涉及第三家银行——账户行。本案中另一个值得推敲的问题是通知账户行拨头寸的方式。甲银行使用电报通知账户行调拨资金，成本太高，失去了信汇的意义。因此，当汇款银行和解付行之间有直接账户关系时，可以使用信汇；当汇款银行和解付行之间没有直接账户关系时，应选择其他更好的方式。

在汇款货币利率比较低的情况下，汇款人不在乎汇款金额在途中的利息损失。因此，对于那些币种利率较低、汇款金额不大、汇款速度要求不高并有直接账户关系的汇款，仍可使用信汇方式。

资料来源：黄中南. 国际结算业务操作教程[M]. 上海：上海财经大学出版社，2016.

4.4.3 票汇的定义和特点

票汇（Demand Draft，D/D）是汇出行应汇款人的申请，代汇款人开立以其分行或代理行为解付行的银行即期汇票，支付一定金额给收款人的一种汇款方式。

在国际贸易结算业务中，票汇多用于佣金等小额款项的支付。票汇无须银行电传、邮寄付款委托书，所以费用较低。票汇取款灵活。电汇、信汇的收款人只能向汇入行取款，而票汇的持票人可以到任何一家汇出行的代理行取款，只要该行有汇出行的印鉴册，能核对汇票签字的真伪，确认签字无误后，就会解付其款项。此外，票汇以银行即期汇票作为结算工具，该汇票可代替现金流通。汇票经收款人背书后，可以流通转让。因此，最终到银行取款的持票人不一定是原收款人。

票汇需要邮寄汇票，时间较长，汇票遗失或被窃的可能性较大，一旦发生这样的情况，需要挂失止付，颇为麻烦，所以金额相对小、收款不急迫的汇款可以采取票汇方式。

4.4.4 票汇业务流程

进出口双方在外贸合同中约定以票汇方式结算的，需要完成的流程如图 4-12 所示。

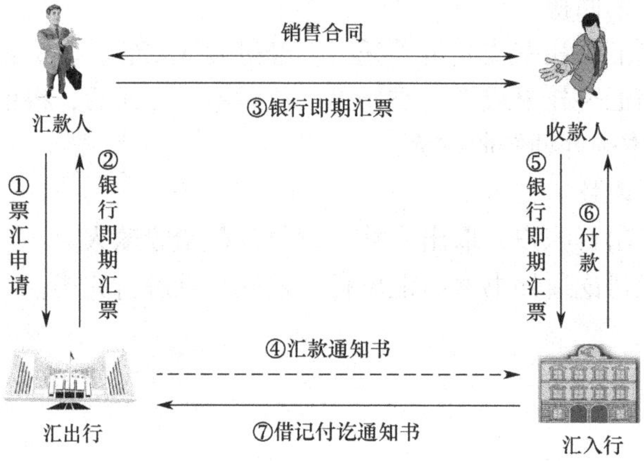

图 4-12 票汇业务流程

票汇业务流程说明如下。

① 汇款人填写票汇汇款申请书，交款付费给汇出行。

② 汇出行开立一张以汇入行为付款人的银行即期汇票交给汇款人。

③ 汇款人将汇票寄给收款人。

④ 汇出行将汇票通知书寄汇入行。

⑤ 收款人提示银行即期汇票给汇入行要求付款。

⑥ 汇入行借记汇出行账户，取出头寸，解付汇款给收款人。

⑦ 汇入行将借记付讫通知书寄给汇出行，通知它汇款解付完毕。

4.4.5 电汇、信汇、票汇的区别

电汇、信汇和票汇三种方式各有利弊，在国际贸易结算业务中发挥着重要作用。以下

结合实际操作，从不同的角度对三者进行比较分析（见表 4-2）。

表 4-2　三种汇款方式的区别

比较项	电　汇	信　汇	票　汇
支付工具	电报、电传、SWIFT，密押证实	信汇委托书，签字证实	银行即期汇票，签字证实
成本费用	高	低	低
安全性	高	次于电汇	易丢失或毁损
汇款速度	最快捷	慢	次于电汇

1．汇款的支付工具不同

从支付工具来看，电汇方式使用电报、电传或 SWIFT，用密押证实；信汇方式使用信汇委托书或支付委托书，用签字证实；票汇方式使用银行即期汇票，用签字证实。

2．成本费用不同

从汇款人的成本费用来看，电汇收费较高，信汇和票汇费用较电汇低。

3．汇款安全性不同

从安全性来看，电汇比较安全，汇款能在短时间内迅速到达对方。信汇的安全性比不上电汇。票汇虽有灵活的优点，却有丢失或毁损的风险，容易陷入汇票纠纷，汇票遗失以后，挂失或止付的手续也比较麻烦。

4．汇款速度不同

从汇款速度来看，电汇是一种最快捷的方式，也是目前广泛使用的方式。信汇方式由于资金在途时间长，操作手续多，银行很少使用。票汇的汇款速度次于电汇，适合邮购或支付各种费用，或者当作礼券馈赠亲友，其使用量仅次于电汇。

应用案例

陈先生的儿子马上要去英国留学，学费每年约 20 万元人民币。近日，陈先生先来到中国银行咨询电汇汇款业务，银行工作人员告诉他，在柜面汇款 20 万元人民币需要 200 元的手续费加 150 元的电讯费，共计 350 元。随后，陈先生又咨询了中国农业银行，中国农业银行只收取 200 元的手续费加 80 元的电讯费，共计 280 元。后来，陈先生了解到，如果他选择汇票的方式，还可以省下电讯费，不过，汇票会有遗失的风险。比较之后，陈先生决定选择一家收费便宜的银行，采用电汇的方式汇款，同时再申请一张多币种信用卡，用于儿子平时的消费，用人民币进行还款。

资料来源：黄中南. 国际结算业务操作教程[M]. 上海：上海财经大学出版社，2016.

4.5 跨境电子商务支付

在传统外贸中，工厂生产的产品需要通过本国出口商、外国进口商、外国批发商、外国零售商等，才能最终到达国外消费者手中，外国消费者不得不支付虚高的价格来购买进口商品。传统的外贸公司在结算上通常采用信用证、电汇或托收等结算方式，以便最大限度地控制风险。

随着国际贸易和电子商务的发展，近年来跨境电子商务得到了迅速发展。跨境电子商务平台的交易流程如图 4-13 所示。传统的线下支付方式由于付款周期长、手续烦琐等问题，催生了各种跨境电子商务结算方式。各种在线支付方式与信息发布、在线交流、物流服务的一体化服务促成了今天的 eBay、Amazon、DHgate 等网上外贸批发和零售平台的成功。

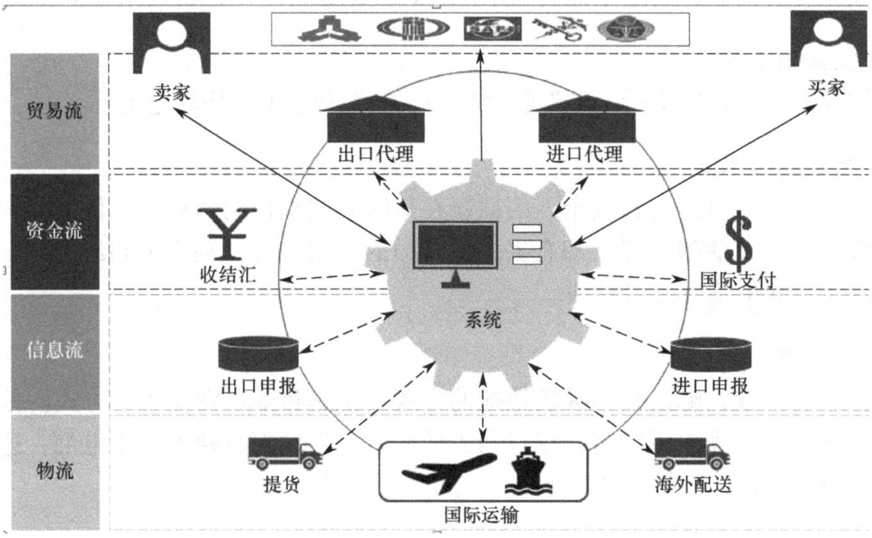

图 4-13　跨境电子商务平台的交易流程

4.5.1 跨境电子商务支付的分类

跨境电子商务支付业务，是指支付机构通过银行为小额电子商务（货物贸易或服务贸易）交易双方提供跨境互联网支付所涉及的外汇资金集中收付及相关结售汇服务。

跨境电子商务支付业务发生的外汇资金流动，必然涉及资金结售汇与收付汇。从目前支付业务的发展情况看，我国跨境电子商务支付的方式主要有以下两种。

1. 跨境支付购汇方式

跨境支付购汇方式包括以下几种形式。

（1）由第三方支付工具统一购汇支付

一类是以支付宝公司的境外收单业务为典型代表的代理购汇支付，一类是以好易联为代表的线下统一购汇支付。支付宝公司的境外收单业务是针对境内个人零星购买国外商家的产品而开通的，具体购汇支付方法如下：支付宝将这些以外币标价的产品根据实时外汇价格转换成人民币价格，境内个人支付给支付宝人民币，支付宝再代理购汇支付。在支付过程中，支付宝只起到代理购汇手续的中间人作用，实际的购汇主体仍是个人买家。而好易联（广州银联）的统一购汇则是以广州银联公司的名义，在线下通过外汇指定银行统一购汇，购汇的主体是好易联这一第三方支付平台。

（2）境外的电子支付企业接受人民币支付

境外的一些电子支付企业希望拓展我国巨大的网上支付市场，于是支持用中国大陆银行卡实现境外网上支付。

2．跨境收入结汇方式

跨境收入结汇方式包括以下几种形式。

（1）境内外第三方支付工具收款结汇

国外第三方支付企业目前都提供直接提现到国内银行结汇成人民币的服务。这种提现服务可以是没有真实贸易背景的资金流入，容易造成管理上的漏洞。我国的第三方支付平台（如支付宝）目前已经开展了真实贸易背景下的结汇服务，境外买家直接汇款到支付宝公司的境内银行账户，然后通过支付宝系统集中统一到银行结汇，付款给国内商家。

（2）通过汇款到国内银行，以集中结汇或居民个人名义拆分结汇流入

这种跨境收入结汇方式具体可以分成两大类。一类是比较有实力的公司的操作方法，在境内外有公司，通过两地公司之间的资金转移，实现资金汇入境内银行，再集中结汇后，分别支付给各个生产商。另一类是一些规模较小的个体老板通过自己在美国、我国香港地区的亲戚朋友把收益汇到境内，再以个人侨汇赡家款的名义结汇。

（3）通过地下钱庄实现资金跨境流动和结汇

这种跨境收入结汇方式是非法的，但是目前在虚拟游戏产品交易中仍有很大的市场。具体做法是国内代练服务提供商通过国外的 PayPal 账号提现到境外的银行，然后通过地下钱庄将款项转移到国内银行，实现结汇收入。

4.5.2　第三方支付

目前，跨境电子商务支付的主体形式为通过第三方支付平台进行资金的清算，我国近年来也频频出现第三方支付企业在这一全新领域的尝试，因此，本书将以网上第三方跨境支付行为作为主要研究对象。

第三方支付一般是指具备一定实力和信誉保障的第三方独立机构提供的交易支持平台，即买方将货款付给买卖双方之外的第三方。第三方收到款项后通知已收到买方货款，并同时通知卖方发货，卖方即可将货物发运给买方。买方通知第三方收到满意的卖方货物，第三方便将货款付给卖方。

2013 年 9 月，国家外汇管理局宣布，支付宝、财付通等 17 家第三方支付企业成为首批获得跨境电子商务外汇支付业务试点资格的企业。目前该试点已扩大至北京、上海、深圳、重庆、杭州 5 个城市，涉及企业共 22 家。

1. PayPal（美国）

PayPal是全球最大的第三方支付平台，也是全球最安全的支付平台之一。

PayPal成立于1998年，2002年被eBay公司收购，成为eBay的全资子公司，目前是世界上最大的在线支付提供商，在全球190个国家和地区有超过1.43亿名用户，可在23种外币之间进行交易。PayPal首创使用电子邮件地址作为任何个人和企业在线收付款的方式。PayPal的优势如图4-14所示。

图4-14 PayPal的优势

PayPal中国是PayPal为中国市场量身定做的网络支付服务。

2. 国际支付宝

阿里巴巴国际支付宝是由阿里巴巴与支付宝公司联合开发的一种第三方支付服务，旨在保护国际在线交易中买卖双方的交易安全。

国际支付宝账户是支付宝（中国）网络技术有限公司所有的国际支付产品，主要是为从事跨境交易的国内用户建立的一个资金账户管理系统。其与国内支付宝账户的不同之处在于，其资金账户是多币种账户，包括美元和人民币账户，目前只有速卖通（AliExpress）和阿里巴巴国际站会员才能使用。

国际支付宝的优势有以下几个。

（1）多种支付方式

目前国际支付宝支持的支付方式有信用卡和电汇银行汇款。后续将有更多的支付方式接入。

（2）安全保障

国际支付宝支持先收款后发货，全面保障卖家的交易安全。国际支付宝是一种第三方支付服务，而不是一种支付工具。它的风控体系可以保护企业在交易中免受信用卡盗卡的欺骗，而且只有当且仅当国际支付宝收到了进口商的货款后，才会通知出口商发货，这样可以避免出口商在交易中使用其他支付方式导致的交易欺诈。

（3）方便快捷

国际支付宝支持线上支付，直接到账，用户足不出户即可完成交易。使用国际支付宝收款无须预存任何款项，速卖通会员只需绑定国内支付宝账号和美元银行账户就可以分别进行人民币和美元的收款。

3．Paypal 和国际支付宝的比较

（1）PayPal 和国际支付宝的联系

① 卖方支付手续费用。

② 适用于价值大、体积小的快递产品。

③ 适用于小额交易。

④ 支持多币种，适用于外贸收款。

（2）PayPal 和国际支付宝的区别

① 收款流程不同。

PayPal 收款流程：确认订单—买家付款—卖家收款—卖家发货—买家收货。

国际支付宝收款流程：确认订单—买家付款—卖家发货—买家收货—卖家收款。

② 手续费不同。

eBay 和 PayPal 的关系就像国内淘宝网和支付宝的关系，即同一集团下的平台和支付。因此，如果是在 eBay 平台绑定 PayPal，需要支付 3.9%+0.3 美元的手续费；在其他平台上绑定 PayPal，需要支付 4.4%+0.3 美元的手续费。PayPal 付钱方（买家）不需要支付任何手续费。

国际支付宝的手续费是 3%（中国供应商会员）和 5%（普通会员）。

4.5.3 其他小额支付工具

1．Moneybookers

Moneybookers 是一家诞生于 2002 年 4 月的网络电子银行，是英国伦敦 Gatcombe Park 风险投资公司的子公司。

2003 年 2 月 5 日，Moneybookers 成为世界上第一家被政府认可的电子银行。它还是英国电子货币协会的 14 个成员之一。Moneybookers 可用于博彩、网购、亲朋好友转账、外贸收款等，而且覆盖 40 种货币、200 个国家，能够提高货币转换率，非常方便快捷。更重要的是这家电子银行里的外汇可以转到国内银行账户里。用户只要有电子邮件地址就可以注册，无须信用卡。

Moneybookers 的最大好处是不用申请美元支票，多个国际中介公司提供兑换人民币的业务，用户也可以直接把美元、欧元转账到国内的外币存折或卡上，如中国银行的本外币一本通、招商银行的一卡通借记卡等。Moneybookers 可以直接从账户中申请支票邮寄到用户手中。同时，Moneybookers 省却了 PayPal 必须用信用卡来激活的麻烦。用户凭借电子邮件地址及带照片的身份标识（如身份证、护照、驾照）传真便可以完成认证。此外，Moneybookers 没有收款手续费，而且付款手续费低廉，这也是其强大的优势之一。

2．国际信用卡

网上跨境贸易的支付方式主要有 PayPal 和国际信用卡。但中国用户使用 PayPal 时经常会因种种原因使账户被冻结，甚至被锁定。因此，当外贸业务发展到一定阶段时，国际信用卡的使用越来越广泛。

国际信用卡是国际信用卡组织签发给资信良好的人士并可以在全球范围内进行透支消费的卡片，同时该卡也被用于在国际网络上确认用户的身份。

VISA、万事达信用卡的发行量占据全球信用卡持有量的 90%，在欧美地区，它们与 PayPal 一样，是国际支付的主要收款通道。如图 4-15 所示为中国工商银行发行的国际信用卡。

图 4-15　中国工商银行发行的国际信用卡

拓展实训

拟发 SWIFT 电汇函电

2021 年 9 月 7 日，我国 A 公司指示其开户行民生银行上海分行将 USD2 000 汇给荷兰银行阿姆斯特丹分行，作为其开户企业荷兰 B 公司的货款，上其账户，账号为 567891。所有的银行费用由收款人和付款人共同承担。经查，民生银行上海分行的 SWIFT 代码为 MSBCCNBJ002；荷兰银行阿姆斯特丹分行的 SWIFT 代码为 ABNANL2A。电报编号 02040R0705。两家银行有直接美元账户。假设你是银行结算员，请拟发 SWIFT 电文，通过 MT103 电付。(提示：在“报文格式”下的对应栏目填写，禁止用中文填写。)

注解	报文格式
发报行	
报文类型	
收报行	
发报行编号	20:
银行交易代码	23B:
起息日、币种、金额	32A:
汇款人实际汇款币种、金额	33B:
汇款人	50A:
汇款行	52A:
收款人及账号	59:
汇款信息	70:
费用承担	

复习思考题

一、判断题

1. 汇款方式属于银行信用，是一种对买卖双方均有较大风险的支付方式。 （ ）

2. 顺汇的特点是结算工具的传递方向与资金的流动方向一致，并且是从付款方传递到收款方。汇款属于顺汇。 （ ）

3. 汇款方式属于商业信用。对于货到付款的出口商，能否按时收款完全取决于进口商的信用。 （ ）

4. 预付货款的结算方式有利于出口商，不利于进口商。 （ ）

5. 从汇款速度来看，电汇是一种最快捷的方式，是目前广泛使用的方式。 （ ）

6. PayPal 收款流程为：确认订单—买家付款—卖家发货—买家收货—卖家收款。 （ ）

7. 电汇和信汇一样需要邮寄，时间较长，收费较低。 （ ）

8. 预付货款在国际贸易上可分为售定和寄售两种。 （ ）

二、单选题

1. 结算方式按资金的流向和结算工具传递方向不同，可分为（ ）。

A. 电汇、信汇、票汇　　B. 汇款、托收、信用证

C. 本票、汇票、支票　　D. 顺汇和逆汇

2. 受汇款人委托对外汇出款项的银行是（ ）。

A. 汇款人　B. 收款人　C. 汇出行　D. 汇入行

3. 银行应汇款人的申请，用加押电报、电传或 SWIFT 通知国外的汇入行，指示其解付一定金额给收款人的汇款方式是（ ）。

A. 信汇　B. 票汇　C. 电汇　D. 汇票

4. 汇出行应汇款人申请，将信汇委托书或支付委托书邮寄给汇入行，授权其解付一定金额给收款人的汇款方式是（ ）。

A. 信汇　B. 票汇　C. 电汇　D. 汇票

5. （ ）是汇出行办理汇款的依据，也是汇款申请人和汇出行之间委托与被委托关系的契约，应订明合理的银行免责条款。

A. 汇款申请书　B. 托收委托书　C. 申请书　D. 汇票

三、多选题

1. 汇款业务中的基本当事人有哪些？（ ）

A. 汇款人　B. 收款人　C. 汇出行　D. 汇入行

2. 下列采用顺汇的结算方式有哪些？（ ）

A. 信汇　B. 托收　C. 电汇　D. 信用证

3. 下列采用逆汇的结算方式有哪些？（ ）

A. 信汇　B. 托收　C. 电汇　D. 信用证

4．汇款在国际贸易中的应用包括（　　）。

A．预付货款　　B．售定　　C．寄售　　D．托收

5．按照汇款使用的支付工具不同，汇款方式包含（　　）。

A．信汇　　B．票汇　　C．电汇　　D．汇票

四、简答题

1．画出逆汇的流程并结合该流程说明逆汇的特点。

2．汇款方式的种类有哪些？

3．如何防范汇款结算方式的风险？

4．在受理电汇业务时，汇出行需要审核哪些内容？

5．PayPal 和国际支付宝有哪些联系与区别？

五、案例分析题

1．2022 年，我国 A 公司和英国 B 公司签署了一份关于 20 000 吨蔗糖的贸易合同，合同中规定买方预付货款，汇入行凭借提单放款。我国 A 公司预付货款后，英国 B 公司凭借伪造的伦敦港已装船提单向银行结汇，银行并未审核出提单是伪造的，因此，英国 B 公司顺利拿到货款，而我国 A 公司一直等着 20 000 吨蔗糖的到来，但当船舶抵达我方港口时，我国 A 公司发现货物只有 1 000 吨。我国 A 公司只得与船方交涉。

分析：从本案例中我国 A 公司应该得到什么教训？

2．我国内地某外贸公司（以下简称我方）与香港某商社（以下简称港商）首次达成一宗交易，规定以即期不可撤销信用证方式付款。成交后港商将货物转售给了加拿大一客商，故贸易合同规定由我方直接将货物装运至加拿大。但由于进口商借故拖延，经我方几番催促，最终于约定装运期前 4 天才收到港商开来的信用证，且信用证条款多处与合同不符。若不修改信用证，则我方不能安全收汇，但是由于去往加拿大收货地的航线每月只有一班船，若赶不上此次船期，出运货物的时间和收汇时间都将耽误。在我方坚持不修改信用证不能装船的情况下，港商提出使用电汇方式把货款汇过来。我方同意在收到对方汇款传真后再发货。第二天，我方收到了对方发来的汇款凭证传真件，经银行审核签字无误。同时由于我方港口及运输部门多次催促装箱装船，我方有关人员认为货款既已汇出，就不必等款到再发货了，于是及时发运了货物并向港商发了装船电文。但发货后一个月仍未见款项汇到，经财务人员查询才知，港商不过是在银行买了一张有银行签字的汇票传真给我方作为汇款的凭证，我方收到发货电文之后，港商便把本应寄给我方的汇票退回给了银行，撤销了这笔汇款。港商的欺诈行为致使我方损失惨重。

分析：本案例给出口商带来了什么启示？

第5章 国际结算方式：托收

本章学习目标

1. 掌握托收的定义、托收当事人和托收的种类。
2. 掌握跟单托收的各种交单条件。
3. 理解托收的风险及其防范。
4. 了解《托收统一规则》（URC522）。

本章重点

- 托收的定义、托收当事人和托收的种类。
- 跟单托收的各种交单条件。

本章难点

- 跟单托收的各种交单条件。

引导案例

信用证业务改为托收的诈骗案例

我国A公司通过函电与印度B公司建立了贸易联系。B公司经实地看样后与A公司签订了价值10万美元的购货合同，采用即期信用证支付方式。交货期临近，A公司仍未收到B公司开来的信用证。几经催问，B公司告知由于资金困难，暂时无法开证，并提出改为托收方式，交单方式为即期付款交单（D/P）。A公司同意接受，并备货发运。过了一段时间，B公司又来电称，由于当地市场价格下跌，货物不太好销，建议将交单方式由即期付款交单改为30天承兑交单（D/A30天）。考虑到货物已到目的港，如果该客户不赎单，把货物变卖或运回，损失将很大，故A公司接受了B公司D/A30天的付款要求。汇票承兑后到期时，A公司仍未收到B公司的货款，再与B公司联系，却联系不上，而货物早已被B公司提走，由此给A公司造成了无法挽回的经济损失。

【案例分析】

在本案例中，进口商B公司步步为营，先利用以银行信用为基础的信用证结算方式诱使 A 公司与之签订合同；然后设计将信用证方式改为以商业信用为基础的托收结算方式，但采用的是风险较低的即期付款交单方式；最后，在货物到港时，又找理由迫使 A 公司接受风险较大的承兑交单方式，从而使其在承兑汇票后就可以取得货物运输单据并凭单提货，最后造成 A 公司钱货两空的损失。

托收方式与汇款方式一样，都是基于商业信用。托收中的银行只是一般的代理人，对托收过程中遇到的一切风险、费用和意外事故等不承担任何责任。能否按期收回货款，完全取决于买卖双方的商业信用。如果进口商不付款或不承兑，或者承兑后破产，或者无力支付，或者故意拖延支付，出口商就将面临收不到货款或不能按期收到货款的局面。从本例来看，出口商在选择进口商，尤其是做大额交易且结算基础为商业信用时，一定要先考虑进口商的资信。此外，当进口商有异常情况时，如突然要求改变付款方式或拖延付款时间，出口商必须提高警惕，及时了解商品在进口国的市场行情，考虑相应的应对措施。

资料来源：华坚.国际结算[M].北京：电子工业出版社，2011.

5.1 托收概述

5.1.1 托收的定义

根据国际商会 URC522 第 2 条对托收的定义，托收是指银行根据所收到的托收指示处理金融单据或商业单据，其目的是：①取得金融单据的付款和/或承兑；②凭付款和/或承兑交付单据；③以其他条款和条件交出单据。

URC522 的定义是对托收的广义概括，适用于国际贸易结算和国际非贸易结算。本章主要介绍国际贸易项下的托收。

国际贸易项下的托收（Collection）是指债权人（出口商）提交金融票据或商业单据，委托出口商所在地银行通过其在国外的分行或代理行，向债务人（进口商）收回货款的一种结算方式。

托收是以商业信用为基础的结算方式，银行参与结算，提供服务，但不提供信用。只要银行本身没有过失，就不承担责任。出口商最终能否获得货款，依赖付款人的信用。托收业务中票据流动方向与资金流动方向相反，属于逆汇。托收业务的基本流程如图 5-1 所示。

5.1.2 托收的当事人

托收业务中有 4 个基本当事人：委托人、托收行、代收行和付款人。此外，国际商会 URC522 增加了两个当事人：提示行和需要时的代理人。

1. 委托人

委托人（Principal 或 Consignor）是委托一家银行办理托收业务的当事人。委托人可以是出口商，也可以是托收汇票的收款人。

委托人受两个合同的约束。委托人在贸易合同下的责任是按时、按质、按量装运货物，并提供符合合同要求的单据。委托人在委托代理合同下的责任有：①填写委托申请书，指示明确，并将托收申请书、金融单据和/或商业单据一并交给托收行；②对意外情况及时指示；③负担费用，承担收不到货款的风险。

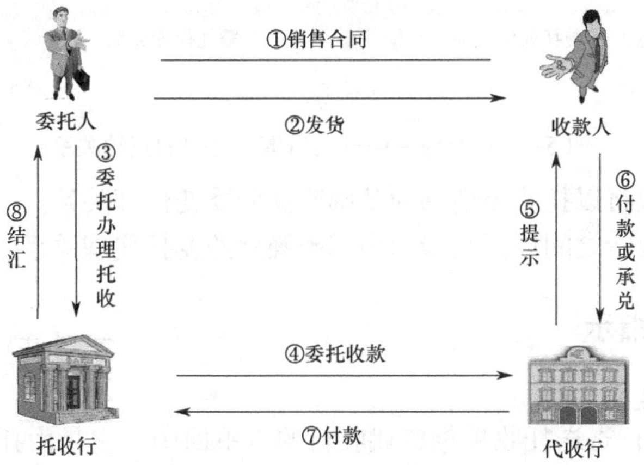

图 5-1　托收业务的基本流程

2. 托收行

托收行（Remitting Bank）也称寄单行，是指受委托人的委托办理托收业务的银行。托收行一般是出口地银行。

托收行一方面受委托人的委托办理托收业务，另一方面委托国外的联行或代理行向付款人收款。托收行的责任和义务如下：①缮制托收指示或跟单托收指示，核验单据；②在业务处理中遵循国际惯例；③承担过失责任。

3. 代收行

代收行（Collecting Bank）是接受托收行的委托，参与办理托收业务的银行。代收行一般是进口方银行。

代收行在托收业务中承担的责任与托收行基本相同。除此之外，代收行还承担以下责任：①执行托收指示；②处理单据；③无义务对托收项下的货物采取任何行动；④资金的及时划转。

4. 付款人

付款人（Payer 或 Drawee）是银行根据托收指示书的指示提示单据的对象。托收业务中的付款人是合同中的买方或债务人。

5. 提示行

提示行（Presenting Bank）是向付款人做出提示汇票和单据的银行。提示行可以是代收行委托与付款人有往来账户关系的银行，也可以由代收行自己兼任。代收行应将汇票单据交给提示行，由它向付款人提示。如果付款人没有要求，则无提示行，代收行自行办理提示工作。

6. 需要时的代理人

需要时的代理人（Customer's Representatire in Case of Need）是委托人指定的在付款地代为照料货物存仓、转售、运回或改变交单条件等事宜的代理人。

5.1.3　托收当事人之间的关系

托收业务中有关当事人之间存在两个契约关系，如图 5-2 所示。

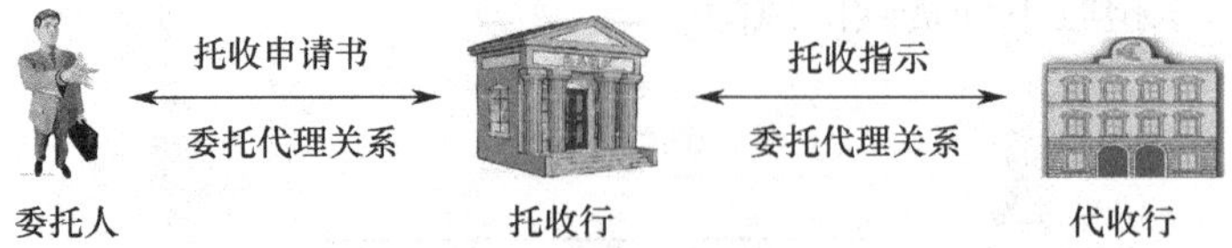

图 5-2　托收业务中有关当事人之间的契约关系

① 委托人与托收行以托收申请书为基础确立的委托代理关系。

② 托收行和代收行之间以托收指示为基础确立的委托代理关系。

5.1.4　托收指示

1．托收指示的定义

托收指示是托收行寄送托收单据给代收行的寄单面函。它是由托收行根据托收申请书制作的，过去称为托收委托书。国际商会 URC522 称其为托收指示。

URC522 要求托收的所有单据必须伴随着托收指示，注明托收受到 URC522 的约束，并做出完全和准确的指示，银行仅被允许根据该项托收指示所做出的各项指示和按照 URC522 办理业务。

因此，托收行的主要责任就是严格按照委托人的托收申请书缮制托收指示，做到托收指示的内容与托收申请书的内容严格一致。

2．托收指示的内容

根据 URC522 第 4 条的规定，托收指示应包括下列各项内容。

① 托收行、委托人、付款人、提示行（如有）的详情，包括全称、邮政地址和 SWIFT 地址（若有）、电传、电话、传真号码。

② 托收金额及货币种类。

③ 所附单据及每项单据的份数。

④ 取得付款及/或承兑的条款和条件。据以交单的条件：付款和/或承兑；其他条件，并有责任确保交单条件表述清楚、意思明确。

⑤ 要求收取的费用，注明是否可以放弃。

⑥ 如有应收利息，应注明下列内容：利率、计息期、所适用的计息基础，并注明可否放弃。

⑦ 使用何种付款方法及通知付款的方式。

⑧ 发生拒绝付款、拒绝承兑和/或与其他指示不符时的指示。

常用的三种收款指示如下。

- 凡托收行在代收行开立账户者，出口托收指示中的收款指示写明：“收妥款项，请贷记我方在你行的账户，并以 SWIFT 或航邮通知我行。”
- 凡代收行在托收行开立账户者，出口托收指示中的收款指示写明：“请代收款项并以 SWIFT 或航邮授权我行借记你方在我行的账户。”
- 当托收行与代收行之间没有设立账户，托收行在第三家银行国外 × 银行开立账户时，出口托收指示中的收款指示写明：“请代收款项并将款项汇至 × 银行贷记我行在该行的账户，并请该行以 SWIFT 或航邮通知我行。”

托收指示的内容如图 5-3 所示。

BANK OF CHINA

托 收 指 示

COLLECTION INSTRUCTION

致：中国银行南京市分行　　　　　　　　　日期：2021-11-30

兹随附下列出口托收单据/票据，请贵行根据国际商会《跟单托收统一惯例》（URC522）及/或贵行有关票据业务处理条例予以审核并办理寄单/票索汇。

托收行（Remitting Bank）：	代收行（Collecting Bank）：
BANK OF CHINA	名称：BANK OF USA 地址：80 SWERT STREET, SEOUL, USA

委托人（Principal）：	付款人（Drawee）：
WRIGHT FOOD IMPORT AND EXPORT COMPANY	名称：The United States of America Gree joint-stock company 电话：18914721976 地址：The United States of California delta 66 Kenny

付款交单 D/P （ √ ） 承兑交单 D/A （ ） 无偿交单 FREE OF PAYMENT （ ）	期限/到期日：December 30,2021
发票号码/票据编号：233456778	国外费用承担人：√ 付款人 □ 委托人
金额：USD 1 200 000.00	国内费用承担人：□ 付款人 √ 委托人

单据种类	汇票	发票	提单	空运单	保险单	装箱单	重量单	产地证	FORM A	检验证	公司证明	船证明			
份数	一份	一份	一份			一份									

特别指示：

1．邮寄方式：√ 快邮　□ 普邮　□ 指定快邮

2．托收如遇拒付，是否须代收行做成拒绝证书(PROTEST)：√ 是　□ 否

3．货物抵港时是否代办存仓保险：√ 是　□ 否

4．如付款人拒付费用及/或利息，是否可以放弃：□ 是　√ 否

5．______________________________

6．______________________________

付款指示：　　　　　　　　　　　　　　核销单编号：SG109834907

请将收汇款以原币（　）或人民币（√）划入我司下列账户：

开户行：BANK OF CHINA Nanjing BRANCH　　　　账号：6222035489597684733

公司联系人姓名：Zhang Dong　　公 司 签 章 WRIGHT FOOD IMPORT AND EXPORT COMPANY

电话：832102236 传真：832102236　　　　　2021 年　11 月　30　日

银行签收人：	签收日期：
改单退单记录：	

图 5-3　托收指示示例

3．托收指示的重要性

① 托收业务离不开托收指示，所有托收业务都必须附有一个单独的托收指示。

② 代收行仅依据托收指示中载明的指示办事。

③ 代收行不从其他地方（包括托收委托当事人之外的其他人和托收委托当事人在托收指示之外的其他地方所提出的指示）寻找指示，也没有义务审核单据以获得指示，即使个别单据上带有指示，代收行也可以不予理会。

5.1.5 托收汇票

在即期付款交单方式下，托收汇票不是必要单据。例如，欧洲大陆国家的托收，进口商为了避免负担印花税，一般要求出口商不开立汇票，而是以商业发票替代汇票。

在远期付款交单和承兑交单方式下，汇票则是必不可少的。托收汇票通常是跟单的商业汇票。它除了具备一般汇票的 8 个必要项，还应加注以下内容：交单条件，即在付款期限前注明 D/A 或 D/P；出票条款，表明开立汇票的原因，通常以“Draw against shipment of (merchandise) for collection.”为固定格式。

托收汇票的出票人是出口商或卖方，付款人是进口商或买方，收款人有三种表示形式：出票人抬头、托收行抬头和代收行抬头。

1．出票人抬头

以出票人为抬头人的汇票，是指出口商发货后签写汇票时以自己为收款人（抬头人）的汇票，如图 5-4 所示。委托人向托收行提交全套单据时做成空白背书或以托收行为被背书人的记名背书。托收行将单据寄给代收行时，应以代收行作为被背书人，做成托收背书，如图 5-5 所示。

BILL OF EXCHANGE

Exchange for USD 5 000.00　　　　London 10 July ,2021

At sight of this First of Exchange (Second of the same tenor and date unpaid).Pay to the order of ourselves the sum of five thousand US dollars only.

Drawn against shipment of (merchandise) for collection.

To buyer or importer　　　　For seller or exporter
New York　　　　London
　　　　Signature

图 5-4　以出票人为抬头人的汇票

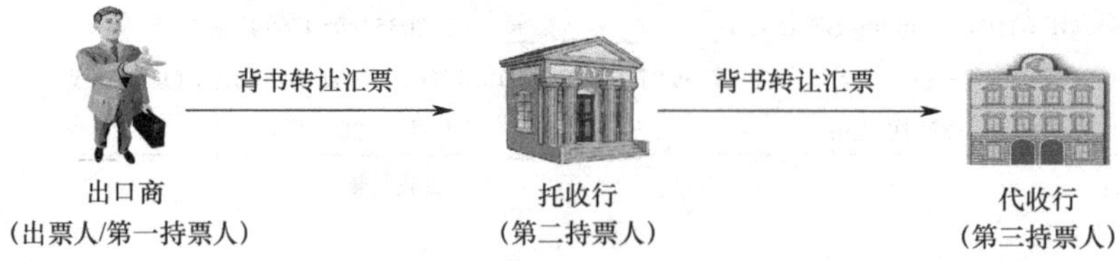

图 5-5　以出票人为抬头人的汇票的背书转让

2．托收行抬头

以托收行为抬头人的汇票，是指出口商发货后签写汇票时以托收行为收款人（抬头人）的汇票，如图 5-6 所示。委托人发货后将汇票和商业单据交给托收行，寄单时由托收行背书给代收行，如图 5-7 所示。

BILL OF EXCHANGE

Exchange for USD 5 000.00　　　　London 10 July ,2021

At sight of this First of Exchange (Second of the same tenor and date unpaid).Pay to the order of Remitting Bank the sum of five thousand US dollars only.

Drawn against shipment of (merchandise) for collection.

To buyer or importer　　　　For seller or exporter

New York　　　　London

Signature

图 5-6　以托收行为抬头人的汇票

图 5-7　以托收行为抬头人的汇票的背书转让

3．代收行抬头

以托收行为抬头人的汇票，是指出口商发货后签写汇票时以代收行为收款人（抬头人）的汇票，如图 5-8 所示。这种抬头方式可以避免背书，直接通过交付就可以完成汇票的流通，如图 5-9 所示。

BILL OF EXCHANGE

Exchange for USD 5 000.00　　　　London 10 July ,2021

At sight of this First of Exchange (Second of the same tenor and date unpaid).Pay to the order of Collection Bank the sum of five thousand US dollars only.

Drawn against shipment of (merchandise) for collection.

To buyer or importer　　　　For seller or exporter

New York　　　　London

Signature

图 5-8　以代收行为抬头人的汇票

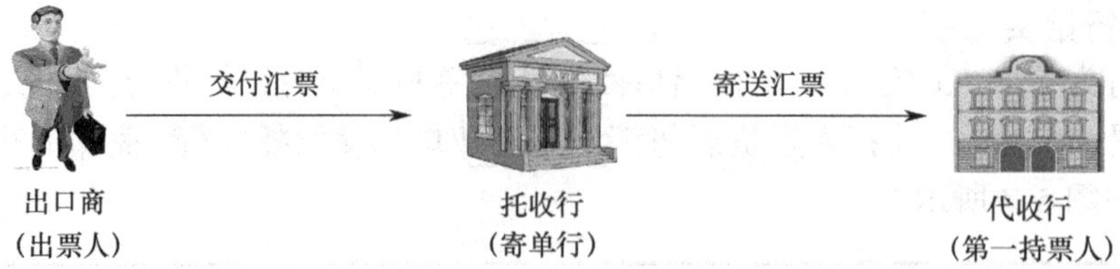

图 5-9 以代收行为抬头人的汇票的背书转让

5.1.6 托收项下的头寸调拨

根据托收行和代收行之间账户设置的情况不同，托收头寸划拨情况也不同。

1．托收行在代收行开有账户

托收行在托收指示中的收款指示是："收妥款项，请贷记我行在你行账户，并以航邮或电报通知我行。"（Upon collection ,please credit the proceeds to our a/c with you under airmail/ cable advice to us.）托收行在代收行开有账户的头寸拨付流程如图 5-10 所示。

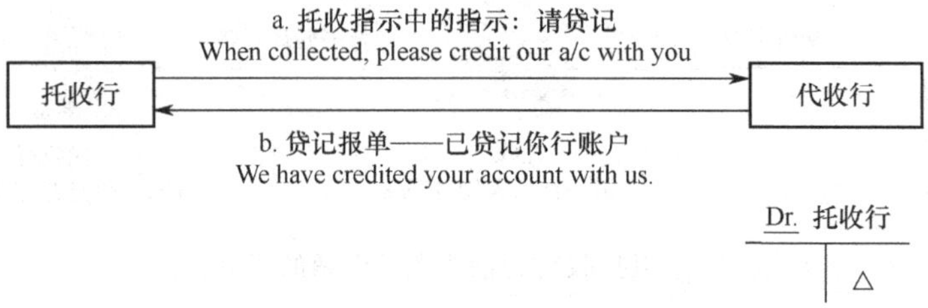

图 5-10 托收行在代收行开有账户的头寸拨付流程

2．代收行在托收行开有账户

托收行在托收指示中的收款指示是："请代收款项，并以航邮或电报授权我行借记你行在我行的账户。"（Please collect the proceeds and authorize us by airmail/cable to debit your a/c with us.）代收行收妥款项后，向托收行发出支付委托书，授权托收行借记其账户。代收行在托收行开有账户的头寸拨付流程如图 5-11 所示。

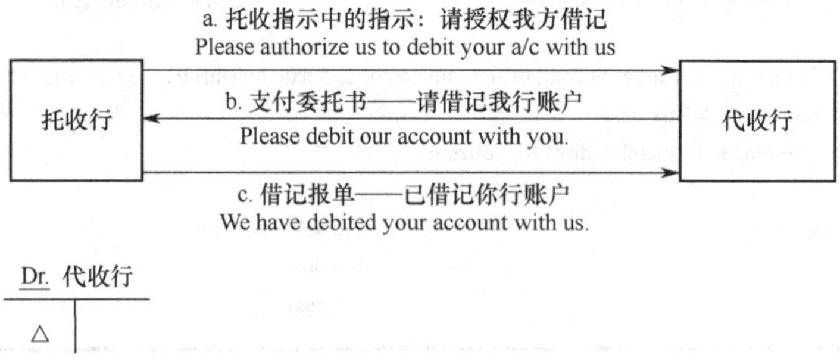

图 5-11 代收行在托收行开有账户的头寸拨付流程

3．托收行与代收行没有账户行关系

托收行与代收行之间没有账户往来，托收行在托收指示中的收款指示是："请代收款项并将款项汇至××行，并贷记我行在该行的账户，请××行航邮或电报通知我行。"（Please collect and remit the proceeds to ×× bank for credit of our account with them under their airmail/cable advice to us.）共同账户行头寸拨付流程如图 5-12 所示。

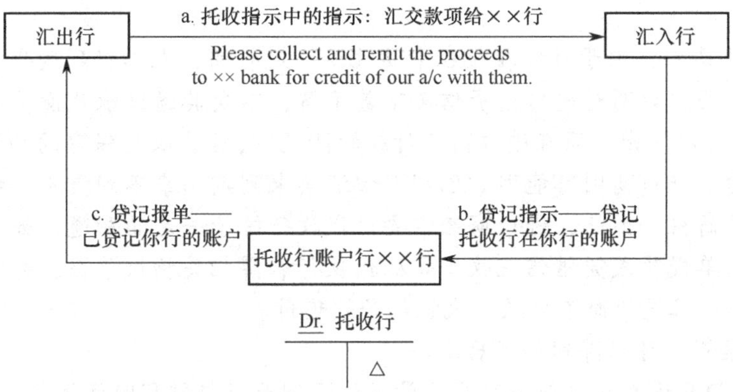

图 5-12　共同账户行头寸拨付流程

5.1.7　托收的风险

在托收方式中，不论是付款交单还是承兑交单，均是出口商发货在前而收款在后，银行只提供服务，而不提供任何信用担保，托收建立在商业信用的基础上，因此出口商将面临较大的风险，举例如下。

- 出口商发货后，进口地的货价下跌，于是进口商就以各种借口不愿付款赎单或承兑取单，或者要求出口商降价。这样出口商就会处于被动地位而进退两难。
- 进口国政府对外贸易政策及外汇政策的改变，如进口国政府突然宣告该国货币贬值，同时公布新的外汇管理办法，对于未收汇的货款，该国政府不予供汇，进口商须向自由市场以议价购汇。这样一来，进口商如果提货，必定在汇率上损失很多，就会要求出口商降价或拒绝提货。
- 进口商因破产而丧失清偿债务的能力。在国外，一家企业因经营不善而倒闭或破产的情况经常发生。如果进口商发生意外而丧失清偿债务的能力，出口商就会遭受损失。

应用案例

代收行违规操作给出口商造成收汇损失

某年年初，国内 A 公司与印度 B 公司签订了价值 50 万美元的男装出口合同。合同中，B 公司指定印度 C 银行为代收行，并约定将货物分 9 批出运，支付方式为 D/P 90 天。A 公司根据合同约定发运货物后，于 9 月收到第一笔货款 2 万美元，此后再未收到余款。经中国出口信用保险公司海外调查发现，A 公司未能如期收汇的根本原因在于其印度的代收行违规操作，D/P 支付条件下未收款就擅自放单。

思考：出口商在选择代收行时应注意什么？通过本案例你可以得到哪些启示？

【案例分析】

在本案例中，由于出口商 A 公司在选择代收行时迁就进口商 B 公司，而未考察该代收行的资信情况，最终因该代收行擅自放单，且明知错误又拒不付款，造成 A 公司的收汇损失。

在国际贸易中，由于货物在航程中要耽误一定时间，在单据到达代收行时货物可能尚未到港，而出口商对进口商资信又不甚了解，不愿其通过承兑便获得单据。采用 D/P 远期托收可以使出口商在进口商不付款的情况下，凭代收行保存的物权单据运回货物或就地转卖。进口商则可能因货已到港但汇票未到期而拿不到提货单据，导致销货不及时，贻误商机。因此，进口商经常要求代收行给予一定的融通，如果进口商信誉较好，可以借单提货或凭借信托收据等从代收行取得相关物权单据，先行提货。但在这种情况下，一旦进口商不付款，代收行必须垫付。

通过本案例，可以得到如下启示。

① 办理 D/P 远期托收业务时应尽量不使远期天数与航程时间间隔过长，否则可能会导致进口商不能及时提货。一旦货物行情发生变化，极易导致进口商拒不提货，出口商甚至会蒙受运回货物或进行货物再处理的费用损失。

② 出口商在选择客户，尤其是做大额交易时，一定要优先考虑客户的资信。通过投保信用险，对国外买家进行事先的征信评估，在一定程度上有助于控制客户资信不佳带来的风险。

③ 要积极向银行咨询，尽量选择历史比较悠久、熟知国际惯例，同时又信誉卓著的银行作为代收行，以避免银行操作失误、信誉欠佳造成的风险。

资料来源：华坚.国际结算[M].北京：电子工业出版社，2011.

5.1.8 托收风险的防范

1．加强对进口商资信的调查

出口商一定要事先调查进口商的资信，特别是对于新客户。对新客户的资信调查，首先要确定该客户是否经过政府有关主管部门批准设立，最好能取得相应的登记证明、公司章程、股东名册等。其次，了解该客户的经营能力、往来客户和银行（账户行）对该客户的评价及年销售状况等。

资信调查是一项长期的工作，只要继续与客户往来交易，就必须持续做资信调查，随时了解客户的最新动态信息。当往来客户有异常情况时，如客户突然要求提高交易额度、改变付款方式或拖延付款时间，出口商应及时做资信调查，并根据情况采取相应的措施。

2．掌握好授信额度和交单条件，采用一定的策略降低收汇风险

当进口商要求采用托收支付方式时，出口商在做出让步之前，可以要求进口商用汇款方式预付总货值的 30%（比例可以经谈判调整，但不宜过低）。出口商收到预付款后再发货，这样就可以减少进口商不提货的风险。

对于金额较大的出口合同，出口商可以以生产需要时间等为由，要求分批装运，并且各批次之间在时间上要有一定的间隔（以一批货物发出到收回货款的时间为限），这样即使遭受损失，也能将损失控制在出口商可以承受的范围内。

另外，出口商应争取按 CIF 或 CIP 条件成交，由出口商办理货运保险，尽量避免用 FOB 条件成交。因为如果以 FOB 条件成交，运输合同是由进口商签订的，也就是由进口商指定船务公司，如果两者之间关系好，进口商凭运输单据的复印件就可能将货物提走。

3. 注意选择托收行

托收行的选择也要慎重，出口商应该选择在国际上知名度较高、信誉较好的出口地银行作为托收行。另外，出口商还可以参照进口商提供的代收行，选择与其有业务往来的出口地银行作为托收行，以避免银行之间因没有业务往来而再转单给有业务关系的其他银行，从而耽误时间，影响迅速收汇。

4. 了解进口国家的有关政策规定

出口商应提前了解进口国家的贸易管制和外汇管制条例，以免货到目的地后，由于不准进口或收不到外汇而造成损失。另外，出口商还应了解进口国家的商业惯例，以免由于当地习惯做法影响安全迅速收汇。

5. 在国外设立机构或事先找好代理人

如果条件允许，出口商可以在国外设立分支机构，派驻人员。但这往往要求出口商具备雄厚的经济实力。除此之外，出口商还要在该国家或地区有一定的出口业务量做基础。出口商最好的选择就是在交给托收行的托收指示书中明确指定一个在付款地的代理人，作为“需要时的代理”，以便在发生拒付时，料理货物存仓、转售、运回等事宜。

6. 办理出口信用保险，确保收汇安全

出口信用保险是政府为了推动、鼓励出口贸易，保障出口企业的收汇安全而制定的一项由国家财政提供保险准备金的政策性保险业务，一般适用于付款期限不超过 180 天的承兑交单（D/A）、赊销（O/A）等结算方式项下的保险。出口信用保险可承担如下两种风险。

（1）商业风险

商业风险包括：买方无力偿还债务或破产；买方拒收货物并拒付货款；买方拖欠货款。

（2）政治风险

政治风险包括：买方国家禁止或限制汇兑；买方国家实行进口管制；买方国家撤销进口许可证；买方所在国货款必须经过第三国颁布延期付款令；买方国家发生战争、暴乱或革命；其他被保险人和买方均无法控制的非常事件。

出口信用保险收费较高，一般为 1%～2%，风险越高的国家或地区，手续费越高。因此，出口商应权衡利弊后再做打算。

5.2 托收的种类与流程

在实际的国际贸易结算中，根据托收业务是否随附商业单据，托收可以分为光票托收和跟单托收。

5.2.1 光票托收

1．光票托收的定义

光票托收（Clean Collection）是指不附带商业单据的金融票据的托收，是委托人向银行提交凭以收取款项的金融票据，要求托收行通过其联行或代理行向付款人提示要求其付款的一种结算方式。

光票托收用途主要包括：贸易、非贸易项下的小额支付；在国内不能兑换的外币现钞（含残币）；外汇支票、本票、国外债券、存单等有价凭证的托收业务；不能或不便提供商业单据的交易，如寄送样品、软件等高科技产品交易、时令性商品交易，以及服务、技术转让等无形贸易。

光票托收有即期、远期之分。对即期付款的金融票据，代收行应在收到票据后立即向付款人提示要求付款；对远期付款的金融票据，代收行应在收到票据后即向付款人提示要求承兑，以确定到期付款的责任。

应用案例

光票托收给出口商带来了什么

某出口商与进口商拟采用光票托收方式进行贸易结算，运输方式为空运。很快，出口商就接到了进口商开来的以国外某银行出具的并以此银行为付款人的支票，金额为 10 万美元。出口商信以为真，很快将货物装运出口，并要求出口地的银行为其办理光票托收。但当支票邮寄至国外付款行时，出口商被告知此支票为空头支票，最终造成出口商货款两空的重大损失。

思考：本案例中出口商应吸取哪些教训？

【案例分析】采用光票托收进行国际贸易结算时，通常托收的金融单据是支票。这时出口商必须鉴别支票的真实性，不能盲目出货，最好在出货之前要求进口商出具银行保付的支票，或者先光票托收，取得货款后再发货，以避免不必要的损失。不到万不得已，不要采用这种方式进行大额交易结算。尤其是在航空运输情况下，由于航空运单不是提货单，出口商更应加倍小心。

资料来源：徐进亮，李俊.国际结算实务与案例[M].北京：机械工业出版社，2012.

2．光票托收的业务流程

光票托收不涉及货权的转移或货物的处理，业务流程比较简单，如图 5-13 所示。

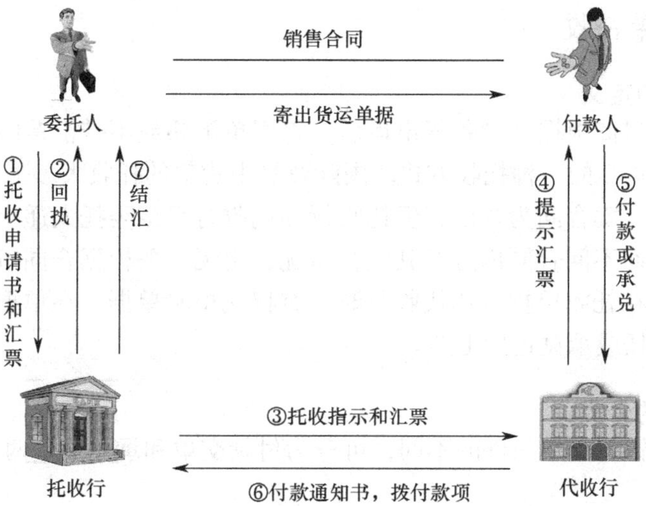

图 5 13　光票托收业务基本流程

① 委托人填制托收申请书和金融票据提交给托收行。
② 托收行受理托收业务后的回执。
③ 托收行制作托收指示。
④ 代收行提示金融票据。
⑤ 付款人到期付款或承兑。
⑥ 代收行向托收行发送付款通知书，拨付款项。
⑦ 委托人结汇。

拓展阅读

中国银行光票托收的手续

（1）委托人本人应持有效身份证件和票据正本（票据抬头人应为委托人本人），填写光票托收申请书；如系代办，代办人除提供委托人本人有效身份证件、委托人票据正本外，还须提供代办人证件，并填写光票托收申请书，银行核验委托人及代办人有效身份证件无误，视作委托人授权代办人代为办理托收业务，且授权有效。

（2）中国银行对未曾受理过的或金额较大的金融单据，须向金融单据开立人查询有关付款要求，并视具体情况确定是否受理托收申请。为此，有关查询费用须由委托人承担。

（3）票据背书应与票据抬头人一致，背书不可为私人印章。

（4）如果因票据为伪冒背书或票面经涂改（包括金额、受益人、日期等）而引致退票，中国银行按有关法律规定保留向委托人行使追索的权利，并对伪冒票据予以没收。

（5）如在邮寄过程中金融单据丢失，托收银行依据国际惯例不负任何责任。

（6）托收过程中产生的费用，均由委托人承担，中国银行照实向委托人收取。个人外币票据（除外币现钞以外的其他光票）按托收金额的 0.1%，最低 50 元/笔，最高 250 元/笔，另收邮费，退票费 10 元/笔。现钞托收按托收金额的 0.5%，最低 50 元/笔，最高 250 元/笔，另收邮费。

5.2.2 跟单托收

1. 跟单托收的定义

跟单托收是出口商根据合同备货出运后，将跟单汇票或不带汇票的货运单据提交托收行，委托银行代收货款的一种托收方式。国际贸易中货款的托收大多采用跟单托收。

跟单托收虽以买卖合同为基础，但托收行和代收行只按委托人递交的托收申请书中所列内容代收货款，而不问合同内容及其履行情况，也无义务根据合同审核单据。进口商根据凭单付款合同，在托收单据寄达代收行时，有权先检验单据，在单据与合同相符的条件下，才履行付款责任或承兑远期汇票。

2. 跟单托收的分类

跟单托收根据银行交单条件的不同，可分为付款交单和承兑交单两种。

（1）付款交单

付款交单（Documents Against Payment，D/P）是指被委托的代收行必须在进口商付清货款以后，才能将货运单据交给进口商的一种托收方式。付款交单的特点是先付款后交单，付款人付款之前，出口商仍然掌握着对货物的支配权，因此其风险较小。根据托收汇票付款期限的不同，付款交单又有即期付款交单和远期付款交单之分。

① 即期付款交单。即期付款交单（D/P at sight）是指委托人开立即期汇票（向欧洲大陆国家的托收为避免印花税而免开汇票，以发票替代），在代收行向付款人提示汇票后，付款人只有立即付清货款才能获得货运单据。其基本流程如图 5-14 所示。

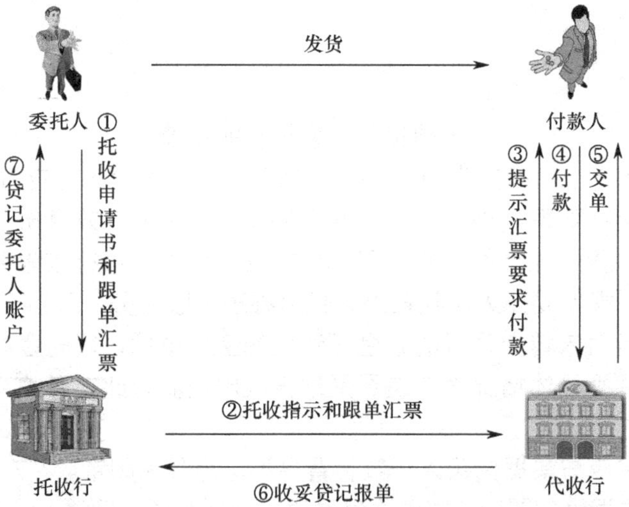

图 5-14　即期付款交单业务的基本流程

② 远期付款交单。远期付款交单（D/P at ×× days after sight）是指委托人开立远期汇票，代收行在向进口商提示汇票时，进口商立即承兑汇票，代收行收回汇票并掌握货运单据，直至到期日，代收行再提示，进口商付款后，代收行交出货运单据。国际商会明确表示不赞成远期付款交单的安排。其基本流程如图 5-15 所示。

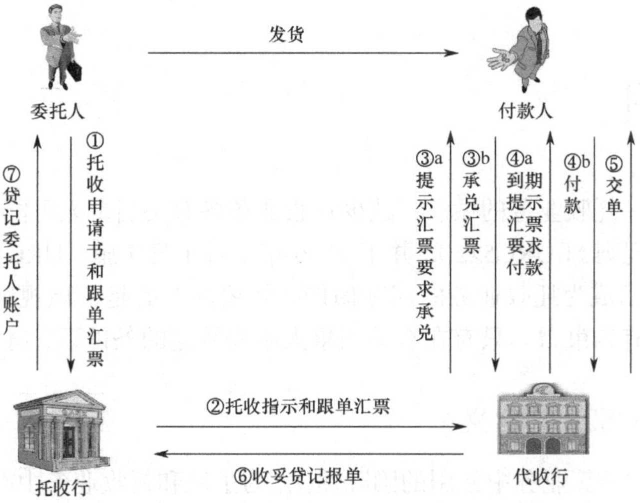

图 5-15　远期付款交单业务的基本流程

远期付款交单的缺点是在“远期”的时间间隔之内，如果货物已经抵达目的港，而买方尚未付款，就不能得到单据，无法提取货物，导致货物滞留港口码头，易遭受损失或罚款。

URC522 第 7a 条款提到，托收应不包含在将来日期付款的汇票。第 7c 条款提到，如果托收包含在将来日期付款的汇票，以及托收指示注明商业单据凭付款而交出，则单据实际只能凭付款才可交出，代收行对因延迟交单而产生的任何后果不负责任。由此可见，URC522 是不鼓励这种做法的。

（2）承兑交单

承兑交单（Documents Against Acceptance，D/A）是指被委托的代收行根据托收指示，于付款人承兑汇票后，将货运单据交给付款人，付款人在汇票到期时履行付款责任的一种托收方式。它适用于远期汇票的托收，对出口商而言风险较大。其基本流程如图 5-16 所示。

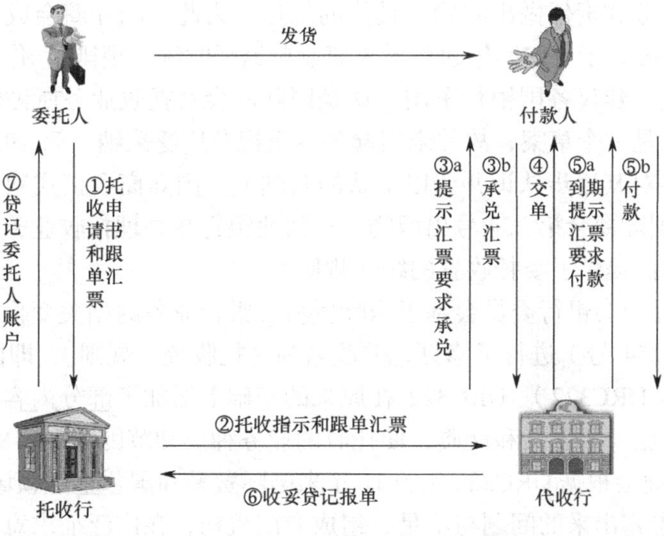

图 5-16　承兑交单业务的基本流程

5.3 托收惯例

国际商会为统一托收业务的做法，减少托收业务各有关当事人可能产生的矛盾和纠纷，制定了《托收统一规则》(URC522)，并于1996年1月1日实施。URC522自实施以来，被各国银行所采用，已成为托收业务的国际惯例。需要注意的是，该规则本身不是法律，因而对一般当事人没有约束力。只有在有关当事人事先约定的条件下，才受该规则的约束。

5.3.1 URC522 的含义

URC522是托收结算业务中使用的国际惯例。为了调和托收业务中有关当事人之间的争议，避免矛盾，促进国际贸易和国际结算的发展，国际商会拟订了URC522。

作为托收业务领域唯一的现行有效的国际惯例，URC522对减少当事人在托收业务中的误解、争议和纠纷起到了较大的作用，自生效以来被各国相关机构普遍采纳，得到了广泛的遵守，促进了国际贸易的健康发展。URC522不仅是进出口公司和银行应当掌握和遵循的国际惯例，还是法院和仲裁机构解决与托收有关的争议的重要依据。但是，URC522并不是国际上的法律，也不是国际公约，没有法律上的约束力，只属于国际贸易惯例，由当事人自愿选用。

5.3.2 URC522 的产生与发展

在各国银行的托收业务中，往往由于各方对彼此的权利、义务和责任的解释有分歧，以及不同的银行在具体的业务做法上有较大的差异，从而造成托收委托人与托收行之间的误会、争议和纠纷。要改变这种状况，首先必须将托收业务的做法统一起来，并对各有关当事人的权利、义务和责任做出明确、具体的规定。为此，国际商会成立了专门小组认真研究托收业务和做法，于1958年起草了《商业单据托收统一规则》，作为国际商会第192号出版物公布于世，建议各国银行采用。这是国际商会对托收业务所做的最早规范，由于第192号出版物只是一个草案，故并未引起各界重视及广泛采纳。第192号出版物发行10年之后，在银行界对其逐步认识并予以承认的基础上，国际商会正式制定了《商业单据托收统一规则》，即国际商会第254号出版物，从而使银行在办理托收业务时有了统一的程序和规则，也为出口商提供了委托收款的统一规则。

1978年，国际商会银行委员会基于国际贸易及银行业务的相关变化，对《商业单据托收统一规则》(第254号)进行了修订，并改名为《托收统一规则》，即国际商会第322号出版物(以下简称URC322)。URC322在原来的基础上增加了部分内容，特别是规定了托收单据中“金融单据”的含义和性质，使托收的业务种类和范围更加明确、具体。

1993年，国际商会根据URC322实施16年来国际贸易和国际金融领域发生的巨大变革，以及URC322所暴露出来的问题与不足，组成专门机构，在广泛征求意见的基础上对该规则进行了又一轮修订，于1995年7月正式公布，即国际商会第522号出版物《托收统一规则》（URC522），1996 年 1 月 1 日起生效，沿用至今。URC522 是目前托收业务中被普遍遵循的国际结算惯例之一。

5.3.3　URC522 的主要内容

URC522 分为 A、B、C、D、E、F、G 七部分，共 26 条，包括总则及定义，托收的形式和结构，提示方式，义务与责任，付款，利息、手续费及其他费用，其他规定。根据 URC522 的规定，托收是指银行根据所收的指示，处理金融单据或商业单据，目的在于取得付款和/或承兑，凭付款和/或承兑交单，或者按其他条款及条件交单。上述定义中所涉及的金融单据是指汇票、本票、支票或其他用于付款或结算的类似凭证；商业单据是指发票、运输单据、物权单据或其他类似单据，或者除金融单据之外的任何其他单据。

URC522 是国际贸易和国际结算方面的重要国际惯例。该规则包括以下主要内容。

1．基本精神

银行办理托收业务时，应完全按照委托人的指示行事，银行对在托收过程中遇到的一切风险、费用开支、意外事故等均不负责，而由委托人承担。

2．银行的义务与责任

银行仅被允许根据托收申请书的指示和 URC522 办理委托，不得超越、修改、疏漏、延误委托人在申请书上的指示，否则引起的后果由银行负责。

银行的免责条款如下。

① 银行对于任何单据的形式、完整性、准确性、真实性、伪造及法律效力，或者单据上规定或附加的特殊条件，概不负责。

② 银行对于任何单据代表的货物的描述、数量、重量、质量、状况、包装、交货价值，或者货物的发货人、承运人、运输公司、收货人或货物保险人或其他人的诚信、行为和/或疏忽、偿付能力、执行能力或信誉概不负责。

③ 银行对于任何电报、信件或单据在寄送途中的延误和/或丢失所引起的后果，或者任何电信工具在传递中导致的延误、残缺和其他错误，或者专门术语在翻译或解释上的错误，不承担义务和责任。

④ 银行对于自己所收到的指示因意思不明需澄清所引起的延误不负责任。

⑤ 银行对于天灾人祸、暴动、内乱、叛乱、战争或它们所不能控制的任何其他原因，或者罢工、停工致使营业中断所造成的后果，不承担义务或责任。

此外，URC522 还规定，除非事先征得银行同意，货物不应直接运交银行；如果货物直接运交银行或以银行为收货人，银行无提货义务（此项货物仍由发货人承担风险和责任）。

3．关于提示、付款、承兑等手续

① 银行应按交来的单据原样向付款人发出提示。

② 如果是即期付款的单据，银行必须毫不延误地提示付款人付款。

③ 如果是远期付款的单据，银行必须毫不延误地提示承兑，当要求付款时，必须不迟于到期日提示付款。

④ 如果跟单托收中有远期付款的汇票，托收委托书中必须指明在承兑或付款后将单据交给付款人；如无此规定，单据在付款后交付。

4．关于改变委托与拒付处理

委托人委托银行办理托收后，可以通知银行改变托收金额和托收条件。如遭受拒付，代收行应立即通知托收行，托收行应及时给予进一步处理指示，如代收行在发出拒绝通知 60 天内未接到进一步指示，可将单据退还托收行。银行对遭到拒绝承兑或付款时是否需要做出拒绝证书，托收指示书中应有明确指示，如无此指示，银行无义务做出拒绝证书。

5.3.4 URC522 的运用

托收是"委托收款"的简称。广义的托收是指债权人委托第三人向债务人收取款项的业务。因此，在广义的托收业务中，作为受托人的第三人并不仅限于银行，它也可能由非银行机构担任。但是，这种非银行办理的托收在各国的做法差异很大，很难制定出一个各方都能接受的统一规则。鉴于此，国际商会制定的 URC522 仅规范银行托收业务，对于非银行办理的业务则不涉及。此外，因为关于 EDI 还存在包括法律问题在内的诸多争论，故 URC522 没有就此进行阐述。

正确运用 URC522 是做好托收业务的关键，因此，托收的有关当事人在开展托收业务时应注意以下操作。

1．明确使用 URC522

URC522 第 1 条第 8 款明确规定，URC522 仅适用于在"托收指示"原文中注明使用该规则的托收。只有在托收当事人与银行之间事先有约定的情况下，URC522 才适用。托收指示书中必须明确该笔结算业务按 URC522 办理，并做出完全而又准确的指示，银行仅被允许根据托收指示及此规则办理。所以，银行的托收委托书上都会注明"Subject to uniform rules for collections ICC publication No.522"等字样，以表明该笔托收业务是以 URC522 的原则、解释行事的，从而使整个托收业务及所有当事人受该规则的约束。

2．正确发出托收指示

托收指示是委托人与托收行之间的委托代理协议，托收行和代收行在受理托收指示后必须严格按托收指示行事。因此，托收指示的内容必须完整、准确，按 URC522 第 4 条要求的 11 项内容给予尽可能具体的指示，否则可能导致责任不清，从而影响货款的及时收取。

3．正确拟订买卖合同中的托收条款

托收中的委托人与银行之间的关系是委托代理关系，银行并不保证收回货款，买方只有在接受代收行的单据时才受该规则的约束。因此，如与信用状况不清楚的买主签约，不推荐使用托收方式结算，即使使用，也只能使用付款交单方式甚至是即期付款交单，而不能使用承兑交单方式。

拓展实训

审核托收委托书，制作托收指示

1．2021 年 5 月 22 日，中国进出口公司广州分公司向中国银行广州分行提交下面这张光票托收委托书，托收行按所给问题审核光票托收委托书。

中国银行

票据托收委托书

票据种类 Items	号码 Original No.	出票日期 Date of Issue	币别及金额 Currency& Amount
支票	7838	14/05/2021	US$2 000.00
付款人	Bank of America N.T.& S.A.		
出票人	AAA Trading Company, New York		
受益人	China National Imp. & Exp. Corp., Guangzhou		
开户账号 A/C No.	098730-9867-9423	银行编号 Ref No.	CC09176

委托日期：22/05/2021

☒ 款项收妥后，请付我账。

☒ 你行及国外行所有托收费用，请付我账。

中国进出口公司广州分公司

请根据题中的光票托收委托书填写下表。

（1）委托人公司名称	
（2）付款人公司名称	
（3）托收金额	
（4）托收票据种类、内容	
（5）银行费用由哪方支付	
（6）光票托收的适用范围	
（7）托收行是否承担必定收回票款的责任	
（8）托收行办理托收业务的依据是什么	

2．中国银行广州分行根据中国进出口公司广州分公司提交的光票托收委托书，于 2021 年 5 月 23 日缮制光票托收指示，邮寄给代收行 Bank of America N.T.& S.A.，并选择第二、第三、第五、第六项托收指示条款。

中国银行 广州分行 BANK OF CHINA

ORIGINAL

In all correspondence
Please always quote

OUR REF 384CC-28975

Date: 23, May, 2021

致 TO

迳启者：

Dear Sirs,

兹奉下列票据，请即收我册。

We have pleasure in forwarding the following cheque/draft for payment /collection.

票据号码 Original No.	付款人 Drawn on	出票人 Drawer	金额 Amount
TOTAL AMOUNT			

Please follow instructions below(marked X):

□Credit the proceeds immediately under usual reserves.

□Collections subject to final payment Not under usual reserves.

□CREDIT the proceeds(less your charges, if any) to our US Dollar account with you under authenticated telex/SWIFT advice to us quoting our Ref No..

□REMIT the proceeds (less your charges, if any) to our account with via CHIPS under their authenticated telex/SWIFT advice to Quoting our Ref No..

□If unpaid please cable advise us and return the same cheque/draft to us by registered airmail with reason(s) of non-payment.

□Please acknowledge receipt.

Unless otherwise expressly stated herein, this collection is subject to the "UNIFORM RULES FOR COLLECTION" -I.C.C. BROCHURE522.

For: BANK OF CHINA GUANGZHOU

Authorized Signature(s)

复习思考题

一、判断题

1．代收行对货物没有任何责任，因此即使托收指示中要求其代为存仓、保险，代收行也可不予理会。（ ）

2．出口商采用 D/A 30 天比采用 D/P 30 天承担的风险要大。（ ）

3．为了有利于托收的进行和防止不必要的争端，托收指示上应有"根据国际商会《托收统一规则》办理"的字句。（ ）

4．托收通常称为银行托收，因此它属于银行信用。（ ）

5．在托收业务中，银行负责点交所收到的单据的种类和各自的份数，而不负责审查其具体内容和从单据中获得托收指示。（ ）

6．在托收业务中，除非委托人另有授权，银行将只接受委托的当事人或银行的指示。（　）

7．光票托收是指卖方仅开立汇票，而不附带任何单据委托银行收款的托收结算方式。（　）

8．在托收业务中，委托人必须向银行提交汇票，以便银行向付款人提示收款。（　）

9．通常情况下，由托收行根据自己的业务往来情况选择代收行比较稳妥。（　）

10．根据汇款和托收的定义，对进口商来说，汇款方式总是比托收方式有利。（　）

二、单选题

1．代收行向付款人提示单据遭到拒付时，代收行可以（　）。

A．要求付款人出具书面拒付书，说明拒付理由

B．在汇票上注明"拒付"字样

C．立即通知委托人托收单据已被拒付的事实

D．办理拒绝证书

2．跟单托收方式在银行不办理出口押汇的情况下，风险在（　）身上。

A．委托人　B．托收行　C．代收行　D．付款人

3．在托收业务中，汇票的付款人应是（　）。

A．出口商　B．进口商　C．出口方银行　D．进口方银行

4．使用托收方式时，托收行和代收行在保证货款收回方面（　）。

A．没有责任　B．承担部分责任　C．有责任　D．视具体情况而定

5．托收项下必要时的代理人是（　）的代理。

A．委托人　B．托收行　C．代收行　D．提示行

6．下列 D/P 远期汇票的期限中，最有利于出口商的是（　）。

A．D/P days after sight　B．D/P days after presentation of documents

C．D/P days after bill of lading date　D．D/P days after date of goods arrival

7．在托收业务中，（　）决定了代收行向付款人交单的方式。

A．委托人　B．托收行　C．代收行　D．付款人

三、多选题

1．托收方式的当事人有（　）。

A．出票人　B．托收行　C．代收行　D．付款人

2．按承兑交单托收货款时，出口方开立的汇票不可能是（　）。

A．光票　B．跟单汇票　C．即期汇票　D．远期汇票

E．银行汇票　F．商业汇票

3．采用即期付款交单托收方式，出口方发货后出具的汇票不可能是（　）。

A．光票　B．跟单汇票　C．即期汇票　D．银行汇票

E．远期汇票　F．商业汇票

4．托收业务中的 D/P 与 D/A 的主要区别是（　）。

A．D/P 属于跟单托收，D/A 属于光票托收

B．D/P 是付款后交单，D/A 是承兑后交单

C．D/P 是即期付款，D/A 是远期付款

D．D/P 是远期付款，D/A 是即期付款

5．托收业务中，（　　）之间存在契约关系。

A．委托人与托收行　　B．托收行与代收行

C．代收行与付款人　　D．委托人与付款人

四、简答题

1．托收指示的内容有哪些？

2．光票托收的定义是什么？

3．托收业务的当事人有哪些？

4．托收指示的重要性有哪些？

5．如何防范托收风险？

五、案例分析题

1．2021 年 6 月 6 日，某托收行受理了一笔付款条件为 D/P at sight 的出口托收业务，金额为 USD100 000。托收行按出口商的要求将全套单据整理后撰写并打印了托收指示一同寄给英国一家代收行，单据寄出 5 天后委托人声称进口商要求将 D/P at sight 改为 D/A at 60 days after sight，托收行按委托人的要求发出了修改指令，此后一直未见代收行发出承兑指令。当年 8 月 19 日托收行收到代收行寄回的单据，发现原本的 3 份正本提单只有 2 份。委托人立即通过英国有关机构了解到，货物已经被进口商提走。此时，托收行据理力争，要求代收行要么退回全部单据，要么承兑付款，但是代收行始终不予理睬，货款始终没有着落。

分析：结合本案例分析 D/A 与 D/P 的法律风险。

2．国内出口商 A 公司与美国进口商 B 公司签订了一笔丝绸的贸易合同，付款条件是 D/P 50DAYS。A 公司于 2021 年 3 月 25 日发货，29 日将有关单据交至国内甲银行（托收行）。经审核，单单一致，甲银行当日将单据（包括全套正本提单）寄往其指定的代收行乙银行。4 月 6 日，乙银行来电称单据收妥。根据乙银行 4 月 6 日的电报，甲银行推算出该单据的付款到期日应为 5 月 25 日，但到期后款项未达。经甲银行多次与 A 公司联系，得知 A 公司与 B 公司之间正就付款一事商洽。5 月 30 日，甲银行发电催收，乙银行回电称尚未收到 B 公司的付款指示。6 月 3 日，乙银行来电告知 B 公司做出承兑，到期日为 7 月 22 日。而乙银行于到期日再次通知甲银行 B 公司未付款，等待甲方指示。甲银行通知 A 公司，并请其处理。7 月 28 日，乙银行来电称 B 公司准备赎单，要求提供正确单据（产地证）。经联系 A 公司得知，B 公司需持纺织品产地证通关，而 A 公司提交的却是一般原产地证。A 公司遂于 8 月 5 日将纺织品产地证寄给 B 公司。8 月 15 日甲银行预计该单据已寄达 B 公司，便致电乙银行请其协助敦促 B 公司付款。9 月 2 日，A 公司通知甲银行 B 公司已付款，甲银行遂发电要求乙银行划拨款项，但乙银行一直未答复。

鉴于多次催款毫无进展，加上货物早已抵港，而乙银行与 B 公司都未曾就仓储费、滞纳金等问题提出任何要求，所以甲银行怀疑货物早已被 B 公司提走。于是，10 月 9 日，甲

银行建议 A 公司与船公司接洽，了解货物下落。7 天后 A 公司书面通知甲银行：B 公司已于 6 月 14 日凭正本提单将货物提走。甲银行立即致电乙银行，请其在 7 日内将货款及利息（提货日至发电日利息）汇至甲银行，否则退回全套单据。7 日后，款项仍未到，甲银行根据 A 公司的书面指示要求乙银行立即退单。10 月 25 日，甲银行收到乙银行付款通知。至此，这起长达 9 个月的远期付款托收纠纷才得以解决。

分析：结合本案例分析应如何选择对出口商有利的交单方式。

第6章 国际结算方式：信用证

本章学习目标

1．掌握信用证的定义、特点和形式。
2．掌握信用证的当事人及其之间的关系。
3．掌握信用证的业务操作流程。
4．掌握信用证的主要内容，能够熟练阅读信用证。
5．了解信用证的银行审证和出口商审证，了解信用证的修改。
6．了解信用证的种类及其适用范围。

本章重点

- 信用证的定义、特点和形式。
- 信用证的业务操作流程。
- 信用证的主要内容。

本章难点

- 信用证的业务操作流程。

引导案例

开证行对信用证的支付原则

我国某贸易公司（以下简称买方）从国外某企业（以下简称卖方）进口一批木料，货物分三批装运，支付方式为不可撤销即期信用证，每批分别由银行开立一份信用证。前两批货物装运后，卖方在有效期内向银行交单议付，议付行审单无误后议付货款，银行也对议付行做了偿付。买方收到第二批货物后，发现货物品质不符合合同规定，遂要求开证行对第三份信用证项下的单据拒绝付款，但遭到开证行的拒绝。

思考：

（1）开证行为什么拒绝买方的要求？

（2）本案例反映出采用信用证方式支付有什么特点？

【案例分析】

（1）在本案例中，开证行是按信用证支付原则对信用证项下的单据进行支付的，这是本案例分析的焦点。根据“单单相符、单证一致”的信用证支付原则，开证行依据信用证规定的支付原则行事是合法、合理的，因此拒绝了买方提出的对第三份信用证项下的单据拒绝付款的要求。

（2）本案例中货物买卖的支付方式为不可撤销即期信用证。根据 UCP600 的规定，信用证一经开出，在有效期内不经受益人或有关当事人同意，开证行不得单方面加以修改或撤销信用证，即银行见票即付。因为信用证开出以后，就成了独立于买卖合同的另一个交易关系，银行只对信用证负责，只要出口方（卖方）提交符合信用证规定的单据，在“单单一致、单证一致”的条件下，银行就应承担无条件付款的义务。为此，本案例中的开证行应当拒绝买方提出的对第三份信用证项下的单据拒绝付款的要求，因为开证行只依据信用证上的要求行事，而不看进出口双方买卖合同的规定，也不管卖方是否按合同规定履行了义务。

资料来源：李秀芳.进出口贸易实务案例及问题解答[M].北京：电子工业出版社，2015.

6.1　信用证概述

6.1.1　信用证的起源

信用证是随着国际贸易规模的扩大和银行深入参与结算而发展起来的。早期信用证并不用于商业，没有合同作为依附。例如，12 世纪欧洲使臣出国就用一种由教皇等签署和承诺的，对任何愿意给使臣垫款的人，将无条件付款的一种“信用证”，后来发展到要求指定的外地代理人或同业垫款而且不公开。到了 13 世纪，信用证开始应用于商业，伦敦的富商向欧洲购货地商人签发信函，由购货人携带，要求该商人在某一金额内，准予购货人凭收据领取现款，并约定欠款偿还办法。这种旧式信用证类似于旅行信用证。

19 世纪初，现代意义上的信用证诞生。当时英国的工业革命使国际贸易得到进一步发展。随着国际航运业的发展和定期航线的开辟，提单条款定型化，凭单付款逐步形成。但当时信用证在银行方面的应用仍存在一定的障碍，由于银行不熟悉商业行情，因此对要求贴现或押汇的汇票和货运单据仍顾虑重重。在这种情况下，在旧式信用证基础上加入了银行信用，于是现代意义上的跟单信用证便产生了。19 世纪中期以后，信用证开始获得真正的发展。

到了 20 世纪，信用证的原则和做法逐渐趋于统一，形成了国际惯例。信用证的统一运动始于 1920 年的美国，美国在国内制定了信用证的统一格式。国际商会于 1933 年公布了统一惯例，推荐各银行采用。为适应国际贸易发展的需要，信用证的种类不断增加。例如，第一次世界大战后，美国要求本国银行对信用证保兑，出现了保兑信用证；第二次世界大战后，卖方市场形成，产生了背对背信用证；日本在第二次世界大战后为解决进出口失衡问题，采用了伊士罗克信用证。

6.1.2 信用证的定义

信用证（Letter of Credit）是银行根据进口商（开证申请人）的要求和指示向出口商（受益人）开立的，在一定期限内凭规定的单据支付一定金额的书面文件。

UCP600 对信用证的定义是："Credit means any arrangement, however named or described, that is irrevocable and thereby constitutes a definite undertaking of the issuing bank to honour a complying presentation."（跟单信用证是指一项不可撤销的安排，不论其如何命名或描述，该安排构成开证行对相符交单予以承付的确定承诺。）

从上面的定义中可归纳出信用证的三个要素。

① 信用证是由银行开出的付款承诺文件，属于银行信用。

② 银行付款的前提条件是受益人（一般为出口商）提交符合信用证规定的单据。

③ 银行在信用证有效期内承担的付款承诺是不可撤销的。

6.1.3 信用证的性质

1. 信用证是一种银行信用，开证行承担第一性的付款责任

信用证体现了银行信用，银行代进口商承担付款责任。出口商只要提交符合信用证规定的单据，开证行就必须付款。这种付款责任是第一性的，与一般担保业务中担保人负第二付款责任不同。如果出现保兑行，开证行仍然承担第一付款责任。

2. 信用证是独立于贸易合同的自足性文件

信用证以贸易合同为依据，信用证的内容虽然来源于贸易合同，但在法律上不依附贸易合同，即独立于贸易合同。当事人只受信用证条款的约束，银行也只对信用证负责。至于合同条款与信用证条款是否一致、所交单据是否符合合同要求，银行一律不予过问，信用证与贸易合同是两份相互独立的契约。

3. 信用证业务只处理单据，不涉及货物

UCP600 第 5 条规定，银行处理的是单据，而不是单据可能涉及的货物、服务及履约行为。虽然买卖双方是以货物为交易对象的，但在国际结算中，当事人只关心单据是否符合信用证条款，而不管货物是否和信用证条款一致，只要单据符合信用证规定，开证行就不能以任何借口推卸付款责任。而银行确定单据是否符合信用证规定时，应"合理小心地审核一切单据"，只审查单据表面，而不关心单据背后的货物。同样，受益人要实现信用证项下的权利，必须提交符合信用证规定的单据，而不能以完全履行了买卖合同项下的义务为由要求开证行付款。

6.1.4 信用证的主要当事人及其权责

信用证涉及的当事人有很多，每笔信用证业务的参与者也不同，弄清楚当事人的地位、责任、权利和义务是做好信用证业务的基本条件之一。信用证业务所涉及的基本当事人有

开证申请人、开证行、通知行和受益人。除此以外，还可能涉及保兑行、议付行、付款行和偿付行等，如图 6-1 所示。

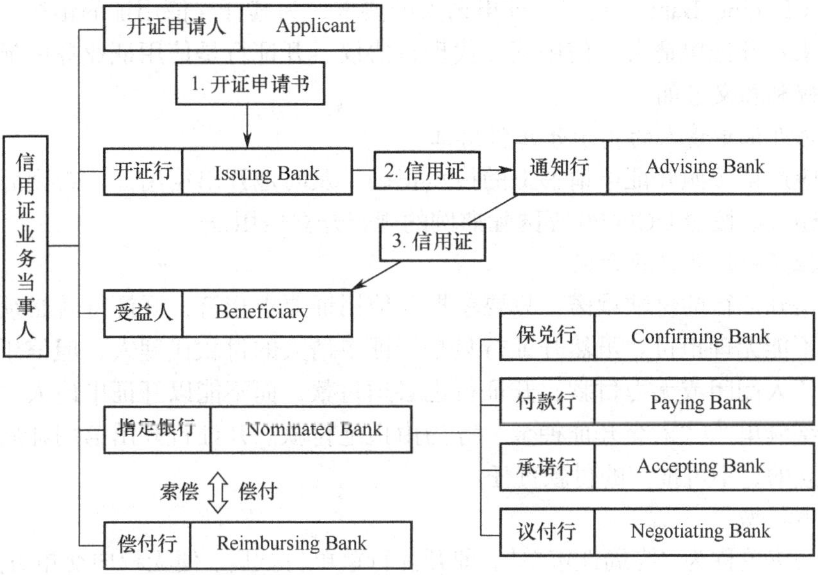

图 6-1　信用证业务涉及的主要当事人

1．开证申请人

开证申请人（Applicant）又称开证人，是根据贸易合同向银行申请开立信用证的当事人。开证申请人通常是进口商，特殊情况下可能是进口商的委托人或中间商。开证申请人要受贸易合同及与开证行签订的业务代理合同（开证申请书）两个合同的约束。开证申请人的权利和义务主要有以下几项。

（1）申请开立信用证

申请人要按贸易合同要求负责申请开证。第一，要按期申请，合同中规定由买方申请开证但未明确开证时间的，应在合理时间内办理；第二，要保证所申请的信用证内容必须和合同一致。

（2）付款责任

在开证行履行了付款责任后，开证申请人应向开证行偿还垫款，付款赎单。开证申请人还应支付各项费用，如开证费等。

（3）得到合格单据的权利

开证申请人有权在付款前对受益人提交的单据进行审核，若发现单据与信用证条款不符或单据之间有矛盾，有权拒绝付款。如果单据合格但被开证行错误地对外拒付，开证申请人可要求银行赔偿相应的损失。

（4）欺诈例外原则

对于受益人利用信用欺诈的行为，在不损及善意第三方利益和开证行未付款或承兑的前提下，只要开证申请人有确凿的证据证明受益人存在欺诈行为，即使受益人提供了符合信用证要求的全套单据，开证申请人也有权请求银行拒付，或者请求法院通过止付命令强制银行停止对信用证的支付。这就是信用证的欺诈例外原则。

2．开证行

开证行（Issuing Bank）是应开证申请人的要求，为其开立信用证的银行。开证行受三个合同的约束：开证申请书、信用证和代理行协议。开证行是信用证业务中最重要的当事人。其主要权利和义务如下。

（1）根据开证申请人的指示开立信用证

开证行应严格按照开证申请书上的指示正确、及时地开出信用证，否则后果自负。同时，开证行还应该按照UCP600等国际惯例的规定开立信用证。

（2）承担第一性的付款责任

信用证是开证行的付款承诺，只要单据与信用证要求相符，开证行就必须按规定履行付款义务，不能无理拒付。虽然开证行只是开证申请人的付款代理人，但信用证开出后，即使开证申请人倒闭或无力付款，开证行也必须付款，而不能以开证申请人“无付款赎单能力”、“拒绝赎单”、“未交开证押金”等为由拒绝付款。开证行开出信用证后即承担了第一性的、独立的、不可推卸的付款责任。

（3）审核单据

开证行的审单称为“终局性审单”，即开证行审单付款后，便无权向交单方追索。因此，开证行在收到单据后必须小心谨慎地加以审核，确定其是否与信用证条款相符。UCP600第14条对开证行（及保兑行）的审单时间做了规定：开证行应在收到单据次日起5个银行工作日内审核单据，以决定接受还是拒绝单据，并通知交单方。

（4）保管单据

当受益人交单到开证行，开证行在审单议付期间对单据负有妥善保管责任，不得擅自处置单据。开证行如发现单据有不符点，应发拒付通知给寄单行，保管好单据，等候处理意见。

3．受益人

受益人（Beneficiary）是指信用证上指定的有权享有信用证权益的人，即出口商或中间商。受益人受贸易合同和信用证约束。受益人的权利和义务主要有以下几项。

（1）审核信用证条款

受益人收到信用证后，应仔细将信用证内容与合同条款核对，并审核信用证条款能否履行。如果信用证条款与合同有不一致或新增加的地方，受益人有权要求进口商指示开证行修改信用证，或者拒绝接受信用证。如果受益人按合同要求修改而进口商不同意修改或修改不足，便是进口商违约，受益人可以拒绝接受信用证，甚至单方撤销合同，并提出索赔。

（2）及时提交正确、完整的单据

受益人在接受信用证后，必须按信用证条款办事，在规定的装运期内装货，并在信用证的有效期内提交规定的单据。受益人要对单据的正确性和完整性负责，做到单证一致、单单一致，即单据与信用证条款相符，单据与单据之间无矛盾。如果提交的单据与信用证不符，受益人有义务在规定的时间内更改单据。

（3）要求开证行承付

受益人向被指定银行提交了与信用证相符的全套单据后，即可享受信用证的权益，有权要求相关银行给予承付或议付。即使进口商认为货物不合格，有向受益人提出索赔的理由，银行也不能拒付。

4．通知行

通知行（Advising Bank）是向出口商通知信用证的银行，多由开证行在出口地的联行或代理行担任。通知行的权利和义务主要有以下几项。

（1）验明信用证的真实性、完整性并及时传递信用证

通知行收到信用证或修改书后，要确认其完整性，核对印鉴或密押，其中SWIFT信用证由系统自动核押。然后编号、备份、登记，毫不延误地及时通知受益人领取信用证。非保兑行的通知行，通知时不承担承付或议付责任。如果密押不符，通知行仍然可以通知，但需盖章告知“印签/密押不符，待收到核符通知书后再装运货物”。

（2）通知行并无审证责任，与开证行是委托代理关系

（3）关于第二通知行条款

UCP600增加了“第二通知行”概念。通知行可通过另一家银行向受益人通知信用证，且当涉及信用证修改时，不能更改第二通知行，否则就破坏了信用证通知的完整性。

应用案例

通知行的责任

中国银行某分行收到140万美元的信用证，该证由纽约的C银行通知。虽然C银行在通知信用证时说明已经核准开证行与纽约C银行之间的密押，但是未加列纽约C银行与中国银行某分行之间的密押。这引起了中国银行的注意。在收到信用证的当天，受益人得到信息前来查证，并要求尽早正式通知。中国银行某分行通过多种手段查询获悉，开证行从未开立过这样的信用证。中国银行最后通知受益人该信用证纯属伪造。

【案例分析】

本案例中的中国银行以非常细致、谨慎的专业素质避免了一起虚假信用证诈骗案件的发生，很好地履行了通知行审核信用证真伪和告知受益人的责任。

资料来源：张晓芬，李劲涛.国际结算[M].北京：北京大学出版社，2011.

5．议付行

议付行（Negotiating Bank）是根据受益人的要求和提供的单据，在核实单证相符后向受益人垫款买入单据，并向付款行或偿付行索回垫款的银行。议付行的权利和义务主要有以下几项。

（1）有权议付或不议付

在信用证业务中，议付行并未做出付款的承诺，做出承诺的是开证行。因此，议付行没有必须议付的义务，它可以自由选择是否购买受益人的单据和汇票。如果开证行信誉不佳，或者信用证过于复杂，议付行就可以不议付。

（2）有权根据信用证条款审核单据

议付行的议付是建立在开证行保证偿付的基础之上的，但开证行偿付的前提是单证相

符，只有议付的单据是合格的，才能得到偿付，所以议付行要对单据进行严格的审核，否则将遭到开证行的拒付。

（3）议付后，议付行有权向信用证的开证行或偿付行收回垫付的款项

开证行拒付时，不论什么原因，议付行都有向受益人进行追索的权利。在向第三者索偿时，议付行无证明单据相符的义务。

6．付款行

付款行（Paying Bank）是信用证上规定的汇票上的付款银行，或者信用证下执行付款的银行。开证行通常委托通知行作为付款行，也可能委托其他银行为付款行。开证行与付款行的关系是建立在两家银行的代理合同之上的。付款行的权利和义务主要有以下两项。

第一，付款行一旦接受开证行的代付委托，审单付款责任就与开证行一样，也属于终局性的，如果发现不符点，应立即拒付。付款行一旦验单付款，就不得向受益人追索。付款行付款后无追索权，只能向开证行索偿。

第二，如果开证行收到付款行寄来的单据后发现不符点并拒付，付款行就得自负其责，必要时可自行提货并转卖，所受损失由自己承担。有时付款行根据开证行的指示不必验单，只凭议付行声明单证相符，按信用证要求付款，此时付款行对受益人也无追索权。

7．保兑行

保兑行（Confirming Bank）是指接受开证行的授权或要求对信用证的付款加具保兑的银行。有时因开证行信誉不佳，或者受益人对开证行的信用情况不了解，或者开证行国家经济状况恶化，出现政治风波或外汇管制较严等情况，往往由开证行请另一家信誉良好的银行对其所开的信用证加具保兑。保兑信用证下的受益人可获得开证行和保兑行的双重独立付款保证。保兑行的主要权利和义务有以下几项。

（1）有权收取一定的保兑费

保兑行以其信用提供保兑并承担风险，故有权收取保兑费。保兑费通常有三种负担方式：由进口商负担、由出口商负担和由进出口商双方负担。

（2）有权决定是否接受保兑

被邀请的银行首先必须审查开证行资信、代理行授信额度、信用证条款，如不准备加具保兑，必须及时向开证行发出通知，并且应当继续将信用证通知给受益人。

（3）承担第一性的付款义务

自保兑行为信用证加具保兑之时起，保兑行即不可撤销地承担保兑责任，并与开证行的第一性付款责任相同。

（4）保兑行付款后只能向开证行索偿

如果开证行倒闭或无理拒付，保兑行无权向受益人或其他被指定银行进行追索。

8．承兑行

承兑行（Accepting Bank）是承兑信用证中被指定办理汇票承兑业务的银行。承兑行承兑后取得正当持票人地位，受票据法保护，即便受骗，仍然可以得到开证行的付款补偿。同时，开证行授权承兑行可对自己承兑的汇票进行贴现，享有信用证欺诈例外抗辩的豁免权，拥有优于受益人的法律地位。

9．偿付行

偿付行（Reimbursing Bank）是开证行指定的对议付行或付款行偿还垫款的银行。当开证行与议付行或付款行之间无账户关系时，特别是当信用证以第三国货币开出时，为方便结算，开证行便委托偿付行向议付行或付款行偿付。偿付行的权利和义务主要有以下两项。

第一，只要议付行或付款行提供的信用证号码、开证行名称和账户、索偿金额等事项符合开证行的偿付授权书，偿付行就应向索偿的议付行或付款行偿付。偿付行也有权拒绝执行开证行的偿付指示，此时应由开证行承担偿付责任。

第二，偿付行无权要求议付行或付款行证明单证相符。开证行在收到单据之后，若发现不符点，不能向偿付行追索，而应直接向议付行追回已付款项。

6.2 信用证的形式与内容

6.2.1 信用证的形式

根据信用证的开立方式和记载内容不同，信用证可分为信开本信用证和电开本信用证。

1．信开本信用证

信开本信用证是指以信函形式开立的信用证，其记载的内容比较全面。银行一般都有印好的信用证格式，开立时只需填入具体内容即可。信开本信用证一般开立一式两份或两份以上，开立后以航空挂号信方式寄出。这是一种传统的开立信用证的方式。信开本信用证在任何时候都是信用证的有效文本。信开本信用证一般适用于装运期较长或金额较小的信用证业务。

2．电开本信用证

电开本信用证是指银行以加注密押的电报或电传的形式开立的信用证。电开本信用证在形式上又分为简电本、全电本和 SWIFT 信用证。

（1）简电本信用证

简电本（Brief Cable）信用证是指仅记载信用证金额、货物数量、装运期、信用证有效期等主要内容的电开本信用证。简电本信用证内容比较简单，其目的是预先通知出口商，以便其早日备货。简电本信用证通常不是信用证的有效文本，因此，开立简电本信用证时，一般要在电文中注明“详情后告”或“随寄证实书”等字样，并随即将信开本形式的证实书寄出。证实书是信用证的有效文本，可以作为交单议付的依据。

（2）全电本信用证

全电本（Full Cable）信用证是指开证行以电文形式开出的内容完整的信用证。该信用证是否为有效文本要根据条款来判断。如果电文中注明“有效文本”，则这样的电开本信用证就是有效文本，可以作为交单议付的依据；如果电文中注明“随寄证实书”，则以邮寄的证实书作为有效文本及交单议付的依据。

（3）SWIFT 信用证

SWIFT 信用证是指开证行以 SWIFT 系统设计的特殊格式来开立或予以通知的信用证。在国际贸易结算中，SWIFT 信用证是正式的、合法的、被信用证各当事人所接受的、国际通用的信用证。SWIFT 信用证的特点是快捷、准确、简明、可靠。银行做全电开信用证时，可采用 SWIFT 方式，利用 SWIFT 系统设计的特殊格式来传递信用证。

6.2.2 信用证的内容

国际贸易中具体商品和交易不同，信用证内容也不同，且繁简不一，但一般都包含以下几个方面。

① 对信用证本身的说明，包括信用证的种类、信用证号码、信用证的金额、信用证有效期限和地点、交单期限。

② 对当事人的规定，明确开证申请人、受益人、开证行、指定银行，说明对议付行有无限制。

③ 对货物的要求，明确货物的品名、品质、数量、包装、价格。

④ 对运输的要求，规定装运期限、装运港（地）、目的港（地）、是否允许分批装运、是否允许转运。

⑤ 对单据的要求，包括发票、装箱单、运输单据、保险单（CIF 条件下）、品质证书、产地证书、装运通知等。

⑥ 对议付行的指令，包括寄单方式、偿付方式等。

⑦ 国际惯例的适用。

6.2.3 SWIFT 信用证的电文格式内容

SWIFT 信用证具有标准化的特征，其传递速度较快，开证成本较低，各开证行及客户都乐于使用。

利用 SWIFT 系统设计的信用证格式代号为 MT700、MT701，修改信用证的格式代号为 MT707。与信开本信用证相比，SWIFT 信用证将保证条款省略了，但必须加注密押，密押经核对无误后方能生效。虽然没有说明文句，但 SWIFT 信用证一律受 UCP600 约束，除非信用证中有特别注明。

1. MT700 电文格式内容

开证行利用 SWIFT 系统的 MT700 格式开立的信用证的电文格式及内容如表 6-1 所示。

表 6-1 MT700 电文格式及内容

必选项/可选项（M/O）	代码（Tag）	项目（场）名称（Field Name）	项目（场）名称内涵
M	27	Sequence of Total	电文页次
M	40A	Form of Documentary Credit	跟单信用证形式
M	20	Documentary Credit Number	跟单信用证号码

（续表）

必选项/可选项（M/O）	代码（Tag）	项目（场）名称（Field Name）	项目（场）名称内涵
O	23	Reference to Pre-advice	预先通知编号
O	31C	Date of Issue	开证日期
M	40E	Applicable Rules	适用规则
M	31D	Date and Place of Expiry	信用证到期日及地点
O	51a	Applicant Bank	开证申请人的银行，不是开证行时使用本项目
M	50	Applicant	开证申请人（一般是进口商）
M	59	Beneficiary	受益人（一般是出口商）
M	32B	Currency Code, Amount	货币及金额
O	39A	Percentage Credit Amount Tolerance	信用证金额上下浮动百分比，如“10/10”指允许最大 10%的上下浮动范围
O	39B	Maximum Credit Covered	信用证最高金额，不与 39A 同时出现。一般表示为 UP TO 或 MAXIMUM
O	39C	Additional Amounts Covered	信用证涉及的附加金额，如保险费、运费、利息等
M	41a	Available with…by…	兑用银行和方式
O	42C	Drafts at…	汇票期限，列明有即期或远期汇票；如未列明，则不要汇票
O	42a	Drawee	汇票付款人，与 42C 同时出现
O	42M	Mixed Payment Details	混合付款细节，指示混合付款的具体日期和确定方式
O	42P	Deferred Payment Details	延期付款指示
O	43P	Partial Shipments	分批装运条款
O	43T	Transhipment	转运条款
O	44A	Place of Taking in Charge /Dispatch from…/Place of Receipt	接管地/发运地/收货地
O	44E	Port of Loading/Airport of Departure	装运港/起飞空港
O	44F	Port of Discharge/Airport of Destination	卸货港/目的空港
O	44B	Place of Final Destination/For Transportation to…/Place of Delivery	最终目的地/转运至……/交货地
O	44C	Latest Date of Shipment	最迟装运期
O	44D	Shipment Period	装运期

（续表）

必选项/可选项（M/O）	代码（Tag）	项目（场）名称（Field Name）	项目（场）名称内涵
O	45A	Description of Goods and/or Service	货物和/或劳务描述
O	46A	Documents Required	单据要求，各种单据及要求都详细列明
O	47A	Additional Conditions	附加条款
O	71B	Charges	费用承担方式。若电文无此项目，表示由开证申请人承担；如有，则由受益人承担
O	48	Period for Presentation	交单期
M	49	Confirmation Instruction	保兑指示
O	53a	Reimbursement Bank	偿付行
O	78	Instruction to the Paying/Accepting/Negotiating Bank	给付款行/承兑行/议付行指示
O	57a	"Advice Through" Bank	收报行以外的通知银行。收报行以外的另一家银行转递、通知或保兑给受益人，在此项目下填写
O	72	Sender to Receiver Information	银行之间的附言，如PHONEBEN或 TELEBEN，意为电话或电传通知受益人

2. MT701 电文格式内容

当信用证的内容超过 MT700 电文格式的容量时，可以使用一个或几个（最多三个）MT701 电文格式传送跟单信用证条款。MT701 电文格式及内容如表 6-2 所示。

表 6-2　MT701 电文格式及内容

必选项/可选项（M/O）	代码（Tag）	项目（场）名称（Field Name）	项目（场）名称内涵
M	27	Sequence of Total	电文页次
M	20	Documentary Credit Number	跟单信用证号码
O	45A	Description of Goods and/or Service	货物和/或劳务描述
O	46B	Documents Required	单据要求
O	47A	Additional Conditions	附加条款

3. MT707 电文格式内容

当进出口商经过磋商同意修改信用证部分条款时，需要发送 MT707 和以前的电文一起组成新的信用证全部内容。MT707 电文可以由开证行发送给一家通知行，也可以由另一家通知行或转让行发送给一家通知行，用来通知收报行有关由发报行或第三家银行开立的跟单信用证条款修改内容的报文格式。MT707 电文格式及内容如表 6-3 所示。

表 6-3　MT707 电文格式及内容

必选项/可选项（M/O）	代码（Tag）	项目（场）名称（Field Name）	项目（场）名称内涵
M	20	Sender's Reference	发报行编号
M	21	Receiver's Reference	收报行编号
O	23	Issuing Bank's Reference	开证行编号
O	52a	Issuing Bank	开证行
O	31C	Date of Issue	开证日期
O	30	Date of Amendment	修改日期
O	26E	Number of Amendment	修改次数
M	59	Beneficiary	开证申请人
O	31E	New Date of Expiry	修改后的到期日
O	32B	Increase of Documentary Credit Amount	跟单信用证的增额
O	33B	Decrease of Documentary Credit Amount	跟单信用证的减额
O	34B	New Documentary Credit Amount after Amendment	修改后的信用证金额
O	39A	Percentage Credit Amount Tolerance	修改后的信用证金额伸缩幅度
O	39B	Maximum Credit Covered	修改后的信用证最高金额
O	39C	Additional Amounts Covered	附加金额
O	44A	Place of Taking in Charge /Dispatch from…/Place of Receipt	修改后的接管地/发运地/收货地
O	44E	Port of Loading/Airport of Departure	修改后的装运港/起飞空港
O	44F	Port of Discharge/Airport of Destination	修改后的卸货港/目的空港
O	44B	Place of Final Destination/For Transportation to…/Place of Delivery	修改后的最终目的地/转运至……/交货地
O	44C	Latest Date of Shipment	修改后的最迟装运期
O	44D	Shipment Period	修改后的装运期
O	79	Narrative	修改详述
O	72	Sender to Receiver Information	附言

6.3 信用证的种类

由于在国际贸易中采用信用证结算方式的交易不同，因此当事人对信用证的功能要求不一。银行为了满足客户的不同需求，逐步演化出功能、用途各异的多种信用证类型。根据不同的标准，信用证主要分为以下几种。

6.3.1 光票信用证和跟单信用证

根据是否附带商业单据，可将信用证分为光票信用证和跟单信用证。

1. 光票信用证

光票信用证（Clean Credit）是指仅凭受益人开具的不附货运单据的汇票或简单收据付款的信用证。光票信用证在贸易结算中起着预先支取货款的作用。光票信用证对进口商风险较大，现已很少使用，主要用于贸易从属费用、小额交易、对外加工装配业务和预付定金、支付佣金等的结算。

2. 跟单信用证

跟单信用证（Documentary Credit）是指凭附带货运单据的汇票（跟单汇票）或仅凭货运单据付款的信用证。货运单据主要是指代表货物所有权或表示货物已经装运的各种证明文件，如提单、保险单、商检证明、原产地证明书等。跟单信用证的核心是单据，它是银行处理信用证业务的基础和依据。银行通过控制物权单据来控制货物所有权，通过转移物权单据来转移货物所有权，根据单据提供信贷，担保付款。在国际贸易结算中所使用的信用证绝大部分是跟单信用证。

6.3.2 可撤销信用证和不可撤销信用证

根据是否可撤销，可将信用证分为可撤销信用证和不可撤销信用证。

1. 可撤销信用证

可撤销信用证（Revocable L/C）是不可撤销信用证的对称，是指开出信用证的银行有权在开出信用证后不必征得受益人（出口商）同意，即可片面地随时修改或撤销的信用证。按照国际惯例，银行开出可撤销信用证后，无论是修改条款还是撤销信用证，一般都应通知对方通知行，所以这种信用证虽然不一定都是限制议付的信用证，但事实上只有原通知行才敢议付，如通知行在收到修改或撤销通知之前，已按原开证条款议付了受益人提交的跟单汇票，则开证行仍应负责偿付。

由于这种信用证可由进口方单方面修改或撤销，实际上开证行并未提供真正的银行信用保证，所以出口商一般都不愿接受。

2. 不可撤销信用证

不可撤销信用证（Irrevocable L/C）是指开证行一经开出，在有效期内未经受益人或议付行等有关当事人同意，不得随意修改或撤销的信用证；只要受益人按该信用证规定提供了有关单据，开证行（或其指定的银行）就应保证付清货款。

UCP600 取消了可撤销信用证，因此，依照 UCP600 开立的信用证都是不可撤销信用证。我国的银行和外贸公司不接受或不办理可撤销信用证。

6.3.3 不保兑信用证和保兑信用证

根据是否加具保兑，可将信用证分为保兑信用证和不保兑信用证。

1. 保兑信用证

保兑信用证（Confirmed Credit）是指开出的信用证由另一银行保证对符合信用证条款规定的单据履行付款义务保证付款的信用证。因此，保兑信用证具有双重的银行保证。保兑的标志语句有“Irrevocable Confirmed Documentary Credit Advice”等。在通知行信用证通知书上有“通知行保兑”含义的选项前打 ×，如“As requested by the issuing bank ,we hereby add our confirmation to this credit in accordance with the stipulations under UCP600 article 8.” SWIFT 信用证上对应的代码为 49，项目（场）名称为“Confirmation Instructions”，注明 ADD；如不保兑，就注明“Without”。

2. 不保兑信用证

不保兑信用证（Unconfirmed Credit）是指只有开证行的付款保证，没有另一家银行承担保证兑付责任的信用证。事实上，在实务中对不保兑信用证的使用居多，大银行或资信状况良好的银行开出的信用证均是不保兑信用证，因为保兑行对信用证加具保兑要收取保兑费，还可能提出其他保兑条件，这些都可能增加进口商和出口商的经营成本。因此，如果开证行的资信良好，则信用证无须加具保兑。一般情况下，我国银行不对外开立保兑信用证，因为我国经营国际结算业务的银行均有足够的偿付能力，不需要其他银行保兑。

6.3.4 即期付款信用证、延期付款信用证、承兑信用证和议付信用证

根据兑付方式不同，可将信用证分为即期付款信用证、延期付款信用证、承兑信用证和议付信用证。常见的是即期付款信用证和议付信用证。UCP600 规定，每张信用证都必须明确兑付方式。

1. 即期付款信用证

即期付款信用证（Sight Payment Credit）是指开证行或指定银行收到相符交单后应该立即履行付款义务的信用证。这种信用证可要求或不要求汇票，如果要求汇票，则汇票上的付款人应是开证行或指定行，实务中通常不要求汇票。信用证的到期日视付款银行不同而不同。即期付款信用证的标志语句有“Available with issuing bank/the nominated bank by payment at sight”“Available×× by sight payment”“××by payment”等。

2．延期付款信用证

延期付款信用证（Deferred Payment Credit）是指开证行或指定银行收到相符交单若干天后再付款的信用证。此类信用证不要求远期汇票。简单来说，延期付款信用证就是远期付款且不用汇票的信用证。其付款期限一般是从提单日、装运日算起，或者从开证行或付款行收到单据的日期算起，或者是将来某一固定日期。延期付款信用证的标志语句有“Available by deferred payment at ×× days after date of or sight ××”等。

3．承兑信用证

承兑信用证（Acceptance Credit）是指开证行或指定银行收到相符交单后，先对远期汇票进行承兑，待该汇票到期后再付款的信用证。承兑信用证与延期付款信用证一样，都属于远期信用证，但承兑信用证要求远期汇票。承兑信用证的标志语句有“By acceptance of draft at ×× days after ×× sight”“By acceptance at ×× days after”等。SWIFT 信用证上对应的代码为 41D，项目（场）名称为“ACCEPTANCE”。

使用承兑信用证可使开证申请人和受益人各得其所：开证申请人获得了远期付款的融资；受益人因利用承兑信用证而满足了开证申请人延期付款的愿望，有助于成交，且受益人获得了银行承兑汇票，意味着获得了银行不可撤销的到期付款承诺，受益人还可将已承兑汇票贴现，提前收回款项。

4．议付信用证

根据 UCP600 第 2 条的规定，议付是指指定银行（或任意银行）在相符交单下，在获得偿付的那天或以前，向受益人预付并购买汇票及/或单据的行为。议付信用证（Negotiation Credit）是指开证行允许受益人向指定银行或任意银行进行交单议付的信用证。其标志语句有“Available with ×× by negotiation”等。SWIFT 信用证上对应的代码为 41D，项目（场）名称为“××BY NEGOTIATION”。

指定银行议付的信用证也称限制议付信用证，标志语句是“Negotiation Restricted to ××Bank”“Available With××Bank By Negotiation”。非指定银行不可以议付信用证，但可以寄单索汇，风险很大。

任意银行议付的信用证也称自由或公开议付信用证，标志语句是“Available with any bank by negotiation”“Freely or Open Negotiable Credit”等。

议付的实质是议付行垫款，因此议付行享有向受益人追偿的权力。议付可分为即期议付和远期议付。如果议付行即期议付相符交单，则扣除垫款利息（如美元垫款 15 ~ 16 天，按 LIBOR 算）及费用，将净款给受益人，然后向开证行寄单索偿（15 ~ 16 天后到账）。如果议付行远期议付相符交单，还要多收远期汇票期限的利息。

议付信用证可以要求汇票，也可以不要求汇票。如要求汇票（即期或远期），议付涉及信用证惯例和票据法；如不要求汇票，则议付行为缺乏票据法保护，议付行购买的只是单据，无法享有正当持票人应有的追索权。

6.3.5 可转让信用证和不可转让信用证

根据是否可以转让，可将信用证分为可转让信用证和不可转让信用证。

1. 可转让信用证

根据 UCP600 第 38 条的规定，可转让信用证（Transferable Credit）是指特别注明“可转让”字样的信用证。它是开证行授权指定的转让行在原证受益人（第一受益人）的要求下，将信用证的可执行权利（装运货物、交单取款的权利）全部或部分转让给一个或数个第三者（第二受益人）的信用证。若是自由议付信用证，则开证行应在信用证中明确指定一家转让行。信用证经转让后，即由第二受益人办理交货，但原证的受益人仍需负责买卖合同上卖方的责任。可转让信用证的业务流程如图 6-2 所示。

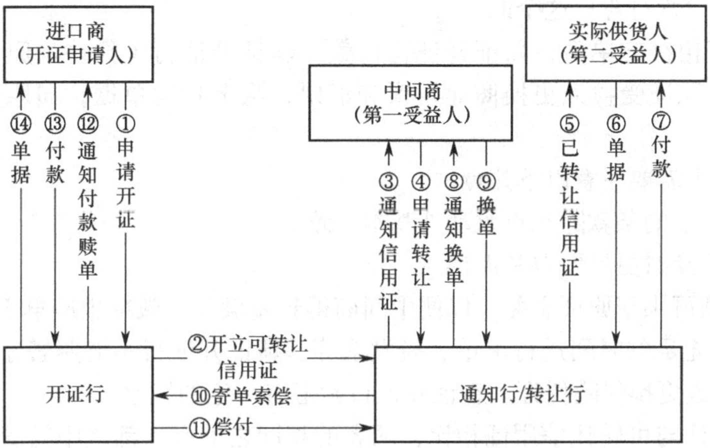

图 6-2　可转让信用证的业务流程

在国际贸易中，往往是中间商要求开立可转让信用证，然后将信用证转让给实际供货商。可转让信用证有中间商介入，原证受益人为第一受益人，新证受益人为第二受益人。办理转让的银行就是转让行。在不允许分批装运的情况下，可转让信用证只能一次全额转让给一个第二受益人。在允许分批装运的情况下，可将信用证金额转让给多个第二受益人。

可转让信用证新证与原证内容大体相同，特别是两证的最终付款行都是原证开证行，但也有少许区别：①原证中开证申请人为进口商，在新证中开证申请人替换为第一受益人；②信用证商品单价和总额减少，差额为第一受益人中间商的收入；③新证的保险投保比例增加，因为要达到原证保险总额，在新证总额减少的情况下只能提高投保比例；④装运期与有效期可提前，交单期可缩短，当出口商交单后转让行及时通知第一受益人（中间商），利用预留时间让其替换发票和汇票，也可受委托代理更换；⑤有效期到期地点可改为第二受益人所在地，方便在那里对其付款。

对中间商来说，可转让信用证可免开证程序，节省开证费用和开证保证金，还可转嫁拒付风险给第二受益人，所以比背对背信用证好。

2. 不可转让信用证

根据 UCP600 的规定，只有开证行在信用证中明确注明“可转让”字样的信用证才能转让，凡未注明的信用证都是不可转让信用证（Non-Transferable L/C），常见的信用证都是不可转让信用证。

6.3.6 背对背信用证和对开信用证

1. 背对背信用证

背对背信用证（Back to Back Credit）简称对背信用证，是为了满足外贸中间商的需求而产生的一种信用证。国外进口商开立以中间商为受益人（第一受益人）的信用证（原证、母证），中间商以该信用证做保证，请求通知行或其他银行对实际供货人（第二受益人）另开新证（子证或第二信用证），这个另开的新证就叫背对背信用证。原证继续有效，由新证开证行代中间商保管。因为交易中进口商与实际供货人（实际出口商）是互相隔绝、互不知情的，所以用"背对背"这个词。

实际出口商相符交单后，新证开证行付款。新证开证行（往往是原证通知行）立即要求中间商作为原证受益人更换商业发票和汇票，附上货运单据，向原证开证行相符交单索汇。

在实务操作中需要注意以下几点。

① 新证和原证的条款除几点改动外基本一致。

② 中间商要及时更换发票和汇票。

③ 新证金额可小于原证金额，以便中间商得到差额；有效期也应早于原证的有效期，使新证开证行有充足的时间进行审单、换发票等。新证开证行不能照搬原证的保险条款，应增加保险金额或更换保险凭证。新证开证行索汇有一定的风险。

背对背信用证与可转让信用证相比，两者的相同之处有：都是中间商使用的信用证，都存在第二受益人；费用都由第一受益人支付；中间商可以换发票，改变信用证的金额、单价、装运期和有效期。

但两者也有明显的不同。首先，可转让信用证在信用证上有明确的"可转让"字样；而背对背信用证在信用证上并无"背对背"字样。其次，可转让信用证的开立是原证进口商的旨意，而背对背信用证的开立是原证受益人的旨意。第三，背对背信用证和原证分别是两个独立的信用证，分别由两个不同的开证行保证付款；而可转让信用证和原证是一个信用证，由同一开证银行保证付款。最后，背对背信用证有两次独立的交单议付，而可转让信用证在一次装运的情况下，只能有一次交单议付。

背对背信用证的业务流程要比可转让信用证复杂，如图 6-3 所示，相应的费用也高。中间商一般都争取使用可转让信用证。

背对背信用证的业务流程说明如下。

① 中间商与出口商洽谈业务并签订合同。

② 中间商在与出口商确定合同之后，计算差价和利润，然后与进口商签订合同。

③ 中间商与出口商协商确定信用证格式，以便信用证的开出能得到双方的认可。

④ 中间商确定了信用证格式之后，将其交予进口商，让其以此样本格式申请开立母证。

⑤ 进口商根据信用证格式申请开立母证。

⑥ 在母证开出之前，开证行一定要与中间商进行充分的沟通，并严格遵照信用证格式中的相关条款，确定母、子证之间的时间关系；如必须修改的，需与出口商进行沟通确认，以保证开出信用证后不会存在不符合双方要求的情况。

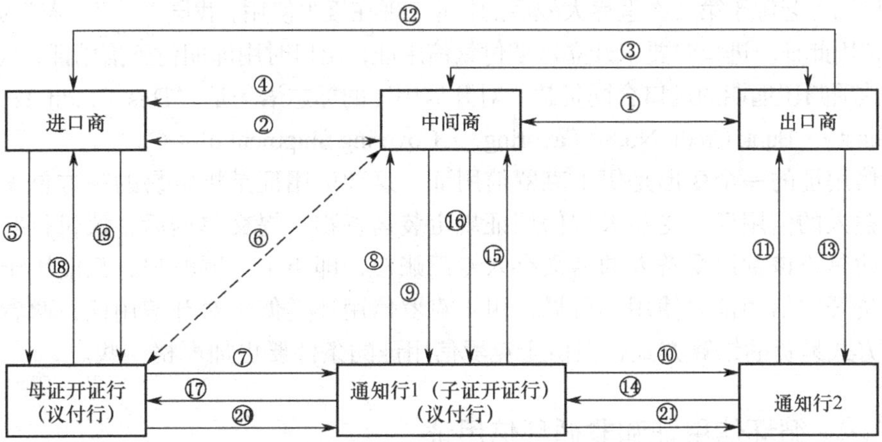

图 6-3　背对背信用证的业务流程

⑦ 母证开证行开出第一信用证（母证）。

⑧ 通知行 1 通知中间商母证已开出。

⑨ 中间商根据母证及格式，充分计算好时间差后，申请开立背对背信用证（子证）。

⑩ 通知行 1（子证开证行）开出背对背信用证，并交给出口商所在地的通知行 2。

⑪ 通知行 2 通知出口商背对背信用证（子证）。

⑫ 出口商根据合同条款和背对背信用证（子证）条款按时发货。

⑬ 出口商向通知行 2 提交信用证项下的货物单据。

⑭ 通知行 2 根据信用证条款及要求审核单据无误后，将相关文件传递至通知行 1。

⑮ 子证开证行接到通知行 2 传递的单据并审核无误之后，通知中间商。

⑯ 中间商在接到通知行 1 的到单通知后，根据与进口商的合同及信用证条款向议付行递交相关单据、银行汇票及付款指示。

⑰ 通知行 1（议付行）将收到的单据审核无误后，传递给母证开证行。

⑱ 母证开证行在接到通知行 1 传递的单据后，根据信用证项下的条款进行审核，审核无误后通知进口商到期付款。

⑲ 进口商确认单据后，向母证开证行递交承兑回复。

⑳ 母证开证行向通知行 1 开出承兑回复。

㉑ 通知行 1 对母证贴现后，向出口商通知行 2 付款。

2. 对开信用证

对开信用证（Reciprocal Credit）是由买卖双方的银行互相以对方为受益人开立的信用证。第一张信用证的受益人和开证申请人是第二张信用证的开证申请人和受益人，第一张信用证的通知行是第二张信用证的开证行。两个证可同时或先后开立，后开的证叫回证，金额与先开的证大致相等。两证可同时生效，即先开的一方要等到对方也开出信用证时一起生效，如“This credit shall not be available unless and until the reciprocal credit is established by ×× bank…”；也可分别生效，谁先开谁先生效，但后开出的一方往往要提供担保，以防其不开证。

对开信用证起源于第二次世界大战后的日本，现在极少使用，我国“三来一补”贸易和“易货贸易”常用此证。进口时要求开立远期付款信用证，出口时用即期付款信用证，届时可用出口所得的款项归还远期的进口合同货款。对开信用证的标志语句是“This Credit Is Reciprocal Credit Against ×× Bank Credit No.×× Favoring ×× Covering Shipment of ××”。

对开信用证的一个变形是伊士克罗信用证。这种信用证是指贸易的一方首先开出以另一方为受益人的信用证，受益人按信用证规定装运货物、提交单据后，议付行并不实际支付货款，而是将该款以受益人的名义存入专门账户，即伊士克罗账户，只能用于受益人向进口国购货开立信用证时使用。可见，伊士克罗信用证类似于对开信用证，两者都用于两国以现汇方式易货的结算方式，但伊士克罗信用证的条件要更加严格一些。

6.3.7 循环信用证和非循环信用证

按照信用证能使用的次数，可将信用证分为循环信用证和非循环信用证。如果信用证金额部分或全部被支用后仍可恢复到原金额继续使用，直到规定的次数或总金额用完为止，则称为循环信用证（Revolving Credit）。循环信用证以时间或金额为循环基础，通常按时间循环。

在进出口商双方就同一种商品进行长期交易、需均衡地分批装运货物的情况下，为减少开证手续费用和保证金，双方常常商定使用循环信用证。循环信用证包括循环基础、循环金额和循环方式三大要素，在信用证上必须明确显示，如“The Amount … is Revolving On a Monthly Basis For the First Time In ××, For the Last Time In ×× Maximum Amount Payable Under the Credit USD50 000”。

1. 循环基础

循环基础通常选择按时间循环。按金额循环的信用证是指金额被支用后恢复到原金额，用款次数无限制，在有效期内任何时候都能使用信用证金额，双方的责任无法估计，因此银行和买方都不愿开立这样的信用证。而按时间循环的信用证规定受益人在一定的时间间隔内，如每月（On a Monthly Basis），可循环使用信用证上规定的金额。

2. 循环金额

如规定自动恢复金额，则无论信用证有效期内是否用款，本期的可用金额就是循环金额。若上月未用的部分可加在本月继续使用，则称积累循环信用证，如“Cumulative operation from ×× to ×× inclusive up to USD50 000”；若上月未用部分注销了，不可顺延到本月使用，则称非积累循环信用证，如“Non-cumulative operation from ×× to ×× inclusive”。如未表明是积累循环还是非积累循环信用证，则认定是非积累循环信用证。

3. 循环方式

循环方式有自动循环、半自动循环和非自动循环三种。

（1）自动循环

自动循环是指无须开证行的同意，受益人在提示所规定的单据后，信用证便可恢复到原金额继续使用。例如，“The Credit shall be renewed automatically××”。

（2）半自动循环

半自动循环是指受益人提示单据议付后在若干天内没有收到银行发出的停止恢复的通知，信用证的金额才能恢复到原数。例如，“The Credit shall be automatically restored to the face amount unless Advising Bank is advised to the contrary with in two weeks××” “Should the negotiating bank not be advised of stopping renewal with in a week××”。

（3）非自动循环

非自动循环是指受益人每次议付单据后，都要等到开证行发出恢复通知后，才有权使用信用证的下一笔金额。在这种循环方式下，开证行可定期对开证申请人的资信状况进行评价，在进口商可能破产时，及时终止信用证的循环，最大限度地减少损失。例如，“The Credit shall be renewed ×× only upon receipt of Issuing Bank’s notice stating that the credit might be renewed”。

6.3.8 预支信用证

为了使受益人能在采购、制造直至装运前从通知行或保兑行获得资金融通，信用证加列了特别条款，规定受益人在装运货物或提交单据以前，可请求通知行预支全部或部分资金，在议付时予以扣除。这种开证行在信用证上加列条款，授权信用证的通知行或议付行提前向受益人支付货款的信用证称为预支信用证（Anticipatory Credit），也叫打包贷款信用证。预支信用证可分为全部预支信用证和部分预支信用证，其实质是出口商信用证融资。

1. 全部预支信用证

全部预支信用证的标志性语句有“...Draw in advance ...for amount up to 100% of the credit amount...”等。全部预支信用证的风险很大，目前已经很少使用。

2. 部分预支信用证

根据预付条件不同，可将部分预支信用证分为红条款信用证和绿条款信用证。

（1）红条款信用证

信用证上加列允许出口之前垫款的条款，用粗体红字注明以引人注意，即为红条款信用证（Red Clause Credit）。在实际业务中，红条款信用证上的条款未必为红色，但只要有表明预支货款的内容，即为红条款信用证。红条款信用证分为两种：开证行垫付和议付行垫付。茶叶和羊毛贸易经常使用该证，中国皮货交易最早也使用该证。红条款信用证的实质是货物供不应求，进口商不得不接受出口商的融资要求。使用这种信用证的最大风险是，受益人在预支了货款后却不发货和交单，因此进口商应充分了解出口商的信用，否则应拒绝在信用证上加列红条款。

开证行垫付的标志语句有“The issuing bank authorizes the Negotiating Bank to pay 60% of the amount of the credit in advance to the beneficiary ××”等，受益人必须出具相关承诺及预支收据。

议付行垫付的标志语句有“The issuing bank hereby authorizes the Negotiating Bank at their discretion to grant to you an advance to the extent of ××”等。此证在澳大利亚比较常见，缺点是垫款时间过长。为稳妥起见，银行要求：确认已订舱位，开航日期符合信用证规定；

出具仓库收据并已投保险；正本信用证由议付行保管。

（2）绿条款信用证

受益人在出口前开具汇票和仓单作为担保，请求预付垫款，即为绿条款信用证（Green Clause Credit）。绿条款信用证的内容和做法比红条款信用证更加严格，出口商须将预支资金所采购的货物，以银行的名义存放仓库，并将仓单交银行持有，以保证该预支金额按信用证规定使用。在实务中，如使用绿条款信用证，进口商须向开证行提供担保或抵押，由于一般预支的金额较高，因此信用证中必须有“绿条款信用证”的字样。

6.3.9 长期信用证、无效信用证和电子信用证

当贸易中的付款责任不能很容易地确定，并且根据事件性质和责任范围不可能很快计算出金额、数量，要等若干年后才能确定时，银行只能开出长期信用证（Evergreen Credit），或者叫按年更新信用证（Annually Renewable Credit）。

信用证中的某些条款会削弱信用证付款承诺，或者导致受益人不能正常履约、不能控制事件而削弱受益人地位，使付款受阻，这些条款被称为“软条款”，这样的信用证就是无效信用证（Inoperative Credit）。

电子信用证是依据 eUCP 中规定的格式，利用电子手段开立的信用证，或者叫网上信用证。电子信用证利用互联网通知，实行电子交单。

6.4 跟单信用证的业务流程

6.4.1 跟单信用证基本业务流程

跟单信用证的基本业务流程主要包括 12 个环节，如图 6-4 所示。

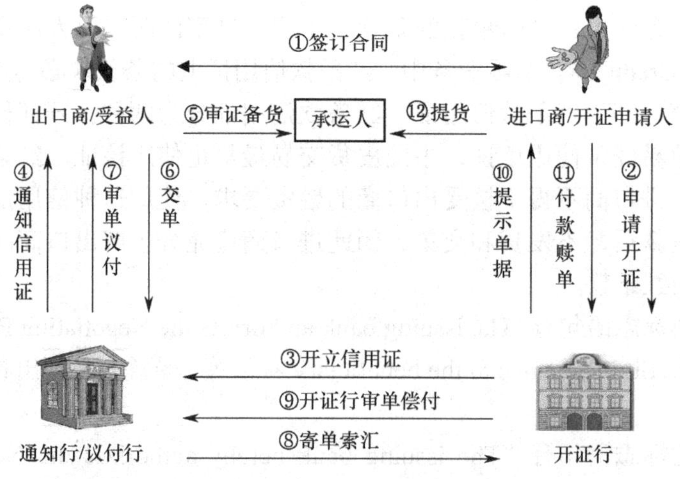

图 6-4 跟单信用证的基本业务流程

跟单信用证的基本业务流程说明如下。

① 进出口商贸易磋商，签订贸易合同。

② 进口商根据贸易合同填制开证申请书，向银行申请开证。

③ 开证行审核合格后开立信用证。

④ 通知行核实后填制信用证通知书，向出口商通知信用证。

⑤ 出口商审证并填制信用证分析单、备货。

⑥ 出口商发货后持全套单据及客户交单联系单到银行交单。

⑦ 议付行审单并填制审单记录表，单据符合信用证要求后，议付行垫付货款给出口商。

⑧ 议付行向开证行寄单索汇。

⑨ 开证行审核单据无误后向议付行偿付。

⑩ 开证行向进口商提示单据。

⑪ 进口商付款赎单。

⑫ 进口商凭单据向承运人提货。

6.4.2 跟单信用证业务操作实务

不同种类的信用证业务流程也不一样。常用的跟单信用证基本业务操作主要包含下面几个环节。

1. 进口商申请开证

进出口双方在货物买卖合同中确定采用信用证结算方式后，进口商就应按合同规定向进口地银行申请开立信用证。进口商应填写开证申请书，以作为银行开立信用证的依据。进口商在开证申请书中的有关指示应尽可能完整和明确，不应加注过多的细节。开证申请书有以下两部分内容。

（1）信用证的实质性内容

信用证的实质性内容是开证行凭信用证向出口商付款的依据。一般应明确以下内容：应被提示的单据、支付金额及方式、受益人名称及地址、信用证到期日或有效期、货物的描述、装运细节、是否需要保兑等。

（2）进口商的申明与保证

进口商对开证行的申明与保证用于明确双方的责任，一般包括以下几项。

① 进口商承认银行在进口商赎单以前，对单据及单据所代表的货物拥有所有权，必要时银行可以处置货物，以抵付进口商的欠款。

② 进口商承认银行有接受“表面上合格”的单据的权利，对于伪造的单据、货物与单据不符或货物中途遗失，银行概不负责。

③ 单据到达后，进口商有如期付款赎单的义务。

④ 进口商同意在电报传递中如有错误、遗漏或单据邮递遗失等，银行概不负责。

⑤ 进口商承担该信用证所需的一切国内外银行费用。

2. 开证行对外开立信用证

银行接到开证申请人完整、明确的指示后，应立即按指示开出信用证。开立信用证的银行即为开证行。开证行一旦开出信用证，在法律上就与开证申请人构成了开立信用证的权利与义务关系，开证申请书就成为两者之间的契约。同时，银行有权要求开证申请人缴纳一定金额的抵押金（开证保证金）。

开证行可以应开证申请人的要求采用信开或电开形式开立信用证。信开本信用证一般一式两份或两份以上，开证行以航空信函将其寄给出口商所在地的联行或代理行，要求该行通知或转递给出口商。信开本信用证有时也可以由开证行直接寄给出口商，甚至交由进口商寄给出口商，但这两种方法一般很少使用。开证行多采用电开形式开立信用证，即由开证行将信用证内容以加密押的电报或电传通知出口商所在地的联行或代理行，请其通知出口商。

开证行如果委托第三国银行代为付款，必须将信用证副本寄给付款行一份，以便付款行在接到单据后进行核对。

3. 信用证的通知和转递、保兑、修改

（1）信用证的通知和转递

出口地银行收到开证行开来的信用证后，应根据信用证的要求，将信用证通知或转递给出口商。

① 信用证的通知。信用证的通知是针对电开本信用证而言的。电开本信用证以通知行为收件人，通知行收到信用证并核押无误后，即以自己的通知书格式照录全文，通知受益人，办理这类业务的银行称为通知行。

② 信用证的转递。信开本信用证在寄送到出口地银行后，由银行核对印鉴，如果相符，银行只需将原信用证直接转给受益人（一般为出口商）即可。办理这种业务的银行称为转递行。

（2）信用证的保兑

受益人接到信用证后，如果认为开证行资信不好或对其资信不甚了解，可要求开证行找一家受益人熟悉的银行对信用证加以保兑。受开证行邀请，在信用证上加具“保兑”字样的银行称为保兑行。保兑行通常为出口地的通知行或其他信誉卓著的银行。

有时开证行在委托通知行通知信用证时，会同时要求通知行为信用证加具保兑。如果两家银行事先有约定或通知行同意，通知行即为保兑行。通知行或其他银行对信用证进行保兑后，便承担与开证行相同的责任。

（3）信用证的修改

信用证的修改是指对已开出的信用证的其中某些条款进行修改。开证申请人（进口商）或开证行因工作疏忽，或者应受益人（出口商）的要求，可能形成对信用证某些条款的修改。信用证的修改关系到信用证有关各方权利和义务的改变，因此，不可撤销信用证的任何修改都必须征得有关当事人的同意才能生效。如果受益人（出口商）审证合格，则不需要修改信用证；如果受益人（出口商）审证发现与合同不一致或存在不可接受的条款，应该及时联系进口商申请修改。当然，进口商也可独自申请修改。信用证修改应由开证申请人提出，由开证行修改，并经开证行、保兑行（如已保兑）和受益人同意，才能生效。

应用案例

及时修改信用证的重要性

某公司向美国出口女士上衣一批，合同规定绿色的 200 件，红色的 400 件。但是国外来证规定绿色的 400 件，红色的 200 件。该公司认为是银行误开，于是按照合同备货发运制单。单据送交银行，议付行审核后认为单证不符，拒绝议付。此时公司联系客户提出修改信用证，但为了避免迟期提单，只好冒险提表寄单，结果货款迟收了三个月，蒙受了利息和实价的损失。

思考：

（1）在本案例中，该公司的主要失误有哪些？

（2）在本案例中，你可以吸取的教训是什么？

【案例分析】

在本案例中，该公司的失误主要有以下两个。

（1）对信用证商品条款的明显错误没有提出修改，也没有向进口商申明，自认为是银行误开。

（2）单据缮制与信用证存在明显差异却没能引起注意。

在本案例中，可以吸取如下教训。

（1）本案例的主要问题在于当事人没有正确认识到信用证项下单据相符的重要性，以及信用证应以合同为基础开立等基本原则。

（2）出口商发现信用证与合同规定不符，应意识到可能给自己的发货和交单带来不便，因此，出口商应立即做出正确的行动：要求修改信用证，或者向开证申请人提出要求其接受瑕疵单据并向银行做出保证后，再制单向银行提交。

资料来源：华坚. 国际结算[M]. 北京：电子工业出版社，2011.

4. 议付与索汇

出口商收到信用证后，若与买卖合同核对无误，即可交货，并备齐信用证规定的全部单据，签发汇票，连同信用证在其有效期内送交通知行或与出口商有往来的其他银行要求议付。

（1）议付

接受出口商单据、汇票、信用证，审单后购进汇票及所附单据的银行叫作议付行，它可能是通知行、转递行、保兑行等，也可能是另外的银行。议付行持有汇票即成为正当持票人，对前手背书人和出票人拥有追索权。

议付的程序是：议付行将出口商交来的全套单据与信用证内容进行核对，若单证、单单表面相符，议付行则将汇票金额扣除自议付日至估计收到票款日的利息和手续费后的余额付给出口商。议付后，议付行留下汇票和单据，在对信用证做批注后将其退还给出口商。

（2）索汇

议付行议付单据后，应在信用证背面进行批注，防止重复议付。若是承兑或付款，同样要批注。批注后将信用证退还给出口商，议付行复印信用证留底，然后按信用证要求将单据一次或分次寄开证行索汇。

如果信用证规定汇票以开证行或进口商为付款人，同时又规定议付行向第三国银行索偿，则第三国银行就是偿付行。在这种情况下，议付行议付后，应一方面把单据寄给开证行，另一方面再开立以偿付行为付款人的汇票，并直接寄偿付行索汇。

开证行收到议付行的单据后，与信用证内容进行核对。如果单证相符，则将票款偿还议付行；如果单证不符，开证行可拒绝付款，但应以最迅速的方式立即通知议付行。

开证行可以在信用证中规定议付行的索汇方式，即偿付条款。偿付条款一般有 4 类：单到付款、主动贷记、授权借记、向偿付行索汇。

5．进口商付款赎单

开证行将票款拨还议付行后应立即通知进口商备款赎单。如果单证相符，进口商就应将开证行所垫票款付清，取得单据。如果进口商发现单证不符，也可以拒绝赎单，此时开证行就会遭受损失，它不能向议付行要求退款，即无追索权。

进口商付款赎单后即可凭货运单据提货。若发现货物与合同不符，不能向开证行提出赔偿要求，只能向出口商索赔，也可以进行仲裁或诉讼。

6.5 信用证的风险和防范

信用证结算方式是在托收方式的基础上演变而来的一种比较完善的逆汇形式。信用证把托收方式由进口商履行跟单汇票的付款责任转为银行履行，对出口商收回货款有了更大的保障。而对进口商来说，只有当单据符合信用证条款时才付款赎单，所以进口商可以利用信用证条款来对出口商提供的货物的品质、数量进行控制。由于信用证结算方式能保证进出口双方的货款或单据不致落空，同时又能使双方在资金融通上得到便利，所以一般来说它比汇款、托收结算方式更容易被进出口双方所接受。但是信用证结算方式对进出口双方及银行各方来说仍存在一定的风险。

6.5.1 信用证的风险

1．进口商面临的风险

（1）伪造单据

伪造单据是指出口商通过提交伪造的单据，实际没有交货，或者交了毫无价值的货物骗取进口商货款。由于信用证方式是“纯单据业务”，银行只审查受益人提交的单据是否与信用证条款规定“表面上”相符，以决定是否履行付款责任，而不管实际货物。因此，受益人如果变造单据使之与信用证条款相符，甚至制作假单据，也可从银行取得货款，而进口商也会由于单证相符而付款给开证行，从而成为欺诈行为的受害者，钱货两空。

（2）货物实质不符

进口商收到的货物可能迟装、短装或质量低劣，致使其无法按照预期出售货物而蒙受损失，特别是在成组化运输形式中，即出口商把货物装在托盘或集装箱中，组成较大的装卸单位以提高装卸效率，承运人对箱内是什么货物、货物是否完好都不负责，于是一些与合同不符的货物也可能通过成组化运输形式瞒天过海。在实际贸易中，发生过进口设备缺乏主要零部件，进口货物实为垃圾、危险品，使进口商受骗上当的案例，其中大多数都是采用成组化运输形式装运的。

（3）提货担保中的风险

有时进口商尚未收到信用证项下单据，就已经得到通知到货了，这时进口商如不及时提货，将面临滞期罚款风险，此时进口商只好请求开证行担保提货，开证行会要求进口商提供书面保证，保证不论对方银行寄来的单据是否与信用证相符，都得对外付款，也就是说进口商即使发现货物有问题也不能拒付。在这种情况下，进口商就会面临接受不符单据的风险。

2．出口商面临的风险

（1）进口商不按合同规定开证

信用证是银行根据开证申请人（进口商）的要求或指示开立的，信用证的条款应与买卖合同一致。但在实际业务中，进口商不依照合同开证，从而使合同的执行发生困难，或者使出口商遭受额外损失的情况很多见。例如，进口商不按期开证或不开证；进口商在信用证中变更一些条件或增加对其有利的条款，以达到企图变更合同的目的等。

（2）进口商伪造信用证诈骗

有些进口商会伪造信用证。例如，窃取其他银行已印好的空白格式信用证或与已倒闭或濒临破产的银行的职员恶意串通，开出信用证；将过期失效的信用证恶意涂改；变更原证的金额、装船期和受益人名称；伪造保兑信用证，即进口商在提供假信用证的基础上，为获得出口方的信任，蓄意伪造国际大银行的保兑函。出口商如果警惕性不高，很可能钱货两空。

（3）开证行的信用风险

信用证作为一种银行信用，在受益人提交了与信用条款完全一致的单据的情况下，开证行对之承担首要的付款责任。在实际外贸业务中，由于开证行信用较差所导致的收汇困难也不乏其例，开证行能否付款还会遇到进口国家或政府管制的风险，如进口国家国际收支困难、缺乏外汇储备、阻碍开证行支付货款外汇或延误支付。

（4）进口商故意设置“软条款”

信用证中的“软条款”，是指开证申请人（进口商）在信用证中设置的，会导致受益人贸易地位丧失、安全收汇受到威胁，而给进口商带来交易主动权或骗取货物及预付款项的利益，具有极大隐蔽性的条款。常见的“软条款”有以下几种。

① 开证申请人（买方）通知船公司、船名、装船日期、目的港、验货人等之后，受益人才能装船。此条款使卖方装船完全由买方控制。

② 信用证开出后暂不生效，待进口许可证签发后通知生效，或者待货样经申请人确认后生效。此类条款使出口货物能否装运完全取决于进口商，出口商则处于被动地位。出口商见信用证才能投产，生产难安排，装期紧，出运有困难。

③ 信用证到期地点在开证行所在国，有效期以开证行所在国的时间为准，使卖方延误寄单，单据寄到开证行时已过议付有效期。

3. 银行面临的风险

作为承担第一性付款责任的开证行在信用证业务中可能遇到的风险主要有以下两种。

（1）开证申请人由于种种原因不付款赎单

信用证开证时，开证申请人并不需要向开证行交清全部货款，只需交纳一定金额的保证金，而且保证金所占开证金额的比例较小，因而实际是由银行垫付大部分资金。当信用证到期，如果开证申请人无力支付或由于其他原因不支付银行垫款，银行的垫款将难以收回。

（2）申请人与受益人勾结进行欺诈

申请人伪造进口合同骗取银行开证，受益人伪造单据骗取银行付款，开证行将受到损失。开证行指定的付款行也可能承担一定的风险。

6.5.2 信用证风险的防范

1. 信用证业务中进口商风险防范

（1）对出口商资信进行调查

进口商一定要加强对出口商的信用调查，同时选择信用良好的运输单位和质检部门，以降低出口商伪造单据的风险。

（2）确保装运的是合同所订的货物

进口商可以请独立的有专业资质的检验公司实施装船预检、监造和监装、签发装船证明等，这是防止国际贸易中出口商进行诈骗的有效方法。在我国的进口业务中，进口重要商品或大型成套设备时，应指定由中国商检部门或中国商检部门委托的国外公证部门对商品实施装船前的检验和监装。

（3）认真审查出口商提交的单据

进口商收到银行转来的各种单据后，要由有经验的人员对单据的真伪进行鉴别，以降低出口商伪造单据的风险。如果单据有可疑之处，应致电核实，单据核查属实后再付款，否则进口商应立即通知银行，冻结资金，拒绝付款。

2. 信用证业务中出口商风险防范

（1）认真订立买卖合同，并预先在买卖合同中明确规定信用证内容

在信用证结算业务中，合同是信用证的基础。因此，出口商应预先在买卖合同中对信用证的内容做出明确规定，以免进口商不依照合同开证及日后发生争议。

（2）深入了解进口商的资信

在出口贸易中，出口商不能急于求成，贸然与一些资信不明的新贸易伙伴进行经贸活动，应对对方的资信进行调查。出口商可以通过驻外领事馆、驻外机构和一些大的银行、咨询机构来对进口商的资信进行调查。

（3）加强对开证行的资信调查

信用证属于银行信用，开证行以自己的信用作为保证，因此开证行的信用至关重要。在实际业务中，有一些资信不良的小银行与进口商勾结开出信用证后，又以各种理由拒绝付款，使出口商遭受损失。为防范这一风险，出口商应事先了解进口商所在国家或地区的经济、金融状况及当地银行信用证业务的做法。在签订合同时具体规定信用证的开证行，

并要求由开证行以外的另一家银行对该证进行保兑。

（4）认真审查信用证

为确保信用证中无“陷阱条款”和“软条款”，出口商接到信用证后要对信用证进行认真审查。审查内容主要有两方面。一方面是审核信用证的内容是否与合同一致，是否有出口商履约困难的“陷阱条款”，是否有主动权不在自己手中的“软条款”等，若有这方面的问题，出口商应立即要求进口商修改或删除这些条款。另一方面是审查信用证的真伪、开证行的信用、信用证的种类等。在实际业务中，出口商可以向通知行落实此方面的情况，还可以要求对方请自己较熟悉或资信较好的银行对信用证加具保兑。

（5）认真缮制单据

制作并提交与信用证要求完全相符的单据是出口商获得货款的前提条件。因此，出口商应严格按照信用证要求缮制各种单据，并严把单据质量关，确保提交单据的种类及其内容表述与信用证规定完全一致，以便按期结汇。

3．信用证业务中银行风险防范

（1）充分调查开证申请人的资信状况

银行应审查开证申请人提交的营业执照副本及其复印件、验资、年检报告、资产负债表、会计报表、损益表等。银行据此分析开证申请人的资信状况、业务经营情况和偿付能力，并据以核定开立信用证的最大授信额度。所谓审查基本情况和资信状况，并非只是通常意义上的对开证申请人提交的有关书面文件进行审查，还应加强对开证申请人公司的实地调查，防止开证申请人以虚假的资信文件对银行进行欺诈。

另外，开证行应要求开证申请人开立限制议付的信用证，即只能由开证行或付款行来对其所开立的信用证进行议付，其他银行不能议付单据，这样可防止单据作假行为。

（2）从法律上规范并完善整个信用证业务的手续

根据中国人民银行的有关规定，商业银行办理远期信用证业务实行保证金制度，对保证金必须实施专户管理，不得提前支取或挪作他用。为非授信企业开立信用证，保证金的收取比例不得低于开证金额的20%，其余部分要落实担保措施。

法律之所以规定对于开立信用证要求落实足额保证金或采取其他具有同等效力的担保措施，其目的就在于有效地防范银行风险，避免银行可能遭到的损失。因此，银行应要求开证申请人提供多种担保措施，并予以落实。对开证申请人提供担保的保证人必须具有良好的资信状况和偿付能力。

拓展实训

模拟信用证业务流程

湖北襄阳弘源盛工艺品有限公司与葡萄牙卢卡斯·法尔考公司于2021年5月21日以形式发票（P/INO.PI-080521）的方式签订了一批圣诞礼物（马槽）供货合同，利用石膏等原料制作马槽，圣诞礼品（马槽）成交价格为USD 2.01 PER PC.FOB WUHAN，数量1万件。溢短装条款为5%，8月10日为最迟装船期，不许分批装运，可经过鹿特丹或阿尔及希拉斯转运到雷克索斯港。约定采用即期付款信用证结算，规定进口商于形式发票签订后10日内办好开证事项，规定信用证8月25日在中国到期。下面是出口商收到的信用证正本，信用证正本上面盖有中国银行 SWIFT 专有通知章，并手写通知编号“弘源盛，AD61E08Y00093”。

```
2021MAY30 09:31:40                                      LOGICAL TERMINAL XY01
MT S700            ISSUE OF A DOCUMENTARY CREDIT             PAGE 00001
                                                          FUNC HBXYPR01
MSGACK DWS7651 AUTH OK,KEY DIGEST,BKCHCNBJ BNIFPTPL RECORD
BASIC HEADER          F 01 BKCHCNBJA61E 1630 248106
APPLICATION HEADER O 700 0911 080527 BNIFPTPLAXXX 5129 105637 080527 1640N
                               *BANIF-BANKO INTERNACIONAL DO
                               *FUNCHAL,S.A.
                               *LISBON
USER HEADER            SERVICE CODE        103:
                       BANK.PRIORITY       113:HBTR
                       MSG USER REF.       108:HBTX03
                       ONFO.FROM CI        115:
SEQUENCE OF TOTAL      *27:1/1
FORM OF DOC.CREDIT *40A:irrevocable
DOC.CREDIT NO.         *20:CIL5004378R
DATE OF ISSUE          31c:210526
APPLICABLE RULERS      *40E:UCP LATEST VERSION
EXPIRY                 *31D:DATE210825 PLACE CHINA
APPLICANT              *50:LOUCAS FALCAO LDA
                           GANDARINHA,GALEGOS S. MARTINHO
                           4750-484 BARCELOS
                           PORTUGAL
BENEFICIARY            *59:XIANGYANG HORIZON GRAFT CO LTD
                           NO.188 EAST CHUNYUAN ROAD
                           XIANGYANG HUBEI
                           CHINA
AMOUNT                 *32B:CURRENCY USD AMOUNT 20100,00
POS./NEG. TOL.[%]      *39A:05/05
AVAILABLE WITH/BY      *41A:BNIFPTPLA×××
                           *BANIF-BANKO INTERNACIONAL DO
                           *FUNCHAL,S.A.
                           *LISBON
                          BY PAYMENT
PARTIAL SHIPMENTS      43P:NOT ALLOWED
```

TRANSHIPMENT	43T:ALLOWED
PORT OF LOADING/AIRPORT OF DEPARTURE	44E:WUHAN,CHINA
PORT OF DISCHARGE/AIRPORT OF DESTINATION	44F:LEIXOES,PORTUYAL VIA ROTTERDAM OR ALGECIRAS
LATEST DATE OF SHIP.	44C:210810
DESCRIPT.OF GOODS	45A: +CHRISTMAS GIFTS,BEING ABOUT QUANTITIES DESCRIBED ON P/I NO.PI-080521.FOB WUHAN VALUE
DOCUMENTS REQUIRED	46A: +FULL SET OF CLEAN ON BOARD MARINE B/L FAR EAST CARGO LINE ISSUED BY CARGI SERVICE [CHINA],LTD,TO THE ORDER OF BANIF-BANKO INTERNACIONAL DO FUNCHAL, QUOTING OUR L/C CIL5004378R,NOTIFYING APPLICANT, +SIGNED COMMERCIAL INVOICE IN 5 FOLDS +PACKING LIST [4 COPIES] +CERTIFACATE OF ORIGIN CHINA GSP FORM A [ORIGINAL+1 COPY]
ADDITIONAL COND.	47A: +YOUR HUBEI BRANCH +5 PCT TOLERANCE AS IN AMOUNT AS IN QUANTITIES +BENEFICIARY'S ACCOUNT NO.:1994068808810001 +FOR EACH SET OF DISCREPANT DOCUMENTS PRESENTED, A DISCREPANCY FEE EQUIVALENT TO EUR60,50 WILL BE DEDUCTED FROM PROCEEDS +ADDITIONS,CORRECTIONS,ERASURES,AMENDMENTS MUST BE DULY STAMPED AND INITIALLED BY THE PARTY / AUTHORITY ISSUING THE DOCUMENTS IN QUESTION +YOUR ADVISING /CONFIRMING COMMISSION OR OTHER BANK CHARGES ARE FOR BENEFICIARY'S ACCOUNT.PLEASE COLLECT YOUR CHARGES BEFORE RELEASE THE ORIGINAL OF THIS LETTER OF CREDIT TO THE BENEFICIARY.ALL DOCUMENTS MUST BE ISSUED IN ENGLISH LANGUAGE
DETAILS OF CHARGES	71B:ALL FOREIGN BANK CHARGES ARE FOR THE AC COUNT OF THE BENEFICIARY.
PRESENTATION PERIOD	48:DOCUMENTS MUST BE PRESENTED WITHIN 15 DAYS FROM SHIPPING DOCUMENT DATE AND WITHIN THE VALIDITY OF THE L/C

CONFIRMATION	49:WITHOUT
INSTRUCTIONS	78:FOR YOUR COMPLING PRESENTATION PAYMENTS,WE SHALL COVER YOU,AS PER YOUR INSTRUCTIONS,FOUR WORKING DAYS AFTER RECEIPT OF DOCUMENTS IN GOOD ORDER AT OUR COUNTERS
SEND. TO REC. INFO. 72	:PLEASE FORWARD ALL DOCUMENTS DIRECTLY TO THE FOLLOWING ADDRESS: BANIF-BANKO INTERNACIONAL DO FUNCHAL,S.A. AVENIDA JOSE MALHOA,NO.22 1099-012 LISBOA
TRAILER	ORDER IS <MAC:><PAC:><ENC:><CHK:><TNG:><PDE:> MAC:36F2FD39 CHK:6089BF30B687 A-FM BHCHCNBJAXXX 0805271641 BHCHCNBJA600 20080529

实训任务 1：出口信用证业务流程模拟

提示：要求班级分组，每 6 人一组，各组设组长 1 名，担任模拟导演，其他成员分别担任进口商、出口商、开证行、通知行、审单行、快递公司、货代或船公司、商检局、海关等角色。利用商务实训教室，模拟从商务谈判到交单索汇的全部信用证业务流程。由教师和组长组成评委组，给各组评判打分，记入课程总成绩。

实训步骤：

（1）教师分组，导演分配组员角色，布置场景，落实角色标牌。

（2）熟悉信用证业务流程，准备合同、信用证、单据、各种印章。

（3）将信用证业务流程分成多个环节，按相应的数量和场景排演。

（4）每组上台进行沙盘演练，由教师和组长组成评委组，给各组评判打分，记入课程总成绩。

（5）每组递交总结报告。

实训任务 2：外销员审证

提示：要求班级分组，每组作为一个团体审证，提交 1 份信用证分析单。小组成员分工协作，翻译信用证，分析信用证条款，填写信用证分析单。组长组织小组成员讨论，形成信用证分析结果。由教师和组长组成评委组，给各组评判打分，记入课程总成绩。

实训步骤：

（1）组长把信用证内容分割，为每个组员分配任务，把信用证从头到尾翻译一遍。

（2）组长把信用证内容分割，为每个组员分配任务，把信用证各个条款分析清楚。

（3）组长主持讨论会，审查分析信用证和合同的一致性，以及有无“软条款”。

（4）填写信用证分析单，每组上交 1 份。

（5）由教师和组长组成评委组，给各组评判打分，记入课程总成绩。

实训任务 3：银行审单及寄单索汇

提示：组长把信用证所要求的单据分配给每个扮演对应角色的组员去制作。例如，扮演船公司的组员制作提单；扮演出口商的组员制作发票和装箱单；扮演商检部门的组员制作产地证书。单据制作后要盖章签字、背书等。

实训步骤：

（1）组长为每个组员分配任务，共同完成制单、盖章签字、背书等任务。

（2）填写交单联系单。

（3）到银行交单。

（4）银行人员审单。

（5）银行联系进口商改单。

（6）确认相符交单，制作寄单面函。

（7）通知快递公司办理寄单手续，寄单索汇。

（8）由教师和组长组成评委组，给各组评判打分，记入课程总成绩。

复习思考题

一、判断题

1. 信用证的开立说明开证行接受了开证申请人的要求，因此，可以说信用证体现了开证行与开证申请人之间的合同关系。（　　）

2. 跟单信用证业务中使用的是受益人出具的商业汇票，因此可以说，跟单信用证的结算基础是商业信用。（　　）

3. 银行开立信用证是以自己的信用为申请人向受益人做出的有条件的付款保证，越是资信良好的银行，其开立的信用证越容易被受益人接受。（　　）

4. 对开信用证的两证金额必然相等。（　　）

5. 可转让信用证经转让后，由于真正的出口业务已由第二受益人承担，因此第一受益人在转让信用证后就解除了对该信用证的责任。（　　）

6. 信用证修改书只有在受益人接受后才能生效。（　　）

7. 通知行要想了解信用证的条款是否完整，应将信用证与凭以开立的贸易合同进行全面的核对。（　　）

8. 通知行如选择通知信用证，就必须合理谨慎地验核信用证的表面真实性。（　　）

9. 保兑行只是接受开证行的请求，对其开立的信用证加具保兑，因此，其付款责任只在开证行未能如约履行付款责任时才予以承担。（　　）

10. 信用证通常都有最迟装船期和信用证有效期的规定。在信用证未规定最迟装船期的情况下，信用证的有效期被认为是最迟装船期。（　　）

二、单选题

1. 下列当事人中，（　　）是信用证的第一付款人。

A．开证行　　B．议付行　　C．开证申请人　　D．通知行

2．信用证受益人审查信用证的重点是（　　）。

A．信用证的可信度　　B．开证行的资信

C．信用证内容与合同内容是否一致　　D．开证行的政治背景

3．信用证业务中的“严格相符”是指（　　）相符。

A．信用证与贸易合同　　B．信用证与相关货物

C．单据与信用证　　D．单据与货物

4．在信用证业务中，银行的办理原则是（　　）。

A．只看单据不看货物　　B．只看货物不看单据

C．既看货物也看单据　　D．审核单据与货物是否相符

5．在下列结算方式中，（　　）信用证方式可以不使用汇票。

A．即期付款　　B．远期付款　　C．预支　　D．备用

6．（　　）是在信用证业务中负责向受益人传递信用证并证实信用证的真实性，但不承担其他责任的银行。

A．开证行　　B．通知行　　C．保兑行　　D．议付行

三、多选题

1．采用信用证结算方式时，银行拒付的理由只能是（　　）。

A．单单不符　　B．信用证与合同不符　　C．货物与合同不符

D．货物与信用证不符　　E．单证不符

2．通知行是受开证行的委托，将信用证转交出口方的银行，其责任是（　　）。

A．在不可撤销信用证项下，只要受益人提交了与信用证规定相符的单据，即构成其付款责任

B．接到信用证后，证实信用证的真实性、完整性，并应开证行要求，将信用证及时、准确地通知受益人

C．可以自行决定是否通知信用证；若不准备通知，应及时通知开证行

D．对信用证条款不完整、密押不符的，要及时与开证行联系

E．对于信用证要求加具保兑的，可以做出自己的决定，但应将其决定及时通知开证行

3．只要单证相符，信用证开证行（　　）。

A．必须承担第一性的付款责任

B．在申请人付款的情况下，对外履行付款责任

C．在申请人不付款的情况下，可不对外付款

D．在申请人不付款的情况下，必须对外付款

4．下列关于信用证当事人的表述正确的是（　　）。

A．信用证通知行有权拒绝通知信用证，但应毫不迟延地通知开证行

B．信用证保兑行有权拒绝保兑信用证，但应毫不迟延地通知开证行

C．信用证议付行有权拒绝议付信用证项下的单据

D．信用证开证行有权拒付单证不符的单据

5．信用证开立的形式主要有（　　）。

A．信开证　　B．证实书　　C．电开证　　D．简电开证

6．可转让信用证的新证与原证在下述（　　）方面有所不同。

A．申请人　　B．货物单价　　C．信用证金额　　D．投保比例

E．有效期　　F．最迟装运期　　G．最后交单期

7．由中间商作为中介达成的交易，在结算时一般使用（　　）。

A．可转让信用证　　B．对开信用证

C．预支信用证　　D．背对背信用证

8．开证行在拒付时，应承担的责任是（　　）。

A．说明拒付原因，指出单据不符点　　B．保管好单据

C．保管好货物　　D．用快捷方式通知议付行　　E．通知受益人

9．跟单信用证的作用有（　　）。

A．保证出口商安全收款　　B．保证进口商安全收货

C．银行为进出口商提供资金融通　　D．银行只管货物不管单据

四、简答题

1．简述信用证的性质。

2．简述信用证业务的基本环节。

3．开证行的主要权利和义务有哪些？

4．在信用证业务中，出口商面临的风险有哪些？

5．背对背信用证的定义是什么？

五、案例分析题

1．上海大众食品公司出口黑龙江大豆 5 000 吨至朝鲜，双方约定采用信用证方式结算。于是，朝鲜客商要求朝鲜外贸银行开出不可撤销信用证一份，该不可撤销信用证的受益人为上海大众食品公司，开证申请人为朝鲜客商，开证行为朝鲜外贸银行，议付行则为上海大同银行。信用证的有效期至 2022 年 5 月 30 日，货物的装运期为 2022 年 5 月 15 日。2022 年 4 月，朝鲜客商通过朝鲜外贸银行发来修改电文一份，要求货物分两批分别于 5 月 15 日、5 月 30 日出运，信用证的有效期展延至 6 月 15 日。上海大同银行在第一时间将信用证修改通知了受益人。5 月 30 日，上海大众食品公司将 5 000 吨黑龙江大豆装船出运，在备齐了信用证要求的所有单据后，于 6 月 3 日向上海大同银行要求议付。上海大同银行审单后拒绝对其付款。

分析：上海大同银行审单后拒绝对上海大众食品公司付款的行为是否正确？为什么？

2．某保兑信用证的受益人向保兑行提交了全套符合信用证规定的单据，要求付款。保兑行称，应先向开证行提示单据要求付款；只有在开证行不能付款的情况下保兑行才予以付款。

分析：保兑行的这一解释是否正确？你的判断依据是什么？

3. 我国某银行收到国外发来的信用证，证中有下述条款：①检验证书于货物装运前开立并由开证申请人授权的签字人签字，该签字必须由开证行检验；②货物只能在开证申请人指定船只并由开证行给通知行加押修改后装运，而该加押修改必须随同正本单据提交议付。

分析：该信用证能否接受？为什么？

4. 我国某出口商向日本出口一批货物，2022 年 4 月 20 日由日本东京银行开来不可撤销的即期跟单信用证，金额为 50 000 美元，装运期为 2022 年 5 月，证中规定偿付行为 Citibank New York。2022 年 4 月底，出口商获悉，进口商因资金问题濒临破产。

分析：出口商应如何处理这一情况？

第7章 其他国际结算方式：银行保函与备用信用证

本章学习目标

1. 掌握银行保函的定义、作用和内容，理解银行保函各当事人之间的关系。
2. 掌握银行保函的开立程序和业务处理流程。
3. 掌握银行保函的种类。
4. 掌握备用信用证的定义、特点和作用。

本章重点

- 银行保函各当事人之间的关系。
- 银行保函的开立程序和业务处理流程。
- 备用信用证的定义、特点和作用。

本章难点

- 银行保函的开立程序和业务处理流程。

引导案例

担保行拒不履行保函义务

意大利A银行于2021年6月15日开立了一份见索即付保函，受益人为中国B公司，申请人为意大利C公司。该保函适用国际商会《见索即付保函统一规则》（URDG 458）。

由于C公司提供的生产线存在质量问题，且经要求后仍未能妥善解决，受益人中国B公司于2021年8月6日向意大利A银行发出了保函项下的索偿通知。意大利A银行于2021年9月13日发来电文，告知由于意大利C公司在意大利法院申请了保全措施，故而无法支付该保函项下款项。后受益人中国B公司委托律师和商会与意大利A银行反复交涉，指出根据意大利《民事诉讼法》第669条，凡申请诉前保全措施者，须在申请之日起30天内提起正式诉讼，否则有关当事人可以申请撤销保全裁定。但是，直至2022年5月19日，意大利A银行仍声称法院止付令有效，无法付款，但拒不提供法院止付令或其向法院提出合理抗辩的任何证据。

【案例分析】

在本案中，受益人中国B公司于2021年8月6日索偿，而意大利A银行于2021年9月13日才发来关于法院止付的通知，早已超出了银行处理保函索偿的合理时间，其间显然存在应申请人要求暂停付款、等候法院止付令的重大嫌疑。

此外，且不说意大利法院止付令本身违反了保函独立性原则，不符合国际通行做法，即使根据意大利法律，意大利A银行也可以在30天后申请撤销止付令。但意大利A银行不但没有主动这样做，在受益人中国B公司明确指出其采取行动的权利后，仍然声称止付令有效，而且拒不提供任何证据。可见意大利A银行不履行保函责任，根本原因不在于法院止付令，而在于其意图片面维护本国申请人的不当利益，无视其国际义务，损害别国受益人的合法权益。

银行保函是银行根据申请人的请求向受益人开立的，担保在申请人未能按双方协议履行其责任或义务时，担保行代其履行一定金额、一定期限范围内的某种支付责任或经济赔偿责任。因此，保函本身的真实性、有效性直接影响受益人的权益。此外，即使是真实有效的保函，还有一个重要因素也会直接影响受益人能否得到相应的保障——担保行的资信。因此，受益人在接受保函时，除了对保函签章的真实性、担保期限、担保责任、索偿条件和办法进行仔细审核，还要了解担保行的资信和一贯的商业作风。如果发现担保行资信存在问题，应该及时要求申请人提供其他资信较高的银行出具保函，从而切实保障自身的权益。

7.1 银行保函

在国际经济贸易中，合同当事人为了维护自己的经济利益，往往需要对可能发生的风险采取相应的预防措施，银行保函和备用信用证就是以银行信用的形式所提供的预防措施。

7.1.1 银行保函的定义

银行保函（Letter of Guarantee，L/G，以下简称保函），又称银行保证书，是指银行应申请人或委托人的要求向受益人开出的，担保申请人一定履行某种责任和义务，并在申请人未能按规定履行其责任和义务时，由担保行代其支付一定金额或做出一定经济赔偿的书面文件。保函属于银行信用，其示例如图7-1所示。

保函作为第三者的信用凭证，出具的目的是使受益者能够得到一种保证，以消除其对申请人履行某种合同义务的能力或决心的怀疑，从而促使交易顺利进行，保证货款和货物的正常交换，这是保函的基本功能之一。除此之外，保函还经常用来保证合约的正常履行、预付款项的归还、贷款及利息的偿还、合同标的物质量的完好、被扣财物的保释等。

不可撤销保证函第××××号

出具日期：2021年12月31日
致：河南××××有限公司（以下简称“出卖人”）

鉴于出卖人与××××有限公司（以下简称“买受人”）于2021年12月20日签订了第SHZY2021122002号煤炭买卖合同（以下简称“合同”），我们，中国银行××市分行，注册地址：上海市中山东一路23号，应买受人的要求，兹开立以出卖人为受益人，金额为RMB1 300 000.00（人民币壹佰叁拾万元整）的第××××号不可撤销保证函。

我行保证买受人将按照合同约定向出卖人及时付清相应款项。

我行保证在收到出卖人的书面索赔通知书及本保函原件，声明出卖人已成功申报铁路运输计划且买受人检验煤炭合格后已经装车并看到运输大票，但买受人未按合同约定付款后，在担保金额内向出卖人支付累计总额不超过RMB1 300 000.00（人民币壹佰叁拾万元整）的款项。

出卖人的书面索赔通知必须经买受人加盖公章予以确认，注明我行的保函编号并在本保函有效期内送达我行，否则视为无效。

出于验证之需要，请出卖人将上述书面索赔通知连同本保函原件通过出卖人的银行提交给我行，并要求出卖人银行验证索赔文件上出卖人签章的真实性和有效性。

本保函自开立之日起生效，至买受人向出卖人支付上述担保款项之日自动失效，但无论如何本保函最晚至2022年2月15日（以下简称“到期日”）失效。一旦发生本保函下的索赔请求或本保函的到期日已过（以两日期中较早到来者为准），本保函原件必须送还我行。在到期日后，无论正本是否退回，本保函即告失效。

本保函仅限于由中国银行××市分行偿付。

未经我行的书面同意或认可，本保函不得转让。

本保函规定了我行的全部承诺，该承诺不得通过援引本保函所提及文件或任何其他相关文件进行任何方面的修正、修改或扩大，而且任何此类文件不应被视为本保函的一部分。

中国银行××市分行

有权签字人

图 7-1 银行保函示例

7.1.2 银行保函的当事人

1. 申请人

申请人又称委托人，即向担保行申请开立保函的人。申请人应该按照合同的规定履行其应尽的责任和义务，具体来说就是负担保函项下的费用和利息，在担保行依据保函条款的规定履行担保责任向受益人赔付款项时，立即对担保行进行补偿。此外，在保函实务中，担保行为了减少风险，往往还要求申请人提交反担保或财产抵押，在这种情况下，申请人必须按担保行的规定提供对方认可的反担保或财产抵押。

保函的申请人因业务不同，可以是投标人、供货人、买方、卖方、签约人、承租人等。

从这一点可以看出保函方式的适用范围十分广泛。

2．受益人

受益人即接受保函并有权按保函规定的条款向担保行索偿的人。具体来说，受益人按照合约的规定提供货物或劳务等，在保函规定的索偿条件具备时，可凭索偿文件或连同有关单据，要求担保行偿付。因此，受益人的责任是履行他在有关合约项下的义务，他的权益是凭合格的索偿单据向担保行提出索偿要求。受益人可以是招标人、卖方、买方、雇主、签约人、出租人等。

3．担保行

担保行即受申请人的委托向受益人开立保函的商业银行。担保行的责任是促使申请人履行合同中的各项义务；在申请人违约时，根据受益人提出的索偿文件和保函的规定向受益人做出赔偿。担保行的权利是在赔偿后向申请人或反担保人索偿。

4．通知行

通知行也称转递行，即受担保行的委托将保函通知或转递给受益人的银行，通常是受益人所在地银行。通知行的责任有：核实保函表面的真实性，并严格按照担保行的要求和指示及时将保函通知或转递给受益人；如果因某种原因不能将保函通知或转递给受益人，应将情况及时告知担保行，以便担保行采取其他措施。

5．转开行

转开行是指根据原担保行的要求，向受益人开立的以原担保行为申请人、以自身为担保行的保函的银行。转开行转开保函后，成为新的担保行，原担保行便成为保函的指示行。转开行一般是指示行（反担保行）的联行或代理行。转开行一般为受益人所在地银行，而指示行一般为申请人所在地银行。在跨国交易中，受益人出于对申请人所在国银行的不了解、不信任，以及保函签发地所在国法律约束等原因，往往只接受以本国银行为担保行的保函。因此，原担保行不得不在受益人所在国寻找转开行转开保函，以保证交易正常进行。

转开行转开保函后，由于自身成了担保行，因此对受益人的索偿负有赔偿责任，在赔偿后有权向指示行凭反担保函索偿。

6．反担保行

反担保行是指接受申请人的委托向担保行出具不可撤销反担保，并承诺在申请人违约且无法付款时，负责赔偿担保行的银行。反担保行是与申请人有经济业务往来的其他银行。反担保行负有向担保行（或转开行）赔偿的责任，同时也有权向申请人索偿。

7．保兑行

保兑行是指根据担保行的要求，在保函上加具保兑，承诺当担保行无力赔偿时，代其履行付款责任的银行，也称第二担保行。当受益人认为担保行的资信状况不足以信任时，可要求担保行寻找一家国际知名的大银行作为保兑行对保函进行保兑，实际上相当于双重担保。保兑行在替担保行赔偿后，有权向担保行索偿。

7.1.3 银行保函的基本内容

保函的内容根据交易的不同而不同，但通常都包括以下内容。

1. 基本栏目

基本栏目包括保函的编号、开立日期、各当事人的名称和地址、有关交易或项目的名称、有关合同或标书的编号和订约或签发日期等。

2. 责任条款

责任条款即开立保函的银行或其他金融机构在保函中承诺的责任条款，这是银行保函的主体。

3. 保证金额

保证金额是开立保函的银行或其他金融机构所承担责任的最高金额，可以是一个具体的金额，也可以是合同有关金额的某个百分比。如果担保人可以按委托人履行合同的程度减免责任，则必须做出具体说明。

4. 有效期

有效期即最迟的索赔日期，或称到期日，它既可以是一个具体的日期，也可以是在某一行为或某一事件发生后的一个时期到期，如交货后 3 个月或 6 个月、工程结束后 30 天等。

5. 索赔方式

索赔方式即索赔条件，是指受益人在何种情况下可向开立保函的银行提出索赔。对此，国际上有两种不同的处理方法：一种是无条件的保函，或称“见索赔偿”保函；另一种是有条件的保函。索赔形式一般为见索即赔。

7.1.4 银行保函的业务流程

1. 银行保函的开立

根据保函的用途和实际交易的需要，其开立方式主要有以下三种。

（1）直接向受益人开立

直接向受益人开立是指担保行应申请人的要求直接将保函开给受益人，中间不经过其他当事人，这是保函开立方式中最简单、最直接的一种。直接向受益人开立保函的流程如图 7-2 所示。

直接向受益人开立保函的流程说明如下。

① 申请人和受益人签订合同或协议。

② 申请人向担保行提出开立保函的申请。

③ 担保行向受益人直接开立保函。

④ 受益人在发现申请人违约后，向担保行提出索赔。

⑤ 担保行向受益人进行赔付。

⑥ 担保行在赔付后向申请人索偿。

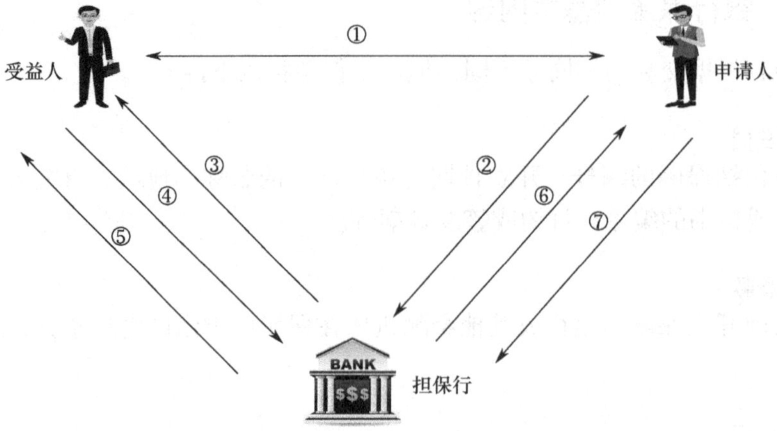

图 7-2　直接向受益人开立保函的流程

⑦ 申请人赔偿担保行的损失。

直接向受益人开立保函的特点如下。

- 涉及的当事人少，关系简单。
- 受益人接到担保行开来的保函后，无法辨别保函的真伪，因此无法保障自身的权利。
- 索偿不方便。即使申请人违约，受益人具备索偿条件，要求国外担保行进行赔偿也有诸多不便，如文本的起草和翻译、依据的标准和法律规定、赔款的支付等都面临一定的困难。

由于受益人的权利不能得到有效保障，不愿意接受这种保函，因此在实际业务中很少采用这种保函开立方式。

（2）通过通知行开立

通过通知行开立保函的流程如图 7-3 所示。

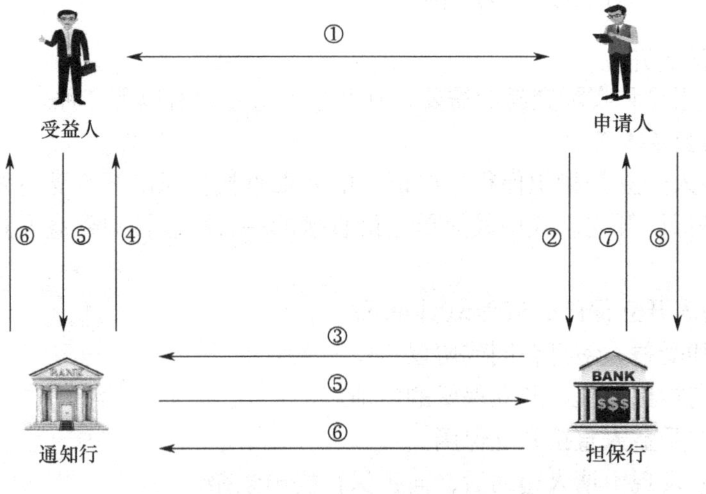

图 7-3　通过通知行开立保函的流程

通过通知行开立保函的流程说明如下。

① 申请人和受益人签订合同或协议。

② 申请人向担保行提出开立保函的申请。

③ 担保行开出保函后，将保函交给通知行通知给受益人。

④ 通知行将保函通知给受益人。

⑤ 受益人在申请人违约后，通过通知行向担保行索赔。

⑥ 担保行赔付。

⑦ 担保行赔付后向申请人索赔。

⑧ 申请人赔付。

通过通知行开立保函的特点如下。

- 真伪易辨。这种开立保函的方式较为普遍，因为受益人接到的是经过通知行或转递行验明真伪后的保函，不必担心保函是伪造的。
- 索赔不便。在该方式下，受益人索赔不方便的问题仍然存在。受益人只能通过通知行或转递行向担保行索赔。而通知行或转递行只有转达义务，它们本身不承担任何责任。因此，实际上还是受益人向国外担保行索赔。

（3）通过转开行开立

当受益人只接受本地银行为担保人时，原担保人要求受益人所在地的一家银行作为转开行，转开保函给受益人。这样，原担保人就变成了反担保人，而转开行则变成了担保人。通过转开行开立保函的流程如图 7-4 所示。

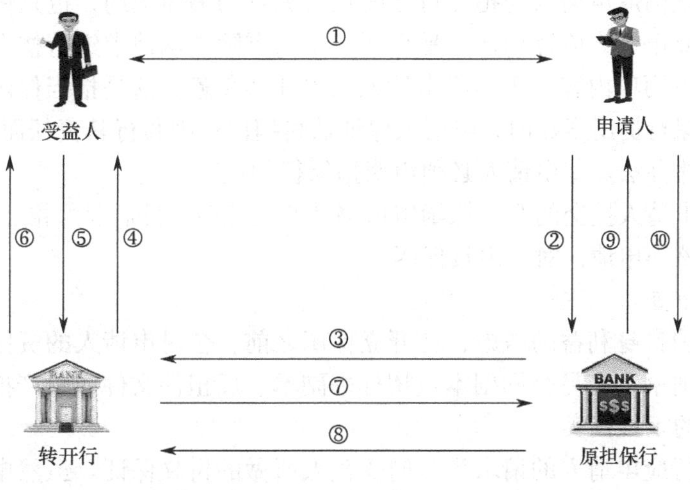

图 7-4　通过转开行开立保函的流程

通过转开行开立保函的流程说明如下。

① 申请人和受益人签订合同或协议。

② 申请人向原担保行（指示行）提出开立保函的申请。

③ 原担保行（指示行）开立反担保函，并要求转开行转开。

④ 转开行转开保函给受益人。

⑤ 受益人在申请人违约后向转开行索赔。

⑥ 转开行赔付。

⑦ 转开行根据反担保函向原担保行（指示行）索赔。

⑧ 原担保行（指示行）赔付。

⑨ 原担保行（指示行）向申请人索赔。

⑩ 申请人赔付。

通过转开行开立保函的特点如下。

- 转开行是受益人所在地的银行，受益人对其比较了解和信任，从而解决了受益人对国外担保行不了解和不信任的问题。
- 真伪易辨。受益人接到的是经过转开行验明真伪后的保函。
- 索赔方便。受益人与转开行同处一个国家或地区，不存在语言、风俗习惯、制度和法律方面的差异。以这种方式开立的保函，对受益人最有利。

以上只介绍了三种基本的保函开立方式的流程，在实际业务中，可能有反担保行，也可能有保兑行等其他当事人，流程不尽相同。

2．银行保函的业务处理流程

（1）申请人向银行申请开立保函

企业等根据业务需要请求银行为其出具保函时，应填写书面的保函申请书，并按银行的要求提交项目的有关批准文件、交易合同副本或招标书副本、反担保文件或财产抵押书、保函格式等文件。

保函申请书是构成申请人与担保行之间权责关系的书面契约，也是银行对外出具保函的法律依据，因此申请人应逐项认真地填写。申请书除表示请求银行按合同规定出具保函外，还应明确以下两项内容。①明确申请人的责任和义务。这是指当保函的受益人按保函规定的条件向担保行提出索赔时，申请人保证偿付担保行因履行其责任而做出的任何支付，并注明偿付的具体办法。②申请人必须声明担保行的免责事项。

银行在收到申请人提交的开立保函申请书及有关证明文件后要严格、认真地进行审核，以决定是否受理该项申请，对外出具保函。

（2）担保行审查

银行出于保护自身利益的考虑，在开立保函之前，会对申请人的资信状况、申请人提交的开立保函申请书、交易合同副本或招标书副本、反担保文件或财产抵押书、保函格式等逐一进行详尽的审查核实。

保函是担保行应申请人的请求为其向受益人所做的付款保证。虽然申请人在保函业务中对担保行承担一定的责任和义务，即一旦保函项下发生赔付行为，他将偿还担保行的垫款，但在保函实务中，申请人届时可能会由于资金短缺或破产倒闭，无力偿还担保行按保函条款的规定应向受益人赔付的款项，致使银行蒙受经济损失，这是担保行在保函业务中可能承担的风险。因此，银行在应邀对外出具保函之前，必须对申请人的资信和财务状况进行分析，特别是根据保函有效期的长短、项目的具体情况、受益人所在国别等情况，对可能出现的风险及风险的大小做出正确的估计，以便采取相应的措施，防患于未然。

目前常规的防范措施就是要求申请人提供反担保函和财产抵押。在日常业务中，银行可以接受的反担保函和抵押一般有：其他银行或金融机构出具的反担保函；有经济实力或担保能力的企业等出具的反担保函；申请人自己或他人的财产抵押。

反担保函或抵押是银行对外出具保函的基础，也是维护银行自身利益不受损害的基本保证，银行必须对反担保函及抵押进行严格审查，以求落到实处。

（3）担保行开立保函

银行对申请人提供的有关资料及申请人的资信审查予以认可后，便可正式对外开立保函，并按规定的收费标准向申请人收取担保费。在日常业务中，保函的开立方式分为电开和信开两种，与信用证的开立方式相同。

目前，在国际经济技术合作中，通常使用“见索即付”保函。担保行在开立此类保函时，应对保函索赔条款的制定给予高度重视。这是因为受益人的索赔要求是否成立，关键在于他的索赔是否满足保函索赔条款的规定。因此，为了防范受益人的无理或恶意索赔，为了维护申请人的正当权益，同时也为了避免卷入复杂的商务纠纷，维护自身信誉，担保行在对外开立保函时，十分注重保函索赔条件的单据化。此外，银行在保函中应注明有效期。

（4）保函的修改

保函可以在有效期内进行修改。保函的修改必须经当事人各方一致同意后方可进行，任何一方单独对保函条款进行的修改都被视作无效。当申请人与受益人就保函修改取得一致同意后，由申请人向担保行提出书面申请并加盖公章，注明原保函的编号、开立日期、金额等内容，以及要求修改的详细条款和由此产生的责任条款，同时出具受益人要求或同意修改的意见书供担保行参考。担保行在审查申请并同意修改以后，由主管负责人签字后向受益人发出修改函电。

（5）保函的索赔

担保行在保函的有效期内，若收到受益人提交的索赔单据及有关证明文件，应以保函的索赔条款为依据，对该项索赔是否成立进行严格审核，并在确认索赔单据及有关证明文件与保函索赔条款的规定完全相符后，及时对外付款，履行其在该项保函中所承担的责任。担保行对外付款后，可立即行使自己的权利，向保函的申请人或反担保人进行索赔，要求其偿还银行所支付的款项。

（6）保函的注销

保函在到期后或在担保行赔付保函项下全部款项后失效。担保行应立即办理保函的注销手续，并要求受益人按保函的有关规定将保函退回担保行。至此，保函业务的运作流程结束。

7.1.5　银行保函的分类

保函形式灵活、简便可靠，因而被广泛运用于国际经贸活动的各个领域。根据结算中有关当事人对保函的不同需求，保函有不同的分类方式，主要包括以下几种。

1. 根据保函与基础交易合同的关系，分为从属性保函和独立保函

（1）从属性保函

从属性保函是指其效力依附于基础交易合同的保函，这种保函是其基础交易合同的附

属性契约或附属性合同，担保行只能根据基础交易合同的条款及交易的实际执行情况来确定保函项下的付款责任是否成立。因此，这类保函本身的法律效力依附于基础交易合同关系，基础交易合同与保函之间是一种主从关系。传统的保函大都属于这一类型。

（2）独立保函

独立保函与基础交易合同的执行情况相脱离。虽然保函是根据基础交易合同的需要开立的，但一旦开立，其本身的效力并不依附于基础交易合同，其付款责任仅以自身的条款为准。在这种保函项下，保函与基础交易合同之间不再具有类似从属性保函那样的主从关系，而是呈现出一种相互独立、各自独具法律效力的平行法律关系。目前，国际银行界的保函大多属于独立保函，而不是传统的从属性保函。

2．根据保函项下的支付前提，分为付款类保函和信用类保函

（1）付款类保函

付款类保函是指银行为有关合同价款的既定支付义务提供担保所出具的保函，或者说是为保证随着交易的发生而必然产生的债务支付所开立的保函。从理论上来讲，付款类保函项下支付行为发生与否，是以受益人能否按照保函中所确定的要求去履行自己的职责和义务为前提条件的。只要受益人履行了自己应尽的合约义务，就获得了求偿的权利，就可以在保函项下提出索赔并取得自己应得的合同款项。因此，付款类保函的支付前提是受益人的履约行为。

（2）信用类保函

信用类保函是指银行对那些只有在合同一方有违约行为而使其在合同项下承担了赔偿责任时支付才可能发生的经济活动所开立的保函。在这种保函所涉及的经济活动中，只要不出现保函申请人作为合同一方的违约事件，保函的支付就不会发生。因此，信用类保函支付的前提是申请人的违约行为。

3．根据保函索赔条件，分为有条件保函和无条件保函

（1）有条件保函

有条件保函是指担保人在保函条文中对索赔的发生和受理设定了若干限制条件，或者规定了受益人必须提交的若干能客观反映某种事实发生、条件落实的单据。只有保函所规定的这些条件得到满足后，或者保函所规定的能反映客观事实的单据被提交给担保行后，担保行才会履行支付义务。这种保函有利于保护申请人的利益，防止受益人的无理索赔和欺诈。

（2）无条件保函

无条件保函主要是指见索即付保函。在这类保函项下，担保行在受益人的简单书面索赔面前承担了无条件的支付义务，不论基础交易合同的执行情况如何，也不论受益人本身是否履行了合同中规定的义务，只要担保行在保函的有效期内收到了受益人提交的符合保函条款规定的书面索赔，就应该立即付款。在这种保函项下，申请人和担保行所承担的风险很大，有时可能会在受益人的无理索赔面前陷入极其被动的境地。

4．根据担保行付款责任的属性，分为第一性责任保函和第二性责任保函

（1）第一性责任保函

第一性责任保函是指那些已由担保人在保函中明确地做出了其将承担首先付款责任的

承诺，只要索赔本身能满足保函中规定的条件，则既无须受益人先行向申请人索要，也无须理会申请人是否愿意支付，担保行将在受益人首次索要后立即予以支付的保函。

（2）第二性责任保函

第二性责任保函是指那些在保函项下明文规定了担保行只有在受益人提出索赔而申请人拒绝支付时方予以付款的保函。在这类保函项下，受益人应首先向申请人要求赔付或支付，只有在申请人未付或拒付时，受益人才能向担保行提出索赔。

5．根据保函的使用范围，分为出口类保函和进口类保函

（1）出口类保函

出口类保函是银行应出口商的申请向进口商开出的保函，是为满足出口货物和劳务的需要而开立的保函。这类保函适用于国际承包业务和商品出口业务，主要包括以下几种。

① 投标保函。投标保函是银行应投标人的要求向招标人出具的，保证投标人中标后履行标书规定的责任和义务的书面保证文件。在该保函项下，担保行向招标人保证：投标人投标后不撤标或片面修改投标条件；投标人中标后一定与招标人签约，并按招标人规定的日期提交履约保函。否则，担保行将在招标人（受益人）提出索赔时，按保函规定的金额对其进行赔付。

② 履约保函。履约保函是银行应出口商或承包商（中标方）的请求向进口商或接受承包的业主（招标方）出具的保证文件。在该保函项下，担保行向受益人保证出口商或承包商一定履行其所签合同项下的责任和义务，否则担保行将负责赔偿一定的金额。履约保函的金额通常为合同金额的 5%～10%，具体比例可由招标人决定。履约保函的有效期为投标保函失效时至合同执行完毕时，有时还会加上一定天数的索偿期。

③ 预付款保函。预付款保函是进口商或接受承包的业主在预付定金时，要求出口商或承包商提供的银行担保。因此，预付款保函中的有关当事人就是履约保函中的有关当事人。担保行向受益人保证，在出口商或承包商因故不能履约时，由银行负责将预付款项加上利息退还给他。

④ 质量保函和维修保函。从本质上说，质量保函和维修保函是同一类型的保函，均是银行应出口商或承包商的要求，就合同标的物的质量向进口商或工程业主出具的保证文件，但两者的使用范围有区别。

- 质量保函通常应用于商品买卖合同项目。买方为了确保商品符合合同规定的质量标准，常常要求卖方提供银行担保，保证如果货物质量与合同规定不符，卖方应及时更换或维修，否则担保行将按保函金额进行赔付。
- 维修保函应用于劳务承包工程。工程业主为了保证工程的质量，要求承包商提供银行担保，保证在工程质量不符合合同规定时由承包商负责维修，否则担保行将按保函金额对业主进行赔付。

⑤ 关税保付保函。关税保付保函又称海关免税保函、海关保函等，是银行应承包商的请求向工程所在国海关出具的保证承包商在工程完工后一定将施工机械撤离该国的文件。关税保付保函的金额为各国海关规定的税金数额，有效期为合同规定的施工机械或展品撤离该国的日期再加半个月。

⑥ 账户透支保函。账户透支保函是银行应承包商的请求就其融通款项的偿还，向工程所在国的某家银行出具的保证文件。在国际工程承包中，承包商在外国施工时，为了能够得到当地银行的资金融通，往往需要开立一个透支账户。在申请开立透支账户时，承包商需向当地银行提供由其本国银行出具的账户透支保函。在该保函项下，担保行保证若申请人未按透支合约的规定及时向账户行补足透支金额，担保行将代为补足。

（2）进口类保函

进口类保函是银行应进口商的请求向出口商开立的保证文件，适用于货物与技术进口、补偿贸易及来料加工等业务。进口类保函主要包括以下几种。

① 付款保函。付款保函是银行应进口商的要求就其在某个合同项下的付款责任向出口商出具的保证文件。在该种保函项下，担保行向出口商保证在收到有关货物或技术资料后，进口商一定付款，否则担保行将代为支付。付款保函的金额为合同金额，有效期按合同规定为付清价款日期再加半个月。

② 延期付款保函。延期付款保函是银行就进口商在合同项下的部分付款责任向出口商出具的保证文件。发展中国家从发达国家进口大型的、成套的机械设备时一般采用延期付款方式。在该保函项下，担保行保证进口商按时履行货款和利息的支付义务，否则担保行将代为支付。延期付款保函的金额为扣除预付定金后的货款金额，有效期为保函规定的最后一期货款和利息付清日再加半个月。

③ 补偿贸易保函。补偿贸易保函是银行应进口设备商的要求，向供应设备商出具的，保证进口设备商履行其在合约项下的责任和义务的书面保证文件。在该保函项下，担保行承担如下保证责任：保证进口设备商在收到与合同相符的设备后，用该设备生产的产品会按合同要求返销给供应设备商或指定的第三者，以偿付进口设备的价款；若进口设备商未能履行上述义务，又不能以现汇偿付设备价款及利息，则担保行向供应设备商进行赔付。补偿贸易保函的金额为设备价款加利息，有效期为合同规定的进口设备商以产品偿付设备价款之日再加半个月。

④ 来料加工保函和来件装配保函。来料加工保函和来件装配保函的性质是一样的，是银行应进料方、进件方的要求，向供料方、供件方出具的书面保证文件。在该保函项下，担保行承担的责任为：保证进料方或进件方在收到与合同相符的原料或元件后，以该原料或元件进行加工或装配，并按合同规定将成品交付供料方或供件方或指定的第三者；若进料方或进件方未能履约，而又不能以现汇偿付来料或来件金额及附加利息，则担保行负责赔付。此类保函的金额为来料或来件金额加利息，有效期为合同规定进料方或进件方以成品偿付来料或来件金额的日期再加半个月。

⑤ 租赁保函。租赁保函是银行应承租人的要求对其在租赁合同项下的付款义务向出租人出具的保证文件。它适用于用租赁方式进口机械设备、运输工具等经济活动。在该保函项下，担保行向出租人保证其一定代承租人按租赁合同规定交付租金；或者保证承租方一定履行合同按时交付租金，否则由担保行代交。租赁保函的金额就是租金总额，有效期为按租赁合同规定的全部租金付清日期再加半个月。

7.1.6 银行保函与跟单信用证的异同

1．相同点

保函和跟单信用证都是由银行根据申请人的要求而开出的，同属于银行信用，银行在保函和跟单信用证项下处理的都是单据，而不是货物。

2．不同点

① 从银行付款的角度来说，在保函项下，当申请人违约时，担保行一经收到受益人的书面索偿及证明申请人违约的声明即须付款（除非保函另有规定）；在跟单信用证项下，开证行则凭与信用证条款完全相符的单据（通常包括提单、发票、装箱单、保险单等）付款。

② 从银行责任的角度来说，银行在跟单信用证项下的付款责任是第一性的；在保函项下的付款责任有第一性的，也有第二性的。

③ 从使用范围来说，保函既可作为独立的法律文件，也可作为合同的从属文件，对商业信用进行补充；跟单信用证只是一种支付方式，是独立于合同之外的银行信用，故保函的应用范围比跟单信用证广泛。

④ 跟单信用证遵循的国际惯例为国际商会 UCP600；而保函目前尚没有一个国际公认的准则。

⑤ 跟单信用证项下所支付的款项均为货物价款；保函项下支付的款项既可以是合同价款，也可以是履约赔偿金或退款。

⑥ 跟单信用证项下的付款有多种形式，根据信用证的性质、种类明确注明；保函项下的索赔只有一种，即担保人见单后根据受益人的要求付款。

⑦ 跟单信用证的到期地点可以在受益人所在地、开证行所在地或付款行/承兑行/限制议付行所在地；保函的到期地点一般均在担保行所在地。

⑧ 跟单信用证项下要求的单据通常为货运单据及与其相关的单据；保函项下的单据既可以是货运单据，也可以是其他证明文件，或者受益人出具的书面索偿等。

7.2 备用信用证

传统的银行保函容易使银行卷入商业纠纷，美国用法律禁止了银行保函的开立，各种担保业务只能由担保公司来完成。但是，在实际业务中，客户往往希望银行能够开具保函。因此，为了同担保公司进行业务竞争，同时避开法律的约束，19 世纪后期，美国银行业将备用信用证（Standby Letter of Credit，SBLC）作为银行保函的替代品。随着独立性保函的产生，银行保函与备用信用证的性质、内容和作用已经大致趋同。

7.2.1 备用信用证的定义

备用信用证又称担保信用证，是指不以清偿商品交易的价款为目的，而以贷款融资或担保债务偿还为目的所开立的信用证。

开证行保证在开证申请人未能履行其应履行的义务时，受益人只要凭备用信用证的规定向开证行开具汇票，并随附开证申请人未履行义务的声明或证明文件，即可得到开证行的偿付。

对受益人来说，备用信用证是用于开证申请人毁约时取得补偿的一种方式。如果开证申请人按期履行合同的义务，受益人就无须要求开证行在备用信用证项下支付货款或赔款，这也是“备用信用证”这一名字的由来。因此，备用信用证作为一种付款承诺，虽然在形式上是第一性的，但在意图上只在开证申请人违反基础合同的情况下使用，具有备用之意。备用信用证实质上是一种银行保函。

备用信用证的用途几乎与银行保函相同，既可用于成套设备、大型机械、运输工具的分期付款和租金支付，也可用于一般进出口贸易、国际投标、国际融资、加工装配、补偿贸易及技术贸易的履约保证等。

7.2.2 备用信用证的性质

根据《国际备用信用证惯例》(*International Stand by Practices*，ISP98) 的规定，备用信用证在开立后是一个不可撤销的、独立的、跟单的、具有约束力的承诺。因此，备用信用证具有以下性质。

1. 不可撤销性

不可撤销性是指在未明确指明的情况下，备用信用证及其修改书自脱离开证行控制时起，在未征得有关当事人同意的情况下开证行不能修改和撤销。按照 ISP98 的规定，在备用信用证中注明“unavailable”“ineffective”等词，并不影响备用信用证的不可撤销性。

因为备用信用证是不可撤销的，所以除非在备用信用证中另有规定或经对方当事人同意，开证行不得修改或撤销其在该备用信用证下的义务。

2. 独立性

备用信用证是一种独立性的担保。其开立依据的是国际经济贸易交往中的基础交易合同，但一经开立，备用信用证就与基础交易合同相互独立，开证行在履行备用信用证下义务时不以基础交易合同为条件。

在备用信用证业务中，开证行义务的履行并不取决于：①开证行从申请人那里获得偿付的权利和能力；②受益人从申请人那里获得付款的权利；③备用信用证中对任何偿付协议或基础交易合同的援引；④开证行对任何偿付协议或基础交易合同的履约或违约的了解与否。

3. 跟单性

备用信用证与跟单信用证相似，在使用时具有跟单性，开证行付款的条件是受益人提供与备用信用证中要求相符的单据，开证行支付的依据只是单据。备用信用证可以涉及货物买卖，但更多的是用于借款担保、投标担保、履约担保等。银行的付款只以备用信用证为依据，从表面上审查单据是否合格。这时受益人所提交的单据通常都是为了证明开证申请人或债务人没有履行其应尽的义务。

4．强制性

备用信用证在开立后即具有约束力，无论申请人是否授权开立、开证行是否收取了费用、受益人是否收到，或者受益人是否因信赖或修改备用信用证而采取了行动，它对开证行都是有强制性的。

应用案例

甲银行于 2022 年 3 月 1 日开立了一份以乙公司为受益人的备用信用证，规定于 2022 年 4 月 1 日生效。3 月 14 日，申请人指示甲银行撤销备用信用证。受益人乙公司提出异议，不同意撤销备用信用证。但是，申请人认为用备用信用证尚未生效，可以撤销。请问甲银行是否可以撤销该备用信用证？

【案例分析】

根据 ISP 98 的规定，备用信用证在开立后就是一个不可撤销的、独立的、跟单的、具有约束力的承诺，并且无须如此写明。在本案例中，虽然备用信用证在 2022 年 3 月 14 日尚未生效，但备用信用证及其修改书自脱离开证行控制时起，在未征得有关当事人同意的情况下，开证行不能修改和撤销。因此，2022 年 3 月 1 日开出备用信用证，如果 3 月 14 日备用信用证离开开证行，而受益人不同意撤销备用信用证，则甲银行不可以撤销该备用信用证。

7.2.3　备用信用证的分类

备用信用证的用途比较广泛，使用起来方便灵活，它作为银行保函的一种替代形式，可以在国际经济贸易中承担担保作用。根据 ISP 98 的规定，可将常用的备用信用证分为以下几类。

1．履约备用信用证

履约备用信用证（Performance Standby）用于担保履行责任而非担保付款，包括对申请人在基础交易合同中因违约而造成的损失进行赔偿的保证。在履约备用信用证有效期内，如发生申请人违反合同的情况，开证行将根据受益人提交的符合备用信用证的单据（如索款要求书、违约声明等）代申请人赔偿合同或保函规定的金额。

2．预付款备用信用证

预付款备用信用证（Advance Payment Standby）用于支持申请人收到受益人预付款后所承担的义务。预付款备用信用证常用于国际工程承包项目中业主向承包人支付的合同总价一定比例的工程预付款，以及进出口贸易中进口商向出口商的预付款。

3．投标备用信用证

投标备用信用证（Tender/Bid Bond Standby）用于支持申请人中标后执行合同的义务。若投标人未能履行合同义务，开证行须按备用信用证的规定向受益人履行赔款义务。投标备用信用证的金额一般为投标报价的 1%～5%（具体比例视招标文件规定而定）。

4．反担保备用信用证

反担保备用信用证（Counter Standby）用于为支持反担保备用信用证受益人而开立另一个单独的备用信用证或其他承诺书。

5．保险备用信用证

保险备用信用证（Insurance Standby）用于担保申请人的某一保险或再保险义务。

6．融资备用信用证

融资备用信用证（Financial Standby）用于保证付款义务的履行，包括对借款偿还义务的任何证明文件。融资备用信用证广泛应用于国际信贷融资安排。境外投资企业可根据所有权安排及其项目运营需要，通过融资备用信用证获得东道国的信贷资金支持。

7．直接付款备用信用证

直接付款备用信用证（Direct Payment Standby）主要用于担保企业发行债券或订立债务契约时的到期支付本息义务。直接付款备用信用证已经突破了备用信用证“备而不用”的传统担保性质。

8．商业备用信用证

商业备用信用证（Commercial Standby）为申请人对货物或服务的付款义务进行保证，如果开证申请人未履行付款义务，则开证行凭受益人提交的与备用信用证条款相符的申明申请人违约的索款申明和商业发票、运输单据副本等，向受益人履行付款责任。

备用信用证已发展成一种全面的金融工具，其应用范围比一般的见索即付保函更加广泛，一般用于投标、技术贸易、补偿贸易的履约保证、预付货款和赊销等业务，也用于带有融资性质的还款保证、履约保证金等担保业务。

7.2.4 备用信用证与跟单信用证的异同

1．相同点

① 备用信用证与跟单信用证同属信用证范畴，它们所遵循的国际惯例都是国际商会UCP 600，两者均是独立于基础交易合同之外的独立文件。

② 备用信用证与跟单信用证同属银行信用，银行所处理的都是单据而非货物。

③ 备用信用证与跟单信用证均可凭单付款，开证行承担第一性的付款责任。

④ 备用信用证采用与跟单信用证相同的做法，如指定人、通知、接受提示、执行转让、保兑、付款、议付、承担延期付款责任、承兑汇票等。

2．不同点

① 跟单信用证多用于贸易结算货款方面；备用信用证多用于非贸易或贸易上的担保或融资方面。

② 跟单信用证规定全套各种单据和装运期、交单期、有效期；备用信用证规定索款要求、违约声明，只有有效期，没有装运期和交单期。

③ 跟单信用证的主要单据是商业发票、运输单据，种类比较复杂，跟单信用证对货物

的运转、仓储进行融资时，一般都凭出示代表货权的单据付款；备用信用证的主要单据是索款要求、违约或其他提款事由的声明，种类比较简单。

④ 跟单信用证的付款条件是受益人已履约（单证一致）；备用信用证的付款条件是申请人没有履约（违约）。

7.2.5 备用信用证与银行保函的异同

从法律上讲，备用信用证与见索即付银行保函十分接近，但在实务做法上仍存在明显的区别，其重要异同点如下。

1. 相同点

① 两者均为见索即付的银行保证文件。

② 两者都具有自足性，即一经开立，其业务的办理就独立于其产生所依据的基础交易合同。

③ 两者都具有单据性，即其业务的办理仅以所规定的单据为对象，而不涉及相关的货物、服务或其他当事人（如申请人等），但对所提交的非备用信用证或银行保函规定的单据，则不予审核或理会。

④ 两者都具有不可撤销性，即未经受益人同意，开证行或担保行在有效期内不能单方面宣布撤销或修改其保证文件的条款。

⑤ 两者都要求受益人在索偿时提交相应的索偿证明。

2. 不同点

① 适用的国际惯例不同。备用信用证适用 ISP98 的全部条款和 UCP600 的部分条款；银行保函适用 URDG458。

② 可转让性质不同。根据 ISP98 规则六的规定，在备用信用证项下，受益人可以请求开证行或指定人向另一个人承付转让，除非备用信用证明确禁止转让；银行保函则不能转让。

③ 开证行或担保行的利益维护手段不同。备用信用证以向申请人收取各项有关费用的方式让开证行得到偿付；在银行保函项下，开证行可以要求申请人提交反担保以保证担保行的利益。

④ 银行偿付的责任可能不同。备用信用证的开证行承担第一性的付款责任；银行保函的担保行根据保函的不同，既可能承担第一性的付款责任，也可能承担第二性的付款责任。

拓展实训

翻译银行保函

将下列银行保函翻译成中文。

NUMBER:
CURRENCY:
AMOUNT:
ISSUED DATE:
MATURITY DATE:

ADDRESS：

TELEX：

S.W.I.F.T.CODE：S.W.I.F.T.码

TELEPHONE：

FACSIMILE：

FOR VALUE RECEIVED, WE, THE UNDERSIGNED (THE ISSUER), HEREBY IRREVOCABLY AND UNCONDITIONALLY, WITHOUT PROTEST OR NOTIFICATION PROMISE AND GUARANTEE TO PAY ON TIME, IN FULL AND WITHOUT DELAY, AGAINST THIS BANK GUARANTEE TO THE ORDER OF (BENEFICAIARY NAME AND ADDRESS), THE BEARER OR HOLDER THEREOF, AT MATURITY THE SUM OF (AMOUNT IN WORDS AND FIGURES) IN THE LAWFUL CURRENCY OF THE UNITED STATES OF AMERICAN.

SUCH PAYMENT SHALL BE MADE UPON PRESENTATION AND SURRENDER OF THIS GUARANTEE AT THE OFFICE OF (BANK NAME AND ADDRESS). WITHOUT SET OFF AND FREE AND CLEAR OF ANY DEDUCTIONS, CHARGES,FEES, OR WITHHOLDINGS OF ANY NATURE NOW OR HEREAFTER IMPOSED,LEVIED,COLLECTED WITHHELD OR ASSESSED BY THE GOVERNMENT OF THE ISSUING OR PAYING BANK OR ANY POLITICAL SUBDIVISION OR AUTHORITY THEREOF OR THEREIN.

THIS BANK GUARANTEE SHALL BE GOVERNED BY AND CONTRUED IN ACCORDANCE WITH THE UNFIFORM RULES FOR DEMAND GUARANTEES(URDG),AS SET FORTH BY INTERNATIONAL CHAMBER OF COMMERCE ,PARIS,FRANCE, I.C.C PUBLICATION #600.

THIS BANK GUARANTEE IS ASSIGNABLE,DIVISIBLE, AND TRANSFERABLE WITHOUT PRESENTATION TO US.

AUTHORIZED BANK OFFICER	AUTHORIZED BANK
(NAME/TITLE)	(NAME/TITLE)
BANK SEAL	BANK SEAL

NB: THE ACTUAL TEXT OF A DELIVERED BG, DEPENDING ON ISSUING BANK'S VERBIAGE, MAY DIFFER IN IMMATERIAL DETAILS FROM THIS FORMAT.

ACCEPTED BY BORROWER AND FUNDING BANK

DATE:

I confirm herewith that the above text will be used as basis for the BG issuance.

复习思考题

一、判断题

1．担保行出于自身利益的考虑，在签发保函之前往往要对申请人的资信情况、财务状况、担保品及反担保措施等内容进行详尽的审查。（　　）

2．转开保函是一种最基本的开立保函方式。（　　）

3．独立性保函中担保人承担第一性的偿付责任，即担保人的偿付责任独立于申请人在基础交易合同项下的义务。（　　）

4．保函的修改必须经有关当事人一致同意后方可进行，任何一方单独对保函条款进行的修改都被视为无效。（　　）

5．任何一份银行保函都有保兑行这一基本当事人。（　　）

6．银行在为申请人开立保函时，为了控制自身风险，往往都要求申请人提供反担保。（　　）

7．银行保函的修改必须经有关当事人一致同意后，由受益人向担保行提出书面修改申请。（　　）

8．银行保函的应用范围要远远大于普通的跟单信用证，可以用于保证任何一种经济活动中任何一方履行其不同的责任和义务。（　　）

9．备用信用证属于银行信用，开证行对受益人保证，在开证申请人未履行其义务时，由开证行付款。（　　）

10．银行保函与备用信用证都是银行根据申请人的要求向受益人出具的书面保证文件。两者都以银行信用来弥补商业信用的不足。（　　）

二、选择题

1．开立保函申请书是（　　）代表了一定的法律义务和责任划分的书面文件。

A．申请人与担保行之间　　B．申请人与通知行之间

C．申请人与受益人之间　　D．担保行与转递行之间

2．以下不属于保函申请人主要责任的是（　　）。

A．严格按照合同的规定履行义务，避免保函项下发生索偿和赔偿

B．索偿时应按保函规定提交符合要求的索偿证明或有关单据

C．承担保函项下的一切费用和利息

D．在担保行认为必要时，预支担保保证金，提供反担保

3．卖方或承包方（申请人）委托银行向买方或业主（受益人）出具的，在不能履约时保证退还与预付款等额的款项或相当于合约尚未履行部分相应比例的预付金款项的保函，称为（　　）。

A．维修保函　　B．履约保函　　C．保留金保函　　D．预付款保函

4．提货保函的受益人为（　　）。

A．银行　　B．出口商　　C．船公司　　D．进口商

5. 以下不属于银行保函与跟单信用证的相同点的是（　　）。

A. 两者都是由银行做出的承诺

B. 两者形式相似

C. 两者都是单据化业务

D. 银行对单据的审核责任都仅限于表面相符

6. 在（　　）中，担保人的偿付责任从属于或依附于申请人在基础交易合同项下的义务。申请人是否违约要根据基础交易合同的规定及实际履行情况来做出判断，这往往使银行因卷入买卖双方的贸易纠纷而进退两难。

A. 从属性保函　　B. 独立性保函　　C. 付款保函　　D. 透支保函

7. 保函项下担保权益的享受者，也就是有权按保函规定通过提交某种单据或声明向担保行索取款项的人，是保函的（　　）。

A. 申请人　　B. 担保行　　C. 受益人　　D. 反担保行

8. 下列不属于进口类保函的是（　　）。

A. 付款保函　　B. 租赁保函　　C. 提货保函　　D. 质量保函

三、多选题

1. 备用信用证具有（　　）。

A. 不可撤销性　　B. 独立性　　C. 单据性　　D. 强制性

2. 备用信用证与跟单信用证的相同点有（　　）。

A. 两者均是独立于基础交易合同之外的独立文件

B. 两者均属于银行信用

C. 两者银行所处理的都是单据而非货物

D. 两者均可凭单付款，开证行承担第一性的付款责任

3. 根据保函与基础交易合同的关系，可将保函划分为（　　）。

A. 从属性保函　　B. 独立保函　　C. 付款类保函　　D. 信用类保函

4. 备用信用证与银行保函的相同点有（　　）。

A. 都是银行根据申请人的要求向受益人出具的书面保证文件

B. 都以银行信用来弥补商业信用的不足

C. 银行所处理的都是单据，而不是货物

D. 所要求的单据相同

5. 银行保函的当事人包括（　　）。

A. 申请人　　B. 受益人　　C. 担保行　　D. 通知行

E. 转开行

四、简答题

1. 银行保函的定义是什么？

2. 简述银行保函与跟单信用证的异同。

3. 简述备用信用证的业务流程。

4. 简述备用信用证与银行保函的异同。

5. 备用信用证的起源和定义是什么？

五、案例分析题

1. 中国甲公司与 A 国的进口商签订了出口电视机合同。按照合同约定，A 国进口商开立了以甲公司为受益人的不可撤销信用证，但该信用证的生效条件是 A 国进口商收到 A 国乙银行开立的以其为受益人的不可撤销履约保函，金额为合同总价的 10%。为此，甲公司向丙银行申请开立此项履约保函。丙银行经过审查甲公司的经营状况、生产能力和产品质量等相关情况，向 A 国乙银行开出了保函，保函到期日为 2022 年 5 月 10 日，委托乙银行以丙银行的保函为反担保，向 A 国进口商开立履约保函，并规定了索赔条件是收到受益人出具的证明申请人未能履约的书面文件。

2022 年 4 月 30 日，甲公司按照合同规定装运货物并议付单据。2022 年 5 月 2 日，丙银行收到乙银行的来电，要求保函展期 3 个月，否则要求赔付。丙银行征求申请人意见，申请人对此不予接受，理由是申请人已经履行了合约，因而其合同责任已经解除，保函没有必要展期。丙银行根据申请人的要求，对乙银行的展期要求予以拒绝，并向乙银行提供了证实甲公司履约的提单等影印件，同时提醒乙银行注销保函，乙银行对丙银行的拒绝电文没有答复。

2022 年 5 月 15 日，乙银行又向丙银行提出索赔，理由是受益人已经提交了一系列证明，并且申请人没有在原有效期内提交履约证明，所以乙银行认为履约保函仍然有效，而且乙银行已经赔付受益人，故丙银行必须赔付乙银行。

丙银行立即去电拒付索赔款，并驳斥了乙银行的索赔理由：保函已于 2022 年 5 月 10 日到期，申请人已经履行了合约义务，并且在保函有效期内，受益人未能提交符合要求的索赔单据。因此，受益人无权得到赔付。

此后，乙银行未再索赔，该保函业务顺利结束。

分析：转开保函应注意哪些问题？

2. 2022 年年初，D 公司（申请人）向 B 银行（开证行）提交了合同、申请书和 C 银行的备用信用证格式，并存足了 100%的保证金，要求 B 银行为其开出金额为 50 万美元的远期备用信用证，用于进口轿车，受益人（卖方）为香港 T 公司。B 银行经办人员在审核有关资料时，发现合同确实显示 T 公司为卖方，且上面有买卖双方人员的签章，合同条款还规定："T 公司保证在收到开证行开出的备用信用证后立即发货，买方一年后付款，不计利息。"但对方提供的备用信用证格式有两个疑点。

（1）此格式（据称为 C 银行标准格式）的申请人和受益人分别是 T 公司和香港 P 银行，而非 D 公司和 T 公司。

（2）责任条款是开证行保证 T 公司向 P 银行归还贷款，而不是保证 D 公司付款。

于是 B 银行提醒 D 公司注意，并提供了专门作为付款保证的备用证格式给 D 公司参考，D 公司将此格式传真给 T 公司请其确认，但 T 公司拒绝接受，并诡称"此格式在香港不能使用"，一定要按原提供的格式开具，而且必须开给 P 银行，否则将把货转卖他人。D 公司眼看轿车市场价格上涨，唯恐失去赚钱机会，便再三要求 B 银行开证。鉴于此，B 银行设法通过香港某咨询机构调查受益人的资信情况，获悉 T 公司曾有利用备用信用证诈骗供货商商品和买方定金的前科，当即转告 D 公司，随后又致电 C 银行查询，收到复电称："我行从未开过上述格式的备用信用证。"至此，真相大白。B 银行凭借专业谨慎的工作方法戳穿了诈骗分子的这一骗术，使 D 公司免遭重大经济损失。

分析：本案例给你的启示是什么？

第 8 章

国际结算融资

本章学习目标

1. 掌握进出口贸易融资方式。
2. 掌握国际保理业务的基本流程。
3. 掌握福费廷业务的定义和基本流程

本章重点

- 进出口贸易融资方式。
- 国际保理业务的基本流程。

本章难点

- 进出口贸易融资方式。

引导案例

海南首家保理公司发放首单商业保理融资

海南首家保理公司——海南国际商业保理有限公司（以下简称海南国际保理公司）发放了首单商业保理融资，解决了一家施工企业应收账款到账慢的难题。

“接到企业融资诉求后，在短短 7 天内，我们就发放了商业保理融资 350 万元。”海南国际保理公司负责人表示，这笔钱解决了工程施工单位急需的周转资金。

2020 年 4 月 17 日，三亚市亚龙湾一家在建酒店施工企业负责人陈先生向海南国际保理公司求助：在建酒店投资方应付第三笔工程款 350 万元，按照正常流程，这笔应收工程款 6 个月后才能到账，但他 4 月底之前必须按时发放工人工资，而由于受新冠肺炎疫情影响，他的资金一时周转不过来。

海南国际保理公司立即派出业务人员与陈先生对接，详细调查陈先生与上述在建酒店的合作情况，核实在建酒店投资方确实有付款能力，但由于审批流程原因，付款周期需要 6 个月。2020 年 4 月 24 日，海南国际保理公司与陈先生签订了商业保理融资协议，把350万元融资款转到陈先生公司的账上。6个月后，该在建酒店投资方把350万元支付给海南国际保理公司。

海南国际保理公司是经海南省金融管理局批准成立的海南省第一家商业保理公司，由三亚发展控股有限公司、三亚国际交易集团有限公司发起设立，是海南省新金融业态，填补了海南金融牌照版图的一块空白。

保理业务以受让企业应收账款的方式提供融资，利用供应链买方企业的资信，解决上下游中小企业的融资需求。海南国际保理公司控股股东、三亚发展控股有限公司董事长杨永红说，创办国际保理公司的初心和使命是为海南省工程建设、政府采购、制造型企业及贸易型企业的供应链提供融资服务，为扩大海南自贸港建设、进出口贸易提供高效融资新渠道，特别是在当前新冠肺炎疫情尚未完全解除、中小企业普遍面临较大压力的环境下，海南国际保理公司将主动发挥更大的作用。

【案例分析】

近年来，随着国际贸易竞争的日益激烈，国际贸易买方市场逐渐形成。对进口商不利的信用证结算的比例逐年下降，赊销日益盛行。由于保理业务能够很好地解决赊销中出口商面临的资金占压和进口商信用风险的问题，因而在欧美、东南亚等地日渐流行，并在世界各地迅速发展起来。不仅发达国家中有保理公司开展国际业务，一些发展中国家和地区，如墨西哥、东盟、匈牙利等，也都有保理公司为其本国进出口贸易提供服务。

随着“一带一路”倡议的实施，“一带一路”沿线国家对国际保理业务的需求不断提升。最近20年来，信用证的使用率逐年下降，而“一带一路”沿线各国的财政状况普遍不太理想，外汇存底也不丰厚。越来越多的国家为了拉动外资企业的投资，经常要求必须在当地注册企业才能承揽项目，并以当地货币结算及赊销等方式作为交易付款的条件，这也造成了企业巨大的资金管理困扰。在这种情况下，为了有效解决当地国资企业或在国内的出口商收款及融资需求等种种问题，国际保理业务迅速发展起来。其与“一带一路”倡议互相促进、共同发展。2019年11月，国际保理和供应链金融大会在深圳成功召开，这也表明了我国对国际保理业务的关注度越来越高。

资料来源：海南日报。

8.1 出口贸易融资

在结算业务中，银行往往会向有资格的客户提供融资服务，这类服务与国际结算过程密切相关，因而被称为国际结算融资。国际结算融资业务有两种形式：一是银行向客户直接提供资金融通；二是银行向客户提供信用保证，以方便客户从贸易对手或第三方处取得融资便利。国际结算融资方式根据提供融资对象的不同，可以分为出口贸易融资和进口贸易融资。

出口贸易融资是指出口地银行或其他金融机构对出口商（信用证受益人）的融资，主要融资方式有信用证打包贷款、出口押汇、卖方远期信用证融资、出口发票融资等。

8.1.1 信用证打包贷款

1. 信用证打包贷款的定义

信用证打包贷款，简称打包贷款（Packing Credit/Loan），是指出口地银行以出口商提供的信用证正本做抵押，向出口商发放贷款的融资方式，如图 8-1 所示。信用证打包贷款包括根据预支信用证提供的打包贷款和以其他信用证为抵押发放的贷款。

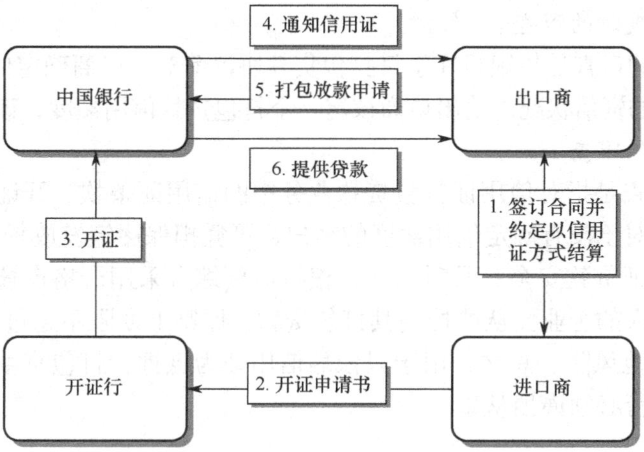

图 8-1　信用证打包贷款示例

信用证打包贷款是在出口商资金紧张的情况下，为满足其出口生产、备货所需资金而产生的。出口商在收到信用证后即可凭其向银行或其他融资机构申请贷款，贷款银行一般就是通知行/议付行，贷款金额一般不超过信用证总金额（按当日银行买入价折算）的 80%。贷款期限以信用证有效期为基础，一般为自放款之日起至信用证有效期后一个月，最长不超过一年。贷款利率按相应期限的本币或外币流动资金贷款利率执行，按实际贷款天数计息。

2. 信用证打包贷款的业务流程

① 出口商在收到信用证后，将信用证正本交给银行，向银行提出打包贷款申请，并同时提供以下文件：如果出口商是第一次在该银行办理贷款等授信业务，办理打包贷款时必须提供企业营业执照副本、税务登记证、企业组织机构代码证、进出口业务许可证和贷款卡等基础资料；填写并提交银行提供的打包贷款申请书；如有需要，缴纳保证金，落实担保单位、抵押和质押；签订其他协议。

② 银行对信用证及其修改的真实性、条款等内容进行审核。

③ 审核通过后，银行与出口商签署打包贷款合同，发放打包贷款。为确保专款专用，银行有权审核客户的用款情况。

④ 出口商利用资金组织或生产出口货物，按信用证要求及时发货。

⑤ 出口商出口货物取得信用证项下有关单据后向放款银行交单议付，收到出口货款后，及时归还银行打包贷款。

3. 信用证打包贷款的风险与防范

如果打包贷款是根据预支信用证进行的，那么融资风险应由开证行承担。如果受益人不能按期提交与信用证规定相符的单据，以便融资银行从开证行处收款，那么融资银行可要求开证行偿还贷款本息，因为融资银行是根据开证行的指示发放贷款的。

如果是以其他信用证发放的贷款，那么风险就应由融资银行承担，与开证行无关。在这种融资方式下，出口地银行不能仅凭国外信用证就给受益人贷款，因为信用证只是开证行的有条件付款承诺，如果受益人不能满足信用证规定的条件，开证行是不会付款的。因此，银行应加强对打包贷款的审查。银行对打包贷款的审查包括以下几项。

（1）确定总额度时的审查

确定总额度时的审查是指银行在签订打包贷款协议前对出口商确定信用额度时的审查，主要是审查出口商的资信状况，给出口商核定一个打包贷款信用额度，该额度可循环使用。

（2）对信用证的审查

对信用证的审查是指对信用证打包贷款业务中的信用证条款、开证行资信和出口商品市场的审查。银行对于没有确定信用额度的客户，可凭担保逐笔发放贷款。

此外，为了保证贷款安全、及时收回，银行需要综合采用严格审核企业的基础资料、对信用证第二受益人的企业要从严控制其打包贷款、原则上期限不超过 360 天，以及严格贷后管理等方法防范风险。总之，由于只依靠信用证为抵押，打包贷款实质上是一种无抵押的信用贷款，银行必须谨慎从事。

8.1.2 出口押汇

1. 信用证项下出口押汇

（1）信用证项下出口押汇的定义

信用证项下出口押汇是指在信用证结算方式下，出口商（信用证受益人）发运货物后按信用证要求制备单据，提交银行申请议付，银行审单后给予出口商的一种短期融资。

出口商（信用证受益人）在出运货物后，凭与信用证要求相符、收汇有保障的单据向银行申请短期融资，出口商能在国外收汇到达之前提前从银行得到垫款，加速资金周转。

（2）信用证项下出口押汇的受理条件

企业如需向银行申请出口押汇，必须满足以下条件。

① 企业应在申请行开立人民币或外币往来账户，办理进出口结算业务，并在押汇融资业务项下核算一切收支。

② 企业资信良好，履约能力强，收汇记录良好，具有一定的外贸经验。

③ 出口的商品应为企业主要出口创汇产品，适应市场需求，国内外进销网络健全畅通，并能取得必要的配额及批文。

④ 企业应具有健全的财务会计制度，能按时向银行报送财务报表，接受银行对企业生产经营及财务状况的实时审核。出口押汇款项应用于合理的资金周转需要。

⑤ 开证行和偿付行所在地政治及经济形势稳定，无外汇短缺，无特别严格的外汇管制，无金融危机状况，且开证行自身资信可靠，经营作风稳健，没有故意挑剔单据不符点而无理拒付的不良记录。

⑥ 信用证条款清晰完整且符合国际惯例，经银行认可无潜在风险因素。对于转让信用证，银行原则上不予办理出口押汇。

⑦ 叙做出口押汇的单据必须严格符合信用证条款，做到单单一致、单证一致。对远期信用证项下的出口押汇，须在收到开证行承兑后方可叙做。

（3）信用证项下出口押汇的币种、利率、期限

出口押汇的币种为单据原币种，押汇利率按照国际金融市场的状况、申请行筹资成本、开证行资信风险等因素确定。

押汇金额比例由银行根据实际情况核定，最高额为单据金额的 100%。银行预扣银行费用、押汇利息后，将净额划入企业账户。如实际收汇日超出押汇的期限，银行将向企业补收押汇利息。

即期出口押汇期限按照出口收汇的地区和路线确定，远期信用证押汇期限为收到开证行承兑日起至付款到期日后的第三个工作日止。如果超过押汇期限，经银行向开证行催收交涉后仍未收回议付款项，银行有权向企业行使追索权，追索押汇金额、利息及银行费用。

（4）信用证项下出口押汇的业务流程

信用证项下出口押汇的业务流程包括：出口商根据业务需要向业务银行提出押汇申请，银行审批同意后，与出口商签订出口押汇总质押书；每次出货后，出口商填写出口押汇申请书，向银行提出融资申请，并将信用证或贸易合同要求的所有单据提交银行；银行审核相关单据并向出口商发放押汇款；银行对外寄单索汇；收汇后归还出口押汇。

2．托收项下出口押汇

（1）托收项下出口押汇的定义

托收业务是以商业信用为基础的结算方式，银行只作为代理人行事，不提供信用保障。在通常情况下，出口商将全套单据交给托收行后，必须等到进口商付款且托收行收妥以后才能结汇，出口商资金占用时间较长。如果出口商在提交单据、委托托收行向进口商收取款项的同时，要求托收行先预支部分或全部货款，待托收款项收妥后归还银行垫款，这种融资方式就叫作托收项下出口押汇。其基本业务流程如图 8-2 所示。

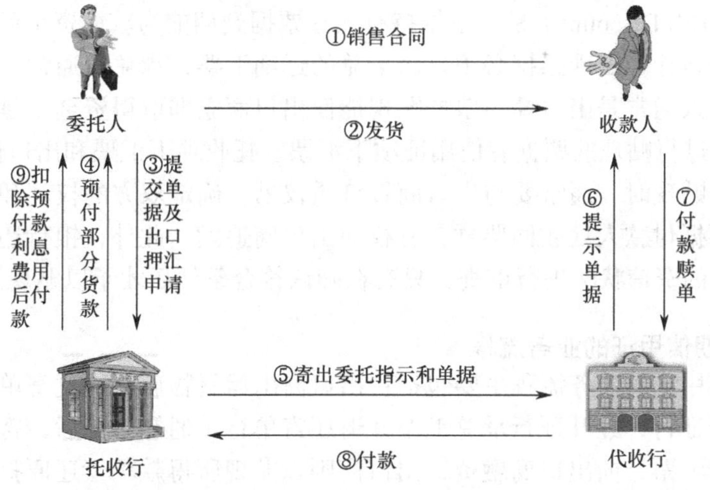

图 8-2　托收项下出口押汇的基本业务流程

（2）托收项下出口押汇面临的风险

托收项下出口押汇融资的还款主要依赖出口商的资信和能力。尽管相关的单据可以作为担保机制，但是单据的处理还需要由出口商实现，银行不是专业的出口商，不善于也没有时间去做货物交易。

由于托收项下出口押汇做担保的重要凭据是货物权利单据，单据欺诈行为在国际贸易中时有发生，如果境外出口商试图欺诈，银行的融资风险将非常大。特别是如果境内贸易商也参与欺诈，银行就更加难以防范相关的风险。

由于托收项下出口押汇银行是凭进、出口商的资信，特别是进口商的商业信用好坏而确定是否给予资金融通的，所以银行承担的风险很大，即将原来由出口商承担的风险转移到托收行，因此托收行一般不愿做出口押汇。

8.1.3 卖方远期信用证融资

1. 卖方远期信用证的定义

卖方远期信用证（Seller's Usance L/C）又称真远期信用证，是付款期限与贸易合同规定一致的远期信用证。采用卖方远期信用证融资主要是指通过远期汇票的承兑与贴现来融资。

（1）银行承兑

银行承兑（Banker's Acceptance）是指银行在远期汇票上签署“承兑”字样，使持票人能够凭此在公开市场上转让及贴现其票据的行为。银行承兑的主要是有贸易背景的汇票。承兑汇票的持有人通常是出口商。

银行在承兑汇票时，并不立即垫付本行资金，而只是将自己的信用借出，增强汇票的流通性或可接受性，使持票人能在二级市场上取得短期融资的便利。银行对汇票予以承兑后便成为汇票的主债务人，到期应承担付款责任。因此，承兑行在承兑前应对债务人（进口商）的资信等进行审查，并采取相应措施，以降低自身风险。

（2）票据贴现

票据贴现（Bill Discount）是指票据持有人在票据到期前为获取资金而向银行贴付一定利息所做的票据转让。贴现票据必须是已承兑的远期汇票，承兑人通常是开证行或其他付款行，票据持有人通常是出口商。票据贴现能使出口商立即取得资金，是国际贸易融资的一种方式。适合进行贴现的票据有信用证项下汇票、托收项下汇票和出口保险项下汇票。

银行在办理贴现时，通常要与出口商签订质权书，确定双方的权利和义务。如果到期时银行不能从票据付款人处收回票款，有权向出口商追索。此外，银行还应对贴现票据的付款人、承兑人的资信状况进行审查，只有在确认符合条件后才予以贴现。

2. 卖方远期信用证的业务流程

卖方远期信用证的业务流程主要包括：出口商出运货物后，通过寄单行（通知行）将全套单据寄给开证行，经开证行承兑汇票并退还寄单行（通知行）后，寄单行就可以以贴现方式购买全套汇票，向出口商融资，出口商则以贴现所得款项偿还原打包贷款的融资款项。寄单行因此成为承兑汇票的正当持票人，它可保存汇票，并于到期日向开证行（承兑人）索偿，也可将汇票转让，进行再贴现。卖方远期信用证的业务流程如图 8-3 所示。

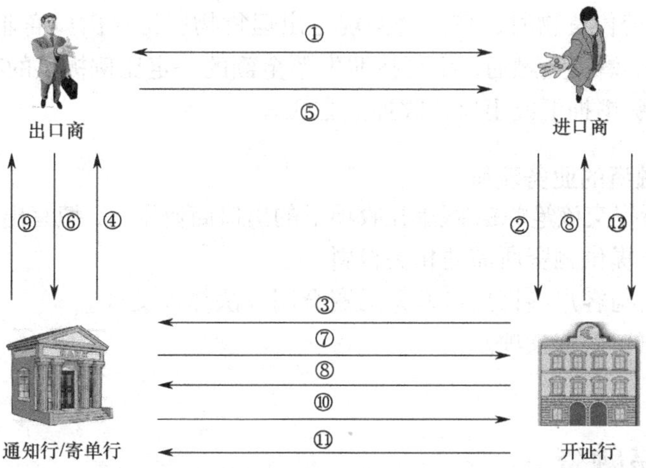

图 8-3　卖方远期信用证的业务流程

卖方远期信用证的业务流程说明如下。

① 进出口双方签订贸易合同，确定以远期信用证方式结算。

② 进口商申请开证。

③ 开证行开立远期（承兑）信用证。

④ 通知行通知及办理打包贷款。

⑤ 出口商发运货物。

⑥ 出口商向通知行（寄单行）交单。

⑦ 通知行（寄单行）寄单。

⑧ 开证行承兑汇票并将承兑汇票寄回寄单行。与此同时，开证行凭信托收据向进口商放单，进口商提货。

⑨ 寄单行贴现承兑汇票，出口商得到资金融通。

⑩ 寄单行到期提示承兑汇票。

⑪ 开证行（承兑人）付款。

⑫ 进口商到期付款并赎回信托收据。

3．卖方远期信用证的融资风险

卖方远期信用证融资方式由于付款周期较长，合同金额较大，因而隐藏着较大的风险：①进口商要付出较高的代价，且要承担进口货物与贸易合同及单证不符的风险；②开证行承兑汇票后，面临进口商拒付的风险；③寄单行面临贴入承兑汇票后开证行倒闭的风险；④出口商面临汇票承兑前开证行或进口商无理拒付的风险。

因此，有关当事人都必须对交易和融资对方的资信进行详细的了解，并采取相应措施，以降低和防范风险。

8.1.4　出口发票融资

1．出口发票融资的定义

出口发票融资是指融资申请人在采用赊销或托收（包括付款交单 D/P 和承兑交单 D/A）

结算方式向进口商销售货物时，按照合同规定出运货物后，将出口商业发票项下应收账款债权转让给银行，申请资金融通，银行按照发票金额的一定比例提供的有追索的融资业务。融资方式采用出口赊销押汇或出口托收押汇方式。

2．出口发票融资的业务流程

① 客户向银行提交该笔赊销/跟单托收项下的出口商业发票，填写出口发票融资申请书。

② 客户向银行提供融资所需的相关材料。

③ 银行审核后与客户签订出口发票融资合同等法律性文件。

④ 银行发放出口融资款项。

8.2 进口贸易融资

进口贸易融资是指进口地银行或其他金融机构对进口商的融资。主要融资方式有开证授信额度、信托收据、进口押汇、买方远期信用证、提货担保等。

8.2.1 开证授信额度

1．开证授信额度的定义

开证授信额度是指银行为帮助进口商融通资金而对一些资信较好、有一定清偿能力的进口商，根据其提供的质押品和担保情况，核定一个相应的开证额度。进口商在每次申请开证时都可获得免收或减收开证保证金的优惠。

对外开立信用证后，对开证行来说就形成了一笔或有负债，只要出口商提交的单据满足信用证的规定和要求，开证行就要承担第一性的付款责任。由于开证行代进口商承担了有条件的付款责任，因此银行在受理进口商的开证申请时，均把开立信用证视为一种授信业务。没有开证额度的进口商申请开立信用证时，银行要收取100%的保证金。

进口商申请开证时，银行除审查其开证额度是否足够外，为维护银行信誉和资金安全，通常还要重点审查货物的性质及变现能力、货物保险、物权单据的控制等情况。如果发现申请书中的开证条款对银行利益形成了潜在的威胁，银行有权要求进口商加入一些保护性条款或拒绝受理开证申请。

2．开证授信额度的类型

为了控制风险和支持进口商的业务发展，银行把开证额度分为普通开证额度和一次性开证额度。

（1）普通开证额度

普通开证额度是指进口商获得额度后，在一定的期限（通常为1年）内，可无限次地在额度内向银行申请开立信用证，额度可循环使用。

（2）一次性开证额度

一次性开证额度是指为进口商的一个或几个贸易合同核定的一次性开证额度，不得循环使用。一般是进口商成交了一笔大额生意，普通开证额度不够使用或普通额度的大量占用会影响其正常经营，银行可根据其资信状况和质押品情况核定一次性开证额度，供此份合同项下开证使用。

8.2.2 信托收据

1. 信托收据的定义

信托收据（Trust Receipt，T/R）是指进口商以信托方式向银行借出全套单据时出具的，同意将自己货物的所有权转让给银行的书面担保文件。信托收据下银行是信托人，代表委托人掌握物权；进口商是受托人，代表信托人处理单据。

凭信托收据，进口商可以立即取得单据，及时办理报关和提货，减少码头仓储费，避免或减少因不能及时提货而遭受的损失。在银行向进口商交单时，进口商应首先向银行提交信托收据，一旦进口商违约拒付，银行便可以信托收据为依据诉诸法律。

在进口结算中，信托收据除用于信用证方式外，还可用于托收方式。在远期付款交单条件下，进口商承兑汇票后，如果未付款，是不能提前拿到货运单据的，但可以凭信托收据向银行预借单据提货，并于汇票到期日付清货款。进口商向代收行提交信托收据，代收行接受并据此借出单据后，代收行即成为信托人，进口商成为受托人或被信托人。这种方式是代收行对进口商提供资金融通的方便，凭信托收据借出单据后，其物权仍属代收行，进口商处于代管货物的地位，进口商作为受托人或被信托人，其义务有以下几项。

① 将信托收据项下货物和其他货物分开存仓、分开保险，其物权属代收行，货物一旦出险，保险所得赔偿应归代收行。

② 货物售出后，所得货款应属代收行。若远期付款交单条件尚未到期，该款应由代收行保管或另立账户与进口商自有资金分开，或者赎回信托收据并办理远期付款交单条件的提前付款，利息问题可由进口商与代收行协商解决。

③ 由于物权在未付款前并不属于进口商，故进口商不得将该货物抵押给他人。为妥善起见，代收行在借出单据时，应在提单上加盖“UNDERLINE TO THE×× BANK”章，表示该银行对货物持有留置权，并且进口商随时接受代收行对货物的监督与查看。

由于信托收据是由进口商向代收行提供的，故接受与否由代收行视进口商的资信、往来关系而定。只要接受了信托收据，借出了单据，代收行即成为信托人，其权利是可以随时取消信托，收回借出的商品；如商品已被出售，可以随时收回货款；如进口商倒闭清算，信托人对货物或货款有优先权。

信托收据的内容通常包括：确认代表货物所有权的单据，实际货物的处理和销售；银行随时注销这一收据并收回货物的权利；进口商破产清盘时，银行凭信托收据优先处理债权，等等。

2. 信托收据的业务流程

① 进口商在付款或承兑前向银行开出信托收据，申请借单。必须明确信托收据的期限、申请人的责任、还款方式和责任、违约处理等，并注明船名、货名、唛头、金额、签署日期等。

② 进口商以银行托收的身份办理提货、报关、存仓、保险等手续，货物出售后，即将货款存入银行。

③ 进口商在汇票到期后向银行偿付票款，收回汇票，赎回信托收据。

3．银行在办理信托收据时应注意的问题

在实务中，银行仅凭信托收据将物权单据交给进口商，并授权进口商处理货物，如果进口商资信欠佳，银行要承担很大的风险。出口商允许进口商使用信托收据提货，到期进口商不付款的风险由出口商自己承担。若代收行未得到出口商授权，自行让进口商使用信托收据提货，到期进口商不付款的风险由代收行承担。因此，银行在办理信托收据业务时应注意以下几点。

① 审查进口商的资信，根据进口商的信誉、抵押物的情况核准授信额度，并在核定的授信额度内办理业务。

② 借出单据后应加强对货物存仓、保险、销售、收款等环节的监督，以降低风险。

③ 熟悉当地法律法规，维护自身权益。一般来说，信托人破产清算时，银行对货物或货款有优先权，但不同的国家对此有不同的规定。

8.2.3 进口押汇

1．进口押汇的定义

进口押汇是指银行在收到信用证或进口代收项下单据时应进口商的要求向其提供的短期资金融通。

进口押汇的币种为付款币种，押汇利率参照银行同期流动资金贷款利率，采取利随本清的计息方式。进口押汇的期限自每笔对外付款日起至押汇归还日止，原则上不超过 3 个月。

2．进口押汇的分类

根据基础结算方式不同，进口押汇可分为进口信用证押汇和进口托收押汇两种。

（1）进口信用证押汇

进口信用证押汇（Inward Bill Receivables）是指信用证开证行在收到出口商或其银行寄来的单据后先行付款，待进口商得到单据、凭单提货并销售后收回货款的融资活动。它是信用证开证行对开证申请人（进口商）的一种短期资金融通。进口信用证押汇通常不另设额度，而是包括在信用证开证额度内。

在正常情况下，作为开证申请人的进口商在得到开证行单到付款的通知后，应立即将款项交开证行赎单，并且在付款以前是得不到单据从而不能提货的。但是，如果进口商的资信较好，并且信用证项下单据所代表的货物市场销售行情好，能在短期内收回货款，那么银行可以根据有关协议代进口商先对外支付货款，并将单据提供给进口商以便其提货、销货，最后将贷款本金连同利息一并收回。起息日为押汇银行垫款之日，利率一般按市场利率加上一定的升幅。

（2）进口托收押汇

进口托收押汇是指托收方式下代收行以包括物权单据在内的进口单据为抵押向进口商提供的一种融资性垫款。由于其风险较大，一般适用于以付款交单为结算方式的托收业务。

3．进口押汇的业务流程

① 企业如需向银行申请叙做进口押汇，须在信用证付款到期日前填写进口押汇申请书，加盖公章及有权签字人签字后提交银行。

② 企业应向银行提供财务报表，以便银行审核企业近期的财务状况和偿债能力。如需要提供担保或抵押，企业应向银行提供有关担保方或抵押物的资料，银行按贷款流程进行审核。

③ 经银行审核同意后，企业与银行签订进口押汇合约书和信托收据，明确双方的责任和义务。

进口押汇的业务流程如图 8-4 所示。

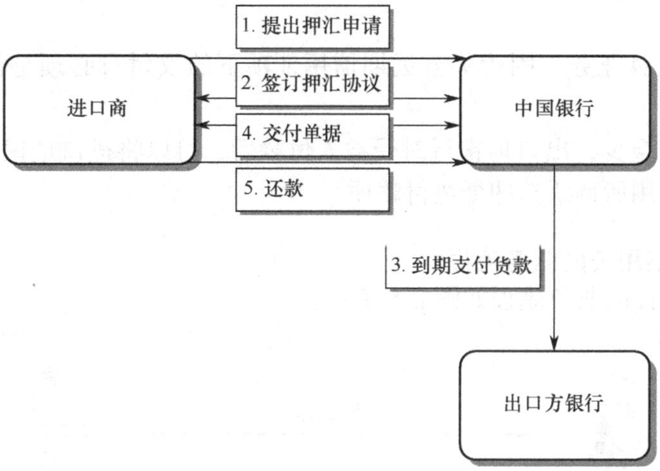

图 8-4　进口押汇的业务流程

4．办理进口押汇时的注意事项

① 需向开证行或指定代收行提出书面进口押汇申请。

② 在押汇银行核定了授信额度或申请了单笔授信。

③ 与银行签订正式押汇协议，确定金额、期限、利率、还款日期等。

④ 随时关注人民币和付汇货币的市场利率，选择融资成本最低的押汇币种。

⑤ 进口押汇是一种专项融资，仅可用于履行特定贸易项下的对外付款责任。

⑥ 押汇期限一般与进口货物转卖的期限相匹配，并以销售回笼款项作为押汇的主要还款来源。

8.2.4　买方远期信用证融资

1．买方远期信用证的定义与作用

买方远期信用证（Buyer's Usance L/C），即假远期信用证，是指信用证项下远期汇票付款按即期付款办理的信用证。它是相对于卖方远期信用证而言的，是出口地银行（议付行）通过开证行向开证申请人（进口商）提供短期融资的一种方式。

买方远期信用证的作用有以下几个。

① 对进口商的影响。买方远期信用证使进口商得到了出口地银行的融资，不过进口商应支付从出口地银行贷款日（议付日）起至汇票到期日（开证行偿还日）的利息给出口地

银行，并承担有关费用。

② 对出口商的影响。买方远期信用证对出口商基本没有什么影响，出口商仍然是在发货后交单议付，收回货款。

③ 对进口地银行的影响。进口地银行承兑汇票后，必须到期付款，并且对出口地银行没有追索权。

④ 对出口地银行的影响。

- 获得利息收入。出口地银行可收取从贷款日（议付日）至汇票到期日（开证行偿还日）的利息。
- 带来出口结算业务，因为买方远期信用证项下的议付行必须是提供融资的出口地银行。
- 实际占用资金少，出口地银行对受益人付款后，可以将进口地银行承兑的远期汇票进行贴现，用所得票款冲抵垫付款项。

2. 买方远期信用证的业务流程

买方远期信用证的业务流程如图 8-5 所示。

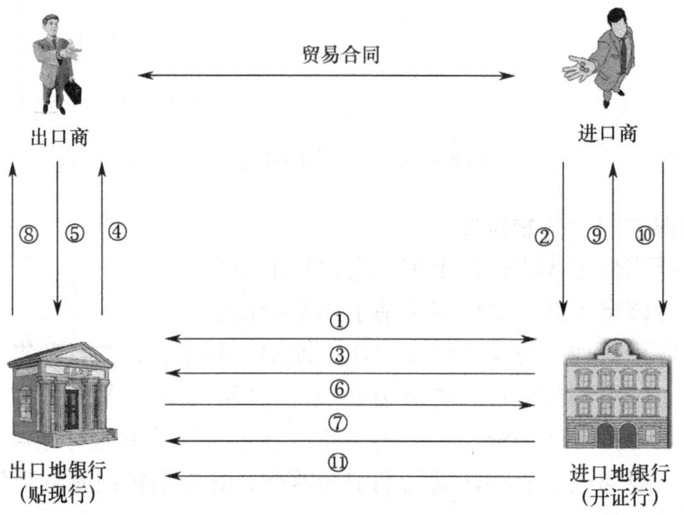

图 8-5 买方远期信用证的业务流程

买方远期信用证的业务流程说明如下。

① 进出口双方银行签订由出口地银行以买方远期信用证形式向进口商融资的协议，出口地银行根据协议开立专门账户。

② 进口商申请开立远期付款、银行承兑信用证。进口地银行（开证行）开立信用证时应注明：本信用证项下汇票的付款日为见票后若干天（以便开证行承兑）；本信用证项下远期汇票的付款按即期付款办理（出口地银行即期付款给受益人或出口商）；本信用证限制在提供融资的出口地银行议付。

③ 开证行开证。

④ 出口地银行通知信用证。
⑤ 出口商交单申请议付。
⑥ 出口地银行寄单。
⑦ 开证行承兑汇票，并授权出口地银行从专户内支付货款给出口商。
⑧ 出口地银行按面额支付票款。
⑨ 开证行凭信托收据向进口商放单。
⑩ 进口商于到期日还款，包括本金和利息。
⑪ 进口地银行向出口地银行偿还垫款和利息。

3. 卖方远期信用证与买方远期信用证融资的比较

卖方远期信用证与买方远期信用证融资的相同点是两者都是通过远期信用证项下远期汇票的承兑和贴现实现的。但两者也存在一些不同之处，具体如下所述。

（1）贸易合同规定的付款期限不同

一般而言，贸易合同是信用证开立的基础，卖方远期信用证符合这一条件，信用证与合同的付款期限相同，都是远期付款。但买方远期信用证不符合这一条件，信用证是远期付款，合同却是即期付款。对于与合同付款条款不一致的信用证，受益人通常是不会接受的，受益人接受买方远期信用证是为了给进口商从银行融资提供方便。

（2）贴息支付者不同

卖方远期信用证的融资者是受益人（出口商），贴息支付者也是受益人。买方远期信用证的融资者是开证申请人（进口商），融资成本也由其承担。

8.2.5 提货担保

1. 提货担保的定义和作用

提货担保（Delivery Against Bank Guarantee/ Shipping Guarantee）是指当进口货物早于货运单据抵达港口时，银行向进口商出具的、有银行加签的、用于进口商向船公司办理提货手续的书面担保。

在正常情况下，收货人（一般为进口商）应凭正本提单向船公司办理提货手续，但有时因航程过短或其他原因，货物比单据先到，如果收货人急于提货，可采用担保提货方式，即由收货人与银行共同或由银行单独向船公司出具书面担保，请其凭以先行放货，保证日后及时补交正本提单，并负责缴付船公司的各项应收费用，以及赔偿由此可能产生的损失。

由于进口商在付款之前就取得了代表货物所有权的单据，因此提货担保的实质是开证行对进口商的一种融资，可以缓解进口商的资金周转困难，也有利于进口商节约时间，把握市场先机。

2. 提货担保的业务流程

提货担保的业务流程比较简单。一般情况下，当货物先于单据到达港口时，首先，开证申请人（进口商）向开证行提出办理提货担保的申请。其次，开证行根据具体情况，有条件地办理提货担保。最后，开证申请人（进口商）收到运输单据后立即向船公司换回提货担保书。

3. 提货担保业务中应注意的问题

(1) 开证申请人(进口商)

① 限制性。提货担保一般只适用于信用证项下的货物，且只有当该信用证为开证行开立、运输方式为海运、信用证规定为提交全套海运提单时方可办理。若银行客户要求对跟单托收项下的货物出具提货担保，则必须提供有关的交易单据，以便银行审查货物的归属和真实价值，否则不予受理。在通常情况下，银行仅对资信良好的客户提供跟单托收项下的提货担保业务。

② 保证付款。申请人(进口商)在收到有关单据后，无论其与有关信用证是否相符，均保证立即承兑或付款，不得拒付。

③ 及时退还。由于该项业务为授信业务，如果提货担保书不及时退还开证行，会影响开证申请人(进口商)的授信额度和信誉，故而开证申请人收到有关单据后，应立即用正本提单向船公司换回提货担保书，并退还给开证行。

④ 赔偿责任。开证申请人(进口商)需对因出具提货担保而使开证行遭受的损失进行赔偿。

(2) 开证行

① 开证申请人(进口商)的资信状况。开证行需要时刻关注进口商的信誉和经营状况，一方面是因为企业的经营是动态的，另一方面是因为开证行在出具提货担保时即失去了对货物的掌控权，面临的风险较开证时大，需要进一步了解进口商的具体情况，并据以确定是否需要进口商补充保证金、增加第三方担保和抵押，或者采取其他防范措施。

② 货物的状况。开证行需确认该货物为其自身开立的信用证项下的货物，核对有关内容，如货物名称、货物总价值、起运港和卸货港等。

③ 收回提货担保书。开证行应督促进口商收到单据后，及时将提货担保书退还开证行。

8.3 国际保理

8.3.1 国际保理的产生

国际保理业务是从出口代理交易方式演变而来的，起源于14世纪的英国毛纺工业。当时英国毛纺织品是在寄售的基础上委托专业代理商代销的。这些代理商向国外买主出售商品，同时向出口商担保买主的商业信用。当时由于交通不便，外贸业务往来活动的发展比较缓慢。如果在国外没有可靠的代理人进行协助，出口企业很难取得成功。到了18世纪，美国一些代理商逐步由以前被委托的代理人身份演变为独立的经济实体——保理商。保理商根据保理合同专门为有关商业企业提供信贷和信用管理服务。经过不断的发展，现代保理商已能提供一揽子服务，包括向卖方提供买方资信调查、100%货款商业风险担保、应收账款管理和资金融通等。

8.3.2　国际保理的定义

国际保理（International Factoring）业务又称为承购应收账款，是指在以商业信用出口货物时（如以 D/A 作为付款方式），保理公司接受出口商的委托，向出口商提供进口商的信用额度调查、信用风险担保、应收账款管理和贸易融资的综合性服务项目，是集融资、结算、财务管理和信用担保于一身的融资结算方式，本质上是一种债权转让。

我国银行提供的保理服务，是一项集贸易融资、信用风险保障及销售账户管理和催收于一体的综合性金融服务，帮助企业利用应收账款这种流动资产进一步扩大业务规模，同时通过保理提供的信用风险保障，消除赊账销售所带来的买方潜在的信用风险，减少企业的担忧。

国际保理业务具备以下功能。

① 信用风险保障。如果企业选择了国际保理服务中的风险保障选项，买家的信用风险将由银行来承担。在核准的信用额度内，保理可以为企业提供最高达 100%的买家信用风险担保，帮助企业拓展国际、国内贸易业务。

② 应收账款融资。针对被保理的应收账款，可以按预先约定的比例（通常为发票金额的 80%，也可以是 100%）为企业提供即时的贸易融资。

③ 应收账款管理。国际保理可以帮助企业进行专业的销售账户管理和应收账款催收，为企业即时提供经营管理所需的有关应收账款信息，并对买方付款情况进行分析。

应用案例

国际保理能为企业做些什么

我国某出口商向欧美地区出口化工产品，销售毛利率很低，境外进口商不愿意以信用证方式结算，而且要求赊销 90 天，这种产品虽然出口利润很低，但每年可为该出口商增加 10 万多美元的收入，而且这样的订单接连不断。但是，该出口商的现有资金已不足以支持大量的备货出口。

思考：

（1）在这种情况下出口商应该如何处理？

（2）选用该方法对企业有哪些益处？

【案例分析】

（1）该出口商可以采用出口保理方式。

（2）企业采取出口保理方式时，在交货后把应收账款的发票和装运单据转让给保理商，这样就可以及时收回大部分货款，解决企业资金运转的难题，控制结算成本，为企业拓展更大的利润空间。

资料来源：李秀芳. 进出口贸易实务案例及问题解答[M].北京：电子工业出版社，2015.

8.3.3　国际保理的分类

根据不同的分类标准，可以将国际保理业务分为不同的类型。

1. 按照保理涉及的区域，分为国际保理和国内保理

（1）国际保理

国际保理业务的运作有单保理和双保理两种方式。仅涉及进出口商一方保理商的叫作单保理方式；涉及双方保理商的叫作双保理方式。单保理是只有出口银行与出口商签订保理协议，并对出口商的应收账款承做保理业务；双保理是进出口银行都与进出口商签订保理协议。

（2）国内保理

国内保理主要包括应收账款买断和应收账款收购及代理。

2. 按照是否保留追索权，分为有追索权的保理和无追索权的保理

（1）有追索权的保理

有追索权的保理是指出口商将应收账款的债权转让给银行（保理商），出口商在得到款项之后，如果进口商拒绝付款或无力付款，保理商有权向出口商进行追索，要求偿还预付的货币资金。银行出于谨慎，为了减少日后可能发生的损失，通常情况下会为客户提供有追索权的保理。

（2）无追索权的保理

无追索权的保理由保理商独自承担进口商拒绝付款或无力付款的风险。出口商在与保理商开展了保理业务之后，就等于将全部的风险转嫁给了银行。因为风险过大，银行一般不予接受。

3. 按照是否将保理业务通知购货商，分为明保理和暗保理

（1）明保理

明保理是指出口商在转让债权时，应立即将保理情况告知进口商，并指示进口商将货款直接付给保理商。目前，国内银行所开展的保理业务都是明保理。

（2）暗保理

暗保理是指将进口商排除在保理业务之外，由银行和出口商单独进行保理业务，在到期后出口商出面进行款项的催讨，收回之后再交给保理商。出口商通过开展暗保理可以隐瞒自己资金状况不佳的状况。

需要注意的是，我国《合同法》中有明确的规定，出口商在对自有应收账款转让时，须在购销合同中约定，且必须通知买方。

8.3.4 国际保理的作用

国际保理的核心优势在于它对贸易双方具有保证作用和融资作用。也就是说，对出口商可以保证进口商最终付款并在付款前给予贴现融资；对进口商可以保证货物质量并给予延期付款的贸易融资。与传统结算方式相比，国际保理主要有如下几个作用。

1. 对出口商的作用

（1）贸易融资作用

在国际保理业务中，出口商装运货物后就可以获得 80%的预付款融资和 100%的贴现融

资，从而迅速收回货款，始终保持充实的流动资本以供不断订货。

（2）坏账担保与信用风险控制

出口商叙做国际保理后可以将自己的应收账款无追索权地一次性卖给出口保理商，这样可将大部分出口相关的风险（如信用、货币、利率等）都转移给保理商。

（3）改善付款条件，提高出口竞争力

保理业务对进口商来说是一种赊销贸易，可以向客户提供更有竞争力的赊销、承兑交单付款条件，以拓展海外市场。

（4）实现高效的应收账款管理

出口商可以借助保理商了解客户的资信及销售状况，并将应收账款跨国管理、催收等复杂的职能外包给保理商，大大节省自身在财务管理方面的成本。

2. 对进口商的作用

（1）可以获得融资便利

由于赊销方式下出口商为进口方提供了 1～3 个月的融资，因此进口商可以在转售货物后再付款，扩大了其现有支付能力下的购买力。

（2）可以得到对进口商品的质量担保

相比承兑交单方式的远期承兑，进口商无须在尚未取得货权的前提下即做出商业承兑；相反，在卖方提供的商品和服务不符合合同条款时，进口商还可以在规定时间内提出异议并要求索偿。

（3）可以节省费用和简化手续

叙做国际保理是基于信用销售，因此可以避免信用证项下较高的开证费用和 100%的保证金，减少资金积压，降低进口成本。

此外，由于保理业务是一种 B2B 意义上的电子商务，国际保理商联合会所启用的统一的保理电子数据交换系统利用全球数据交换网络传递信息，这使得保理业务比一般的结算品种更加便捷、准确和高效。

应用案例

甲公司是一家服装生产企业，产品全部出口到德国大型零售连锁企业乙公司，年销售额约为 5 000 万美元，结算方式为赊销 90 天。随着订单的增多，应收账款占用甲公司大量的流动资金，于是甲公司向银行提出流动资金贷款申请，但因其规模较小，且无抵押、无担保，不符合银行贷款条件，导致流动资金贷款申请失败。此时 A 银行的国际保理业务可以解决甲公司面临的问题，A 银行依据甲公司的情况，给予其 500 万美元的保理预付款融资额度，融资期限不超过 4 个月。甲公司将对乙公司的应收账款转让给 A 银行，从而使甲公司既缓解了资金压力，又改善了报表，同时省去了账款催收的烦恼，也扩大了 A 银行融资业务的市场范围。

8.3.5 国际保理的业务流程

国际保理业务有两种运作方式，即单保理和双保理。前者仅涉及一方保理商，后者涉及进出口双方保理商。国际保理业务一般采用双保理方式。国际双保理方式主要涉及四方当事人，即出口商、进口商、出口保理商和进口保理商。国际双保理业务流程如图 8-6 所示。

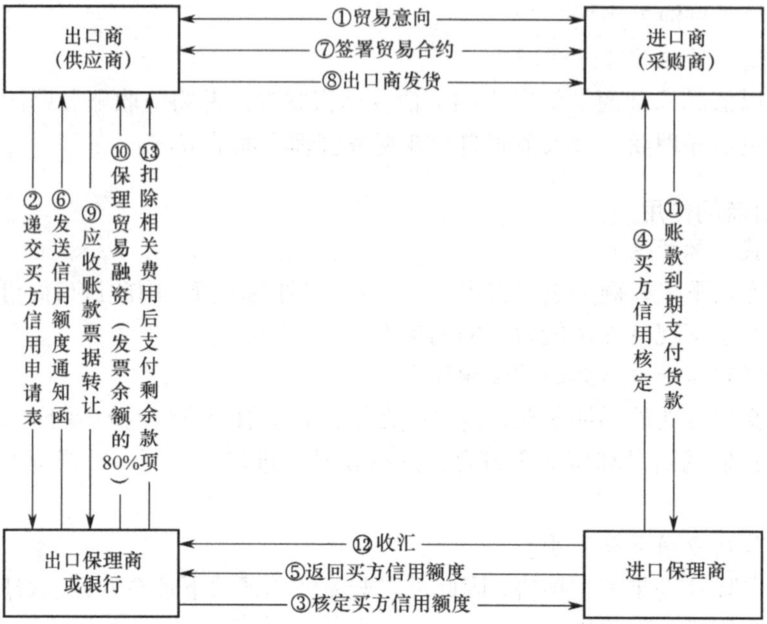

图 8-6　国际双保理业务流程

国际双保理业务流程说明如下。

① 出口商与进口商有贸易意向或新一轮贸易需求。

② 出口商向出口保理商递交买方信用额度申请表，为海外买方申请信用额度。

③ 出口保理商向进口保理商申请，评估买方资信情况并等待核准进口商的信用额度。

④ 进口保理商对进口商的商业资信进行调查和评估，并初步确定进口商的信用额度。

⑤ 进口保理商向出口保理商通知对进口商的信用额度评估结果。

⑥ 出口保理商向出口商通知信用额度评估结果。

⑦ 出口商与进口商签订贸易合约，同时与出口保理商签署国际保理业务相关协议。

⑧ 在被核准信用额度的情况下，出口商装运货物向进口商发货。

⑨ 出口商向出口保理商提供发货凭证，以及有关应收账款债权转让声明和发票副本。

⑩ 出口保理商向出口商提供发票金额 80%的贸易融资。

⑪ 账款到期后，进口商向进口保理商支付货款。

⑫ 进口保理商将货款转付给出口保理商，同时向出口保理商寄送对账单的付款报告表。

⑬ 出口保理商扣除相关费用后，将余款支付给出口商。

8.3.6 国际保理当事人之间的法律关系

不同的国际保理，参与的当事人不同。在国际双保理的情况下，会形成出口商与进口商、出口商与出口保理商、出口保理商与进口保理商、进口商与进口保理商之间的 4 层关系。

① 出口商与进口商之间是货物买卖合同关系。

② 出口商与出口保理商之间是根据出口保理协议建立的一种合同关系。出口保理协议是国际保理交易中的主合同。依据该协议，出口商应将出口保理商协议范围内的所有合格应收账款都转让给出口保理商，使出口保理商对这些应收账款获得真实有效且完整的权利，以便从实质上保证应收账款是有效的和具有相应价值的，并且不存在也不会产生任何障碍。

③ 出口保理商与进口保理商之间是相互保理合同关系。进出口保理商之间应签订相互保理协议，双方具有债权转让人之与受让人之间的法律关系，即出口保理商将从出口商手中购买的应收账款再转让给进口保理商（进行再保理）而形成法律关系。

④ 进口商与进口保理商之间是一种事实上的债权债务关系。进口商与进口保理商之间没有合同上的法律关系，但由于进口保理商最终收购了出口商对进口商的应收账款，只要出口商与进口商之间的买卖合同或其他类似契约未明确规定该合同或契约项下所产生的应收账款禁止转让，保理商就可以合法有效地获得应收账款，而无须事先得到进口商的同意，它与进口商之间事实上形成债权债务关系。

8.3.7 国际保理的风险与防范

国际保理业务主要涉及进口商、出口商和保理商三方。其中，进口商凭借自身信用获得保理商提供的债务担保。因此，保理业务的风险主要集中在出口商和保理商身上。

1. 国际保理业务的风险

（1）出口商面临的风险

国际保理业务并不能完全免除进口商的信用风险。因此，即使出口商完全履约，进口商仍然可以故意寻找其他借口挑起贸易纠纷，达到少付款、晚付款或不付款的目的。另外，进口商可能与保理商联合对出口商进行欺诈。如果保理商有意夸大进口商的信用额度，而出口商又缺乏对客户的了解，仅凭借保理商的信息确立交易额，又未订立融资条件，即使保理商承担授信额度 100%的责任，出口商也会面临钱货两空的风险。

（2）保理商面临的风险

在国际保理业务中，保理商承担了进口商的信用风险，同时以购买出口商应收账款的形式提供融资。因此，保理商最主要的风险来源于进出口商的信用风险。保理商能否合理地控制客户的风险，对客户进行准确的风险评估，是保理业务能否顺利开展的基础。出口保理商对出口商的资信调查比较容易，但对进口商的调查则要通过其在国外的分支机构或代理行来办理，往往不太好掌控。另外，开展无追索权的保理业务使保理商丧失了对融资方的追索权，需要对资金风险进行控制和分散，但目前为保理业务提供保险的公司较少，保理商往往独自承担信用风险，从而增加了风险成本。

应用案例

我国某出口商出口电视机到香港地区，向某出口保理商申请 100 万美元的信用额度。出口保理商在调查评估进口商资信的基础上批准了 20 万美元的信用额度。出口商遂与香港进口商签订了 23 万美元的出口合同。发货后，出口商向出口保理商申请融资，出口保理商预付 16 万美元，到期日进口商以货物质量有问题为由拒付（理由是该批货物与以前所购货物为同一型号，而前批货物有问题）。进口保理商以贸易纠纷为由免除了坏账担保责任。出口商认为对方拒付理由不成立，并进一步了解到对方拒付的实际理由是香港进口商的下家土耳其进口商破产，货物被银行控制，香港进口商无法收回货款。因此，出口商要求香港进口商提供质检证书，未果。90 天赔付期过后，进口保理商仍未能付款。出口商委托进口保理商在香港起诉进口商。但是，进口保理商态度十分消极，仅凭香港进口商的一面之词就认同存在贸易纠纷，结果败诉。

【案例分析】

这是一起典型的因贸易纠纷导致保理商免除坏账担保责任的保理案例。但是，对于引发贸易纠纷的货物质量问题是否存在，进出口双方各执一词。出口商认为货物质量有问题的理由过于牵强，根本原因是进口商从下家处已无法收回货款，从而面临损失的风险。为了避免自己受损，进口商自然不会配合出口商解决贸易纠纷，对出口商提出的提供质检证书的要求自然也就置之不理。进口保理商由于贸易纠纷的原因免除坏账担保责任，在 90 天赔付期内拒付是正当的行为，符合国际保理惯例的相关规定。但是，同样根据国际保理惯例的规定，进口保理商有义务尽力协助解决纠纷，包括提出法律诉讼。

在本案例中，进口保理商作为出口商的代理，在诉讼过程中态度十分消极，并不想打赢官司，原因很简单——赢了官司的后果是自己承担付款的责任，并因为进口商偿付困难的现实，从而有可能最终由自己承担 16 万美元的损失。出口保理商为出口商提供了买方资信调查与坏账担保服务，因而提供的融资应该属于无追索权融资。如果事先与出口商未就贸易纠纷下的追索权问题达成协议，则国外拒付的风险将由出口保理商承担。

资料来源：孟祥苹. 国际结算［M］. 上海：同济大学出版社，2018.

2. 国际保理业务的风险防范

（1）出口商的风险防范

在国际保理业务中，出口商应该注意产品质量，避免发生各种争议和纠纷导致无法获得付款。如果产生贸易纠纷，应该设法在合理期限内解决问题。如果是出口商责任造成的纠纷，应该积极补救，将损失降到最低；如果是进口商故意发生纠纷，则应积极沟通，取得保理商的支持。另外，出口商应在贸易前做好资信调查，调查对象不仅是进口商，还包括保理商，在确保两者资金可靠、信誉卓著、经营作风正派的情况下，再进行保理操作。

（2）保理商的风险防范

① 保理商应在提供保理服务之前对进出口双方做好资信调查。在国际保理业务的整个

过程中，保理商要全方位、深层次地对进出口双方的综合经济情况和综合商业形象进行调查。主要是针对进出口双方的工商注册情况、财务状况、公司结构、管理人员情况、历史重大交易额、法庭诉讼记录及专业信用评估机构对其的信用等级评估等方面进行调查；静态分析和动态分析相结合，不仅要对其过去的资信状况进行全面的了解和分析，还要根据其生产经营的变化趋势，对其未来的资信做出预测；不仅要对新发展的客户进行调查，还要对原有的客户坚持调查，从而确定与之交易的方式，以降低业务风险。

② 保理商根据进出口双方的资信情况，可以选择自身风险相对小的保理类型开展业务。在保理商对进口商的资信水平没有把握的情况下，优先选择有追索权的保理方式，这样无论进口商出现何种问题，保理商都有权向出口商追回贷款。另外，在双保理模式下，进口保理商也承担对进口商到期不付款的坏账担保，所以出口保理商可以采用双保理模式来转移或分散风险。

③ 保理协议是明确保理商与出口商之间权利义务的基础，它直接关系到保理商是否能够取得无瑕疵的应收账款所有权。因此，在签订保理协议时，要对出口商担保条款、通知条款、附属权利转让条款做出合理、明确的规定，保障应收账款的安全性。

8.4 福费廷

8.4.1 福费廷的定义

福费廷（Forfaiting），也称包买票据或票据买断，是指银行或其他金融机构无追索权地从出口商那里买断由于出口商品或劳务而产生的应收账款，出口商提前取得货款的一种资金融通形式。它是出口信贷的一种类型。

相对于其他贸易融资业务，福费廷业务的最大特点在于无追索权，也就是出口商通过办理福费廷业务，无须占用银行授信额度，就可从银行获得 100%的便利快捷的资金融通，改善其资产负债比例，同时还可以有效地规避利率、汇率、信用等各种风险，为在对外贸易谈判中争取有利的地位和价格条款、扩大贸易机会创造条件。

国际福费廷协会是福费廷业务领域最大的国际组织，其宗旨是促进福费廷业务在全球的发展，制定福费廷业务的惯例规则，便利成员之间的业务合作。协会成员主要为遍布全球的国际性银行和专业福费廷公司。

8.4.2 福费廷的特点

① 出口商在背书转让债权凭证的票据时均加注“无追索权”（Without Recourse）字样，从而将收取债款的权利、风险和责任转嫁给包买商。包买商对出口商、背书人无追索权。

② 福费廷业务期限一般为 1～5 年，属于中期贸易融资。但随着福费廷业务的发展，其融资期限逐渐扩充到最长 10 年，时间跨度很大。

③ 传统的福费廷业务属于批发性融资工具，融资金额从 10 万美元至 2 亿美元不等。可融资币种为主要交易货币。

④ 包买商为出口商承做的福费廷业务，大多需要进口商的银行做担保。

⑤ 出口商支付承担费。在承担期内，包买商因为对该项交易承担了融资责任而相应限制了他承做其他交易的能力，并承担了利率和汇价风险，所以包买商要收取一定的费用。

⑥ 担保方式主要有两种。一种是保付签字，即担保银行在已承兑的汇票或本票上加注“Per Aval”字样，并签上担保银行的名字，从而构成担保银行不可撤销的保付责任；另一种是由担保银行出具单独的保函。

8.4.3 福费廷的主要当事人

1. 包买商（银行）

包买商多为出口商所在国的银行及有中长期信贷能力的大金融公司，福费廷业务是其国际信贷业务的一部分。当包买商与出口商达成福费廷业务的协议，并购入出口商转让的票据后，其既成为该项延期付款交易的信贷机构，又承担了向进口商分期收回货款及利率、汇率变动的风险。

2. 出口商

当出口商以延期付款方式与进口商达成交易而需要资金支持时，可向包买商申请福费廷融资。当出口商将标明交易金额的若干张票据全部转售给包买商，并向其支付贴息后，即可取得贴现净额，提前收回货款。

3. 进口商

当进口商在包买商的资助下以延期付款方式购入货物后，在包买商（正当持票人）向其提出付款要求时，应无条件地履行其在票据上的债务责任，按期归还货款。

4. 担保人

担保人虽然不是福费廷业务的直接当事人，但担保人及其担保对福费廷业务有着至关重要的影响。包买商为转移和规避风险，只购入经担保人担保的票据。若进口商不能按期偿还货款，担保人有责任代其偿还。担保人多为进口地银行，在履行付款责任后，担保人有权向进口商追索，但追索能否成功，取决于进口商的资信状况，故担保人承担着追索失败的风险。

8.4.4 福费廷融资操作流程

福费廷融资操作流程一般包括以下几个环节。

1. 询价

出口商向银行询价（最好在与银行正式签约前进行）。

2. 报价

银行接到出口商的询价后，根据国际福费廷市场情况做出报价。报价内容包括以下几项。

① 贴现率。出口商可以选择固定利率，也可以采用伦敦银行同业拆借利率加上利差的计算方式。

② 承担费，视个别交易而定。

③ 多收期，即预估延期天数。

3．签约

出口商接受银行方面的报价后，双方签订福费廷融资协议。

4．交单

根据之前福费廷融资协议的约定，出口商在装船发货之后应立即将全套单据交银行议付，议付行将相关票据寄开证行/担保行承兑后退回出口商。出口商须在银行承兑的远期汇票或本票上背书并注明“无追索权”字样，随后连同其他单据在承诺期内交贴现行审核。需要提交的单据主要有本票或银行承兑汇票等、提单副本、发票副本、合同副本、信用证或保函副本、出口商对其签字及文件真实性的证明、出口商债权转让函件。

5．审单付款

银行收到出口商提交的单据，经审核无误后即向出口商付款。审单、查询、传递事宜一般均遵照 UCP600 和 SWIFT 规则执行。

6．到期索偿

贴现行对出口商付款后，应在到期日之前将票据寄付款行索偿。付款行按照贴现行的指示将款项汇到贴现行指定账户。至此，整个福费廷融资业务终结。若付款行未能在到期日正常付款，贴现行可以委托专业律师对付款行提起诉讼，同时向出口商通报拒付事实，以便取得出口商的协助，但出口商并不为此承担任何责任。

福费廷融资操作流程如图 8-7 所示。

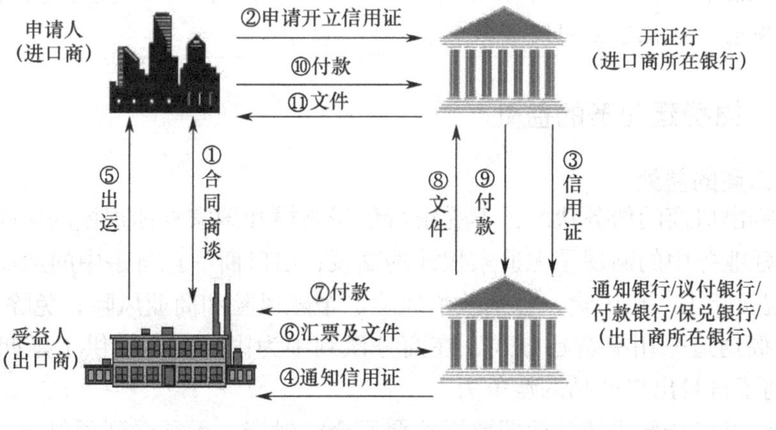

图 8-7　福费廷融资操作流程

应用案例

我国汽车制造企业甲公司拟向国外乙公司出口产品。该产品的市场为买方市场，市场竞争激烈，甲公司面临以下情况。

（1）国外乙公司资金紧张，但在其国内融资成本很高，希望甲公司给予远期付款便利，期限 1 年。但甲公司正处于业务快速发展期，对资金需求较大，在各银行的授信额度已基本用满。

（2）国外乙公司规模不大，资信情况一般。虽然乙公司同意采用信用证方式结算，但开证银行丙银行规模较小，甲公司对该银行了解甚少。

（3）甲公司预计人民币在 1 年内升值，如等 1 年后再收回货款，有可能面临较大的汇率风险。

甲公司与中国银行某分行联系，希望对方提供解决方案。

为满足甲公司融资、规避风险、减少应收账款等多方面的需求，中国银行某分行设计了福费廷融资方案，甲公司最终采用了该方案，并在商业谈判中成功将融资成本计入商品价格。业务过程如下。

（1）丙银行开来见票 360 天远期承兑信用证。

（2）甲公司备货装运后，缮制单据交往中国银行某分行。

（3）中国银行某分行审单无误后寄单至丙银行。

（4）丙银行发来承兑电文，确认到期付款责任。

（5）中国银行某分行占用丙银行授信额度，为甲公司进行无追索权贴现融资，并结汇入账。

（6）中国银行某分行为甲公司出具出口收汇核销专用联，甲公司凭以办理出口收汇核销和退税手续。

通过福费廷业务，甲公司不但用远期付款的条件赢得了客户，而且在无须占用其授信额度的情况下，获得了无追索权融资，解决了资金紧张的难题，有效规避了买方信用风险、国家风险、汇率风险等各项远期收汇项下风险，同时获得提前退税，成功将应收账款转化为现金，优化了公司财务报表。

8.4.5 福费廷业务的益处

1. 对出口商的益处

① 不影响出口商的债务状况，不受银行信贷规模和国家外债规模的影响。

② 福费廷业务中的贴现是无追索权式的贴现，出口商一旦将手中的远期票据卖断给银行，同时也就卖断了一切风险，包括政治风险、金融风险和商业风险，免除了后顾之忧。

③ 出口商通过采用福费廷方式，在商务谈判中为国外买方提供了延期付款的信贷条件，从而提高了自身出口产品的竞争力。

④ 出口商可将全部或部分远期票据按票面金额融资，无须受到预付定金比例的限制。

⑤ 出口商在支付一定的贴现费用后，可将延期付款变成现金交易，变远期票据为即期收汇，从而提高资金使用效率，扩大业务量，增强企业活力。

⑥ 由于福费廷采用固定利率，出口商可以尽早核算出口成本，卖断以后的一切费用均由贴现行承担。

⑦ 福费廷融资操作简便、迅速，出口商不需要办理复杂的手续和提供过多的文件，可以节省时间，提高融资效率。

2．对进口商的益处

① 进口商可获得贸易项下延期付款的便利。

② 不占用进口商的融资额度。

③ 所需文件及担保简便易行。

3．对贴现行的益处

① 扩大了服务项目，加强了与国际金融界的交往，有利于培养金融专业人才。

② 利用外资为国内出口商广开融资渠道，促进了出口贸易，带动了业务发展。

③ 融资效率高，不占用银行信贷规模，但扩大了融资金额和范围。

④ 可随时在二级市场出售所贴现的票据，能转移风险。

8.4.6 福费廷与其他融资方式的比较

1．与商业贷款的比较

在商业贷款中，银行贷款利差的高低主要根据借款人的资信状况、贷款金额、期限，以及担保或抵押情况等确定。在福费廷业务中，银行为中期贸易提供了固定利率融资，满足了客户控制利率风险、确定融资成本的需要。

2．与出口信贷的比较

出口信贷是政府为鼓励本国资本性货物出口而提供的一种带有利息补贴性质的信贷融资。这种融资方式对出口商来讲是最有吸引力的，但它要求的条件比较严格，出口商出口的所有项目并非都符合出口信贷的条件。此外，在出口信贷项下，一般还要求出口商投保出口信用险、提供财产抵押等，手续烦琐，不仅增加了费用开支，而且即使出口商投保了出口信用险，保险公司通常也只承保应收账款的 90%左右，并在应收账款变为呆账 6 个月后才予以赔付，如果通过法律程序索债，赔付期可能会更长。而出口商欠银行的贷款到期必须归还，不能延续。因此，出口商还要承担一定的收汇风险。

在福费廷业务中，由于银行买断了出口商的远期票据，这就使出口商避免了所有的收汇风险、政治风险和商业风险。

3．与保理的比较

对出口商来说，福费廷与保理均是出口商以无追索权方式将应收账款出售给包买商或保理商，从而当即获得出口销售货款。但两者有以下显著区别。

① 福费廷主要为大型资本货物交易提供资金融通；保理的服务对象多为普通商品交易。

② 包买商习惯于为客户的一项交易提供一项融资服务；保理商提供的是综合保理服务，而且在一定期间（如 1 年内），保理商要多次为同一客户办理贸易结算与融资。

③ 包买商可为付款期限 6 个月至 10 年的资本货物交易提供中长期信贷融资；保理商大多为普通商品交易提供服务，一般只提供付款期限为 180 天之内的短期贸易融资。

④ 福费廷业务需要出口商提交经由担保人担保的票据；保理业务无此要求。

4．与一般贴现的比较

福费廷业务属于票据贴现的范畴：包买商作为贴现人贴现出口商提交的票据，从贴现金额中扣除贴息及手续费后，将净额支付给出口商，从而使包买商作为正当持票人，于到期日要求付款人付款，也可将票据转售他人。但福费廷作为资本货物交易的融资手段，与一般票据贴现具有以下不同之处。

① 福费廷业务的主要特征在于包买商以无追索权方式贴现票据，当付款人拒付票款时，包买商虽然具有对付款人的优先债权或向担保人索偿的权利，却唯独没有向出口商追还所付贴现净额的权利。一般贴现业务的贴现公司贴入票据后，仍享有向票据出让人追索票款的权利。

② 福费廷业务的融资对象为大型资本货物交易，通常需要使用固定间隔期的多张等值票据。一般贴现业务的票据主要用于普通商品交易，一次交易只涉及一张票据。

③ 福费廷业务中的票据须经担保人担保后，包买商才予以贴现融资；一般贴现业务只需付款人对票据进行承兑，持票人对票据进行背书即可，无须担保。

④ 福费廷业务的费用除贴现利息及手续费外，还包括选择费、承诺费及罚金；而在贴现业务中，贴现公司只按当时市场利率扣收贴现利息及手续费，故福费廷业务的费用负担高于一般贴现业务。

拓展实训

保理业务流程模拟

根据以下材料，写出保理的基本业务流程。

江苏省某纺织品公司向英国某进口商出口真丝服装，欲采用赊销的付款方式。

在交易磋商过程中，该纺织品公司首先找到国内某保理商（作为出口保理商），向其提出出口保理业务的申请，填写出口保理业务申请书，用于为进口商申请信用额度。申请书大致包括如下内容：出口商业务情况；交易背景资料；申请的额度情况，包括币种、金额及类型等。

出口保理商于当日选择英国一家公司作为进口保理商，通过由国际保理商联合会开发的保理电子数据交换系统将有关情况通知进口保理商，请其对进口商进行信用评估。

进口保理商根据所提供的情况，运用各种信息来源对进口商的资信及此种真丝服装的市场情况进行调查。出口保理商将核准的进口商信用额度和自己的报价通知纺织品公司。

纺织品公司接受出口保理商的报价，与其签订出口保理协议，并与进口商正式达成交易合同，合同金额为 50 万美元，付款方式为赊销，期限为发票日后 60 天。与纺织品公司签署出口保理协议后，出口保理商向进口保理商正式申请信用额度。进口保理商于第 3 个工作日回复出口保理商，通知其信用额度批准额、有效期等。

纺织品公司按照合同发货后，将正本发票、提单、原产地证书、质检证书等单据寄送进口商，将发票副本及有关单据副本（根据进口保理商要求）交出口保理商。同时，纺织品公司还向出口保理商提交债权转让通知书和出口保理融资申请书，前者将发运货物的应收账款转让给出口保理商，后者用于向出口保理商申请资金融通。出口保理商按照出口保理协议向纺织品公司提供相当于发票金额 80%（40 万美元）的融资。

出口保理商在收到发票副本及有关单据副本当天，将发票及单据的详细内容通过保理电子数据交换系统通知进口保理商，进口保理商于发票到期日前若干天开始向进口商催收。

发票到期日后，进口商向进口保理商付款，进口保理商将款项汇转出口保理商，出口保理商扣除融资本息及有关保理费用后，将余额付给纺织品公司。

复习思考题

一、判断题

1. 保理业务不会降低出口商的外汇风险。（　　）

2. 保理业务既适用于一般商品贸易，也适用于机械设备贸易。（　　）

3. 保理业务是集多种功能为一体的综合性金融服务，其核心内容是通过收购出口商的债权方式为出口商提供出口贸易融资。（　　）

4. 国际保理业务的标的可以是个人之间销售产生的应收账款。（　　）

5. 国际保理业务是一种有追索权的资金融通业务。（　　）

6. 福费廷业务中的进出口商双方必须事先协商，对采用福费廷方式取得一致意见。（　　）

7. 包买人对所买的票据没有追索权。（　　）

8. 福费廷业务中风险的最后承担者是进口商。（　　）

9. 凭信托收据提取的货物的所有权仍属于银行，进口商处于代为保管货物的地位，称为被信托人或代保管人。（　　）

10. 叙做出口押汇的单据必须严格符合信用证条款，做到单单一致、单证一致。（　　）

二、单选题

1. 未经委托人指示，代收行同意付款人的请求，以 T/R 条件借得提单提货，但到期未能付款，则应由（　　）承担责任。

A. 委托人　　B. 托收行　　C. 代收行　　D. 付款人

2. 跟单托收方式在银行不办理出口押汇的情况下，风险在（　　）身上。

A. 委托人　　B. 托收行　　C. 代收行　　D. 付款人

3. 出口商将信用证项下出口单据交其往来银行或信用证指定银行时可申请办理（　　）。

A. 打包贷款　　B. 出口押汇　　C. 贴现　　D. 进口押汇

4. 保理业务与贴现业务的区别之一是（　　）。

A. 前者对出票人有追索权，后者对出票人没有追索权

B. 两者对出票人均无追索权

C. 前者对出票人没有追索权，后者对出票人有追索权

D. 两者对出票人均有追索权

5．在国际保理业务中，应付账款的转让通知必须交给（　　）。

A．债务人　　B．供货商　　C．进口保理商　　D．出口保理商

6．在保理业务中，出口商最多可以得到发票金额（　　）的融资。

A．70%　　B．80%　　C．90%　　D．100%

7．福费延业务中的包买商通常是（　　）。

A．金融公司　　B．商业银行　　C．信托公司　　D．政府设立的出口信贷机构

8．福费廷业务中的远期汇票应得到（　　）的担保。

A．进口商　　B．出口商　　C．进口方银行　　D．出口方银行

三、多选题

1．一般情况下，国际保理业务的当事人包括（　　）。

A．供货商　　B．债务人　　C．出口保理商　　D．进口保理商　　E．开证行

2．保理业务的特点是（　　）。

A．适用于大型设备贸易　　B．能免除出口商的信贷风险

C．适用于一般商品贸易　　D．能加速出口商资金周转

E．保理机构预付部分货款

3．保理费用包括（　　）。

A．代理费　　B．保理手续费　　C．利息　　D．杂费　　E．承担费

4．选用福费廷业务方式时，（　　）。

A．进出口商需事先协商，取得一致

B．出口商品价格高于现汇结算的交易价格

C．由出口商出具本票

D．由进口商承兑出口商出具的汇票

E．所使用的票据需经进口方银行担保

F．所使用的票据无须进口方银行担保

5．出口发票融资业务流程包括（　　）。

A．客户向银行提交赊销/跟单托收项下出口商业发票，填写出口发票融资申请书

B．客户向银行提供融资所需的相关材料

C．银行审核后与客户签订出口发票融资合同等法律性文件

D．银行发放出口融资款项

四、简答题

1．信用证打包贷款的定义是什么？

2．信用证项下出口押汇的业务流程是什么？

3．托收项下出口押汇面临的风险有哪些？

4．买方远期信用证的作用有哪些？

5．福费廷与保理业务的区别有哪些？

五、案例分析题

1．经营日用纺织品的英国 TEX UK 公司主要从我国进口有关商品。几年前，当该公司首次从我国进口商品时，采用的是信用证结算方式。随着进口量的增长，TEX UK 公司开始谋求至少 60 天的赊销付款方式。虽然该公司与我国出口商已建立了良好的合作关系，但是我国供货商考虑到这种方式的收汇风险过大，感到十分棘手。我国供货商希望寻求一种合适的国际贸易结算融资方式，目前正在考虑的方式有包买票据和国际保理。

分析：请比较包买票据和国际保理的区别。在本案例中，你建议我国供货商采用哪种方式？为什么？

2．出口商 A 是银行 B 的客户，A 收到了以其为受益人的信用证。在备货过程中，A 因为资金不足，向 B 申请信用证下的打包贷款，B 同意发放打包贷款，贷款金额为信用证金额的 80%，贷款期 30 天。双方约定，当 A 发运货物后，即以全套单据向 B 议付，B 从 A 应得的议付款中扣除打包贷款本息。在贷款期内，A 因经营不善倒闭，不再发运货物，因而无法提交单据。A 也无力以另外途径向 B 偿还打包贷款。

分析：在打包贷款业务中，银行承担的信用风险与银行在出口押汇业务中承担的信用风险有什么区别？哪种业务下的风险更大？为什么？

第9章 国际非贸易结算

本章学习目标

1. 掌握国际非贸易结算的定义和范围。
2. 掌握外币兑换的定义和流程。
3. 掌握旅行支票和旅行信用证的定义和特点。
4. 理解国际信用卡的定义和特点。

本章重点

- 国际非贸易结算的定义和范围。
- 旅行支票和旅行信用证的定义和特点。

本章难点

- 旅行支票和旅行信用证的定义和特点。

引导案例

大额外币假钞兑换案例

近日，一位70多岁的老人及随行亲属持身份证来到中国银行A分行办理美元现钞兑换业务，当班柜员从该客户手中接过97张面值100美元的现金后，发现美元全部为1935年版本，由于版本较早，无法通过现有设备验证。经柜员、业务经理和主任详细甄别判断此币极有可能为假币，便立即报告分行运营部门进一步鉴定，并确认为假币。由于金额较大且张数较多，为慎重起见，工作人员又将有关情况迅速报告分管行领导，领导决定立即派专人赴中国银行A分行的上级部门请求再次进行专业鉴定，鉴定结果为97张面值为100美元（共计9 700美元）的现钞全部为复印版假币。

中国银行A分行根据《中国人民银行货币鉴别及假币收缴、鉴定管理办法》的相关规定，实施了假币收缴业务处理，同时向110报警，警方对此展开调查。

【案例分析】

反假钞是一个世界性难题，而假币鉴定，特别是外币假钞鉴定是在我国经济更加开放的时代背景下，银行营业机构员工必须熟练掌握的一项工作技能。在本案处置过程中，中国银行 A 分行员工以认真负责的工作态度、娴熟扎实的业务功底和及时妥善的处置能力，成功防范了该笔美元假钞流入市场的潜在风险，这得益于中国银行 A 分行上级部门持续加强规范化管理、提高基层制度执行力的努力，更得益于从员工入行第一次培训就开始的假钞鉴别技能训练和贯穿其职业生涯的岗位练兵。特别是作为中国国际化程度最高的银行，中国银行员工在外币假钞鉴别上拥有更多实战机会和更好的训练条件，在外币假钞鉴别上显得技高一筹，成为防止假钞“入市”、维护金融稳定的一道坚固的防线。

资料来源：新华融媒新消费。

9.1　国际非贸易结算概述

贸易结算和非贸易结算构成了国际结算业务的两项主要内容。商品进出口是有形贸易，而运输、保险、金融、文化交流等劳务或服务项目是无形贸易。非贸易结算是由无形贸易引起的国际债权债务关系的清算业务。随着世界经济一体化的不断深入，交通运输、金融、保险业务的发展，以及对外文化体育的交流和其他国际交往的扩大，非贸易结算业务越来越引起人们的重视，成为国际结算的重要组成部分。

9.1.1　国际非贸易结算的定义

国际非贸易结算（Non-trade International Settlement）是指以货币结算国际间货物贸易以外的债权和债务。国际非贸易结算是国际贸易结算的对称。

国际贸易以外的其他经济活动及政治、文化等交流活动，如服务供应、资金调拨和转移、国际借贷等引起的外汇收付，都是建立在非商品交易基础上的，也称为无形贸易结算。常见的无形贸易结算有侨汇、旅游、运输、通信、建筑、保险、金融、咨询、广告等的非贸易结算。

9.1.2　国际非贸易结算的范围

1．海外私人汇款

海外私人汇款是指华侨、港澳同胞、中国血统外籍人、外国人汇入、携带或邮寄，包括电汇、信汇、票汇入境的外币票据，交给中国公民和外国侨民的赡家汇款。

2．铁路收支

铁路收入是指我国铁路运输（货运、客运）的国际营业收入，以及广州—九龙线上的铁路运输收入。铁路支出是指我国列车办理国际联运的外汇支出、铁路员工的外汇借支等。

3. 海运收支

海运收入是指我国自有船只办理对外运输业务的客货运费和出售物料等的外汇收入。海运支出是指租赁船只所支付的租金、修理费，船只在外国港口所支出的使用费，以及船方购买食品、物料、燃料等所支出的外汇。

4. 航空运输收支

航空运输收入是指国际航空运输的营业收入（包括运费、杂费），以及国内航空公司向国外航空公司结算的业务收入（包括提供外国飞机各项地面服务收入、手续费收入）。航空运输支出是指国内航空公司向国外航空公司、企业结算的业务与服务费用支出，以及对旅客和托运人的外汇赔款等支出。

5. 邮电收支

邮电收支是指邮电部门的外汇收支，包括国际邮政与电信业务结算收支、国际通信卫星组织的红利收入、国内邮电业务的外汇收入。

6. 银行收支

银行收入是指我国银行经营各项业务的外汇收入，包括手续费、邮电费、利息，以及海外分支机构上缴的利润和经费等。银行支出是指银行经办有关业务的外汇支出，包括对外应支付的手续费、邮电费，以及对外借款应支付的利息等。

7. 保险收支

保险收入是指保险公司进行保险业务的外汇收入，包括保费、分保费、佣金，以及海外分支机构上缴的利润和经费等。保险支出是指保险公司经营各项业务的外汇支出，包括应付的保险佣金、保险赔款等。

8. 图书、影片、邮票收支

图书、影片、邮票收入是指出口图书、影片、邮票等的外汇收入。图书、影片、邮票支出是指进口图书期刊及科技文献、资料，以及进口国外影片、电视片等的外汇支出。

9. 外轮代理与服务收入

外轮代理与服务收入是指外国轮船在我国港口所支付的一切外汇费用（包括外轮停泊、分水、装卸、港监、海事处理等收入），我国外轮供应公司对远洋货轮、外国轮船及海员供应物资和提供服务的外汇收入，以及国外海员在港口的银行兑换外币收入。

10. 外币收兑

外币收兑是指我国边境和内地银行收兑入境旅客的外币、现钞、旅行支票、旅行信用证和汇票等汇兑收入。

11. 兑换国内居民外汇

兑换国内居民外汇是指兑换国内居民（包括归侨、侨胞、港澳同胞家属）委托银行在海外收取遗产，出售房地产、股票、红利，调回国外存款、利息等外汇收入。

12．旅游部门外汇收入

旅游部门外汇收入是指我国各类旅行社和其他旅游经营部门服务业务收入的外汇。

13．私人用汇支出

私人用汇支出是指国家银行批给我国居民及外国侨民的旅杂费、退职金、退休金、赡养费、移民出境汇款，外商、侨商企业红利及资产汇出，华侨投资及各国驻我国使领馆在我国收入的签证费、认证费的汇出和其他一切私人外汇支出。

14．其他外汇收支

其他外汇收支主要包括机关、企业、事业团体经费外汇支出，驻外企业汇回款项收入，外资企业汇入经费收入，外国使馆团体费用收入等。

9.2 非贸易汇款与外币兑换

9.2.1 非贸易汇款

非贸易汇款是指付款人委托银行将款项汇给境外收款人的一种结算方式。

非贸易汇款是国际汇款业务的一部分，是与贸易项下汇款相对而言的，主要用于资本借贷、清偿债务、划拨资金、无偿赠送和私人汇款等。

非贸易汇款也有信汇、电汇、票汇三种汇款方式，各种汇款方式的汇出、汇入与贸易汇款的业务做法基本相同。

1．汇款人

汇款人包括所有境内企事业单位、国外驻华机构、外商投资企业和境内外个人。

2．汇款内容

汇款内容包括进出口业务项下的贸易从属费用，如运输费、保险费、佣金、资料费、技术费、信息费等，专利权、著作权、商标、计算机软件等无形资产的进口，境外承包工程所需的投标保证金、履约保证金和垫付工程款等，也包括各种非贸易经营性用汇和非经营性用汇及经国家外汇管理局批准的资本项目下的汇出汇款业务。

3．汇款须知

汇款人在办理 T/T 汇出前，应确认收款人名称、账号和开户行名称、地址（最好能获得收款行 SWIFT 地址）；如需转汇，还需要转汇行的名称、地址（SWIFT 地址）。

4．汇款查询

汇款汇出后，银行应汇款人要求，可以以银行格式发出汇出查询电报，此项服务收取查询邮费或电报费。

5．汇款退汇

汇款人提出书面申请，银行立即向汇入行发电要求退汇，银行收到退回款项后，立即通知汇款人，并等待汇款人进一步的书面指示。

9.2.2 外币兑换

1．外币兑换的定义

外币兑换（Foreign Currency Exchange）可以分为三种情况，即外币兑换成人民币、外币兑换成另一种外币、人民币兑换成外币。依据外币兑换的实体，外币兑换有广义和狭义之分。狭义的外币兑换专指外币现钞的兑换业务；广义的外币兑换不仅包括外币现钞的兑换业务，还包括旅行支票、旅行信用证、信用卡及外币票据买入等多项业务。

2．关于外币兑换的规定

我国外汇管理条例规定，在中国境内的一切中外机构或个人所持有的外国货币，不得在我国境内自由流通使用，所有汇入或携带的外币或外币票据，除另有规定外，均须结售或存入经营外汇业务的银行。银行对凡属外汇收兑牌价表内的各种外国货币均予收兑。

国家因公或因私对个人或单位批准供给的外汇，都应按外汇牌价持等值的人民币，交指定的外汇银行兑换成外汇。外国人及华侨入境后凭护照或身份证将其外币兑成人民币以便在境内使用，离境时，对于未用完的人民币，同样凭护照或身份证及原外币兑换水单，交指定的外汇银行兑成外币携带出境。非法换取外汇、攫取国家应收的外汇，都属非法的套汇行为。

3．外币兑换的种类

外币兑换业务是经营外汇业务银行的一项经常性业务。随着我国国际交往的不断扩大，外币兑换业务量也不断增长，可兑换的外币种类也日趋多样化。在世界上的 150 多种货币中，我国外汇银行挂牌收兑的外币现钞有 24 种。自 2002 年 1 月 1 日起，欧元纸币与铸币投入流通，取代了欧盟各成员国货币。我国外汇银行的外币兑换也做了相应调整。

目前，国内可兑换币种丰富，包括英镑、港元、美元、瑞士法郎、新加坡元、瑞典克朗、挪威克朗、日元、丹麦克朗、加元、澳元、欧元、菲律宾比索、泰国铢、韩国元、澳门元、新台币等。

4．兑换外钞的基本程序

（1）鉴别外钞

每种货币都有纸币与铸币，每种货币又都有多种面额和版式。有些货币伪钞较多，银行收兑时必须鉴别真伪。由于铸币解钞出运不便，各外汇银行基本不再受理铸币。而对多种面额和版式的纸币，银行在兑换时，不仅要对各种货币进行全面深入的了解，还要熟悉各种外币的流通情况，把握外币现钞的退出流通时间等。此外，银行还要掌握鉴别真假钞的常识，以防止把假钞或停止流通的废币收兑起来。

首先，鉴别各国钞票上的主要内容。钞票上通常包括发行机构名称、面值、币别、金额、印刷年份、连续编号、发行机构的标记和负责人签字、法律有效词句、票面上各种人文景物及装饰图案和花纹等。

其次，从各国钞票的纸张特征、印刷方法和油墨质量等方面鉴别真伪。世界各国和地区都力求使用最新、最好和最可靠的印刷技术印刷钞票，如在纸钞上加红蓝纤维、安全线、水印、荧光等作为防伪标识。因此，在查钞时，要特别注意这几个方面，以眼看和手摸来基本鉴别真伪。

最后，可利用现代化设备和仪器鉴别伪钞。

（2）外币兑换操作

① 兑入外币。凡属国家外汇管理局外币收兑牌价表内所列的外国货币，经营外汇业务的外汇银行均可凭持兑人的身份证办理收兑业务。收兑时，必须坚持“先收后付”的原则。接到客户交来的外钞时，先鉴别真伪并清点数目，确定为合格外币后，再与顾客核对，按当天现钞买入价兑付，填制外汇兑换水单和内部传票，经复核无误后交出纳，点收外币和支付人民币。若发现伪钞、涂改钞、变造钞和已停止流通的外钞，银行应予以没收，以避免在国内其他银行及代兑点再误兑入，并开出没收假钞证明一式两联。

外币兑换水单一式四联。第一联为兑入外币水单，由兑入行加盖业务公章交给持兑人收执；第二联为外汇买卖科目外币贷方传票；第三联为外汇买卖科目借方传票；第四联为外汇买卖统计卡，留存做备查之用。

② 兑出外币。一般是对入境后准备离境的外国人和批准出国的中国人办理兑出外币。兑出外币时，必须根据外汇管理部门在非贸易外汇申请书上批准的余额办理，并填制外币兑换申请书一式两份。

办理兑出手续时，经办人员应填制兑出外币水单，再根据申请人交付的人民币金额按当日挂牌的现钞卖出价折算外币金额填写在有关栏内，再交出纳员复核、配款，凭以兑付相应的外币现钞。同时，在外币兑换申请书上加盖业务公章后退回申请人。

兑出外币水单一式四联。第一联为兑出外币水单，由兑出行加盖业务公章后交申请人收执；第二联为外汇买卖科目人民币贷方传票；第三联为外汇买卖科目外币借方传票；第四联为外汇买卖统计卡，留存做备查之用。

境外人员离境前，要求将入境时兑换的剩余人民币兑换成原币携带出境，可凭本人护照和本人自外币兑入日起 6 个月有效期内的原外币兑换水单，在外汇指定银行的兑换机构办理，其兑换余额不能超过原兑换水单金额的 50%。经办行兑出外币后应收回原外币兑换水单，并加盖“已退回”戳记，作为外汇买卖传票的附件。最后，还应在顾客的海关申报单的外币登记栏中写明，以便海关检查放行。

9.3 旅行支票和旅行信用证

9.3.1 旅行支票

1. 旅行支票的定义

旅行支票是一种定额本票，专供旅客购买和支付旅途费用。它与一般银行汇票、支票的不同之处在于旅行支票没有指定的付款地点和银行，一般也不受日期限制，能在全世界通用，客户可以随时在国外的各大银行、国际酒店、餐厅及其他消费场所兑换现金或直接使用，是国际旅行中常用的支付凭证之一。旅行支票是一种全球范围内被普遍接受的票据，在很多国家和地区都有着如同现金一般的流动性，不仅可以在很多商场和酒店用于付款，也可以在旅行地兑换为当地的货币使用。旅行支票票样如图 9-1 所示。

图 9-1　旅行支票票样

目前，全球通行的旅行支票品种有美国运通、VISA、通济隆、万事达卡、花旗等品牌，而印有“中国银行”字样的上述旅行支票能够在世界各地 800 余家旅行支票代兑行兑换，或者在各国的大商铺和宾馆饭店直接使用。其中美国运通旅行支票在中国大陆 2 000 多家银行营业网点可以买到，合作银行包括中国农业银行、中国工商银行、中国银行、中国建设银行、中国光大银行、中信银行、交通银行，建议购买前先进行电话查询。

和现金一样，旅行支票也有不同的票面。以美元旅行支票为例，其面额有 20 美元、50 美元、100 美元、500 美元、1 000 美元。除最常用的美元旅行支票外，客户还可以根据需要在中国银行上海市分行买到欧元、英镑、日元、澳元等币种的旅行支票，避免了兑换当地货币所带来的不必要的汇率损失。其中，美国运通旅行支票目前在中国大陆发行有美元、欧元、加元、澳元、日元等 7 种币种和 20 多种面额。

2．旅行支票的特点

（1）面额固定

各种旅行支票均有不同的固定面额，形似现钞，使用时可以零星花用，比银行汇票方便。

（2）兑换方便

发行者为了扩大其旅行支票的流通领域，在世界各大城市和旅游地特约许多代兑机构，大大方便了旅游者的兑取。持票人携旅行支票出游，不仅可在发行银行的代兑行兑取票款，还可以在旅行社、旅店、机场、车站等地随时兑付。

（3）携带安全

旅游者购买旅行支票时，需在出售银行柜台当面在旅行支票初签位置签字，作为预留签字。取款时，须在兑付行的柜台当面在旅行支票的复签位置签字，兑付行核对初签与复签相符后，方可付款。因此，即便旅行支票遗失或被盗，也不易被冒领，比携带现钞安全。

（4）挂失补偿

发行机构规定，如果旅行支票不慎遗失或被盗，可提出挂失退款申请，只要符合发行机构的有关规定，挂失人就可得到退款或补发新的旅行支票。

（5）流通期限长

大多数旅行支票都不规定流通期限，可以长期使用，并具有“见票即付”的特点，持票人可以在发行机构的国外代兑机构凭票立即取款。

3．旅行支票业务的关系人

（1）发行人

发行人即出票人，是指旅行支票的发行机构。在旅行支票的正面印有发行机构的名称、地址及负责人的签名。旅行支票是以出票人为付款人的支票凭证，因此出票人也是付款人。

（2）持票人

持票人是指申请购买旅行支票，交足金额和手续费后在旅行支票上初签的人。

（3）代售人

代售人是指发行旅行支票的银行或旅行社的代理机构，代替发售旅行支票，但并不承担付款责任，付款责任仍由发行人承担。如果出票人自己售出旅行支票，则无此代售人。

（4）兑付人

兑付人是指根据与发行人签订的代付协议，凭初签和复签相符的旅行支票向持票人兑付现金的人。

（5）受让人

接待旅游者的商店等服务部门接受旅行支票时，旅游者要在抬头栏写上服务部门的名称，被记名的单位称为受让人。受让人背书后将旅行支票交送兑付行兑现。

4．旅行支票的主要业务处理程序

（1）旅行支票的出售

① 发行与代售。旅游者外出（在本国和外国都可以）旅游之前，可到发行旅行支票的银行或旅行社申请购买旅行支票。基本手续包括：出示护照，填写申请书，注明要买哪家银行发行的旅行支票，需要的货币种类及面额和张数。若旅行支票的金额是外币，按银行当天卖出汇率折合成本币加手续费向客户收取或借记其账户。按旅行支票的基本规定，购买者在银行柜台要当着经办人的面在支票的初签栏签名，这叫初签，以便在兑付时与

复签栏的签名相核对。在我国可以购买旅行支票的人有外国驻华机构、境外居民、在本行存有外币现汇的境内居民。境内居民经国家外汇管理局同意可用外币或现汇购买；类似“三资”企业的单位购买，须向国家外汇管理局申请，并提供用汇证明和相应的人民币，方可办理购买手续。

代售是指在总行与发行机构有业务协议的条件下，各分支行如需开办旅行支票代售业务，须向总行申请，审批后由总行与发行机构联系，要求各发行机构直接通知批准的各代办行，将订购旅行支票的申请表、宣传品等送往各代办行，以后就由代办行直接向发行机构订购旅行支票，并代理出售。

② 订购与签收。发行机构收到订购旅行支票的申请后，把所订购的旅行支票连同一份旅行支票信托凭证或收据寄送各代办行。各代办行收到后，要认真审核凭证或收据上所记录的币种、面额、张数、号码是否与实物相符，无误后由有权签字人在凭证上签字确认，或者加盖银行图章，再将信托凭证或收据原件寄回发行机构，副本交代办行留底。

③ 保管。旅行支票和有关凭证应视为现金入库保管，并设置“未发行各种面额证券”登记簿，登记实物明细账，记录每次收入、付出的旅行支票的币种、面额、号码、金额并结出余额。

（2）旅行支票的兑付

收兑旅行支票的机构有很多，除银行外，一些大的旅馆、商店、机场都可以兑付，旅行支票的使用像钞票一样方便。当旅游者在异地需要用钱时，可以到兑付点兑付。旅行支票的兑付程序如下。

① 识别旅行支票的真伪。兑付旅行支票时，应熟悉票样，如发行行名称、币种、面额、版面、纸张等，若有疑问，应查对样本，发现假支票应予没收。

② 查验持票人的护照并要求持票人在旅行支票的复签栏当面复签。银行应仔细核对初签与复签是否一致，若有疑问，可以让其在背面再签一次，并将证件的号码抄在支票的背面，以便查询和追索。核对无误并扣收一定比例的贴息后，兑付行将旅行支票予以兑付。

③ 兑付旅行支票。由于兑付时兑付行要垫付资金，直到从发行行收回支票款项，因此兑付时要扣除贴息。若持票人提取与所持旅行支票币种相同的外币现金，则扣除贴息后的剩余金额为所付外币现金；若持票人要求提取与所持旅行支票币种不同的外币现金，在扣除票面金额一定比例的贴息后，要按当时外汇买入现汇价与卖出外汇现钞价的比率折算，所得数额才是所付外币现金数额；若持票人要求兑付当地货币，则用兑付的货币与支票上货币的当日买入价计算应付持票人的金额，并扣除一定的贴息。

（3）旅行支票的结算

收兑旅行支票的机构兑付后，与国外发行人结算头寸，收回垫付的资金，一般是填制买入票据托收委托书进行托收。填写购买外钞申请书一式两份，注明旅行支票的行名、号码和面额。兑付时，兑付行自行垫付资金，使用当天人民币对该货币的买入价折算，扣收7.5%的外币贴息后对外支付。

（4）旅行支票的索偿

兑付后的旅行支票应在票面上加盖兑付行名的特别划线章，并在背面做成兑付行的背书，迅速寄往国外发行机构索偿票款以补回垫款。

（5）旅行支票的挂失与补偿

假如客户在旅行时旅行支票遗失或被窃，可向出售银行（发行机构或代办行）申请挂失和补偿，说明丢失的时间、地点、支票面额、数量、初签与复签等有关情况。各行可按协议要求办理挂失和补偿手续。客户按要求提供原购买合同及身份证，并填写补偿申请书。代办行等要按照发行机构的要求逐项审核补偿申请书中所填写的内容。若客户的旅行支票无初签或已复签，均不能办理挂失和补偿。对已初签、没有复签而丢失的旅行支票，应审核申请人原购买合同上的签字与补偿申请书上的签字是否一致，无误后将客户的护照号码抄录在申请书上，并由有权签字人在申请表上签字，受理挂失和补偿。只要客户挂失的理由可信而又急需用款，代办行用电报、电传与发行机构联系，并获得同意后，即可补发新的旅行支票给客户，并不向客户收取手续费，而由发行银行承担，这是银行争揽业务的一种优惠办法。

补偿时，代办行应重新填写购买合同，并在合同上注明“补偿”（Refund）字样，将最后一联购买合同连同当面初签的支票交给客户，同时将新的购买合同连同收回的客户原购买合同及补偿申请书一并寄发行机构。办理补偿时不向客户收取手续费，由发行机构按协议规定付给补偿手续费。客户要求补领现金或补领的金额超过发行机构规定限额的，代办行应电询发行机构获得授权后方可办理。

拓展阅读

国内很多银行都设有旅行支票的服务网点。在旅行支票业务中，最普遍使用的是美国运通公司发行的运通旅行支票。运通公司在中国光大银行和中国工商银行开展了购买旅行支票手续费优惠的活动。在中国光大银行购汇后购买美国运通旅行支票任意币种的运通旅行支票，达到等额 1 000 美元就可免除手续费，1 000 美元以下手续费享 2 折优惠。而在中国工商银行办理因私购汇后，再购买美元旅行支票超过 500 美元免收手续费，购买美元旅行支票低于 500 美元手续费减半。其实，对大部分旅行支票来说，并没有使用期限的限制，任何未使用过的旅行支票都可以保留到以后旅行、出差时使用。这一点和现金是一样的，不过，旅行支票不可能获得任何利息收益。

那么，把多余的旅行支票转让给他人是否可行？根据旅行支票的使用规定，个人也可以收付他人的旅行支票，但是经过转让的旅行支票只能到银行兑现并存入自己的银行账户，而不能直接用于购物、换汇等支付业务。国内的银行对转让后的旅行支票都不支持托收业务。因此，为了防止出现不必要的麻烦，应谨慎转让自己的旅行支票或接受别人转让的旅行支票。

如果不想继续保存旅行支票，客户可以在国内的银行进行旅行支票的兑付（托收）业务。一般来说，旅行支票可以兑付为客户需要的货币币种，但可兑换的币种要视各家银行的具体规定而定。在进行旅行支票的兑付时，大部分银行均会收取兑付手续费，为兑付金额的 0.75%。要想避免这一费用的支出，也有一些小窍门，各家旅行支票的发行机构在境内都设有一些免费的兑付网点。例如，美国运通公司在上海和北京的少数交通银行网点和花旗银行网点，提供旅行支票的免费兑付服务，其中交通银行的免费兑付业务仅限于美元币种的旅行支票兑付为人民币。如果你有多余的旅行支票，又希望避免兑付手续费的支出，不妨到这些网点进行兑付。

9.3.2 旅行信用证

1. 旅行信用证的定义

旅行信用证是开证行为便利旅游者在旅途中支付旅费、杂费和购买商品所开立的一种光票信用证。其特点是，开证申请人和受益人是同一个人，开证行和偿付行是同一家银行。旅游者在申请开证时，一般需预交十足的押金，开证行按旅游者拟去的地区选定议付行并逐一列示于旅行信用证上，以便旅游者持往各指定的议付行取款。开立信用证时，开证行单独提供一份印鉴核对卡（Letter of Indication），由旅游者当面在卡上预留印鉴，连同旅行信用证一并交由旅游者自带出国使用。同时，开证行将旅行信用证副本分别寄送各指定的议付行，以资核对付款。当旅游者在旅途中取款时，需将旅行信用证及印鉴核对卡一并提交议付行核验，并当面签发取款收据或汇票，经与预留印鉴核对相符后办理议付。议付金额不得超过信用证余额，议付后凭旅游者签发的取款收据或汇票直接借记开证行有关账户，然后连同借记通知书一并寄向开证行索偿。当议付最后一笔款项时，应将旅行信用证和印鉴核对卡一同收回，随同借记通知书和收据或汇票一并退寄开证行，以便注销旅行信用证。

2. 旅行信用证的特点

① 旅行信用证具有不可撤销的性质，索偿和偿付手续同信用证一样。

② 旅游者在申请开证时，一般都预付十足的押金，所以不必请外国银行加具保兑。未用完的金额可以凭原证领回。在这一点上，使用旅行信用证比使用定额的旅行支票方便。

③ 旅行信用证的议付手续比较麻烦，它不像旅行支票可以在旅馆、机场等地随时随地兑付，只能在银行营业期间到银行当面取款，因而比旅行支票使用得更少。

④ 从遗失和被窃的角度来说，旅行信用证比旅行支票更安全，因为它只能由旅游者本人支取，别人无法代领、冒领。

⑤ 旅行信用证可以开给一家或几家代理行，要求这些银行议付该信用证项下的汇票。同时把一份供议付行鉴定申请人签字真伪的证明信和旅行信用证一同交给申请人。当把信用证交给几家银行时，还应交给申请人一份议付行的名单。

⑥ 根据代理行协议的规定，买入旅行信用证项下汇票的议付行要将旅游者提交的信用证和议付行所持有的旅行信用证样本进行核对，并核对开证行的签字，要求汇票的出票人（申请开证人）当着议付行的面签发汇票，议付行将签字与证明信上预留的印签核对无误后，承兑并支付该汇票，并应在信用证的背面批注已议付的金额和余额之后退还给旅游者。

⑦ 旅行信用证适用的汇率和账务处理手续与光票信用证相同。

3. 旅行信用证的内容

旅行信用证由于开证行不同，内容也有所不同，但基本都包括下列各项。

① 开证行名称。

② “旅行信用证”字样。

③ 信用证编号。

④ 受益人姓名和护照号码。

⑤ 金额。

⑥ 开证日期。

⑦ 信用证有效期。

⑧ 预留印鉴。

⑨ 指定付款行名称。

⑩ 开证行有权签字人签章。

旅行信用证的正本由受益人自行携带，副本由银行邮寄付款行，凭此核对印鉴，留底由开证行保留。

4．旅行信用证的主要业务处理程序

（1）旅行信用证的开立

旅行信用证是一种没有物资保证的光票信用证，故银行一般需在申请人开立信用证时收足押金。国际旅游者需将款项交付银行，并在信用证或单独的印鉴上当面签字，预留印鉴。如果申请人已确定国外旅游目的地，开证行据此开证后，将旅行信用证的副本及申请人的签名样本寄给旅游目的地的联行和代理行，以供支款时核对之用；如果申请人事先没有确定国外旅游目的地，银行开证后，持证人凭其后附的世界各主要地区兑付点的地点名称，可到其中任何兑付点兑付。

（2）旅行信用证的兑付

旅行信用证的受益人持证到指定的兑付行进行兑付时，兑付行应按如下步骤进行处理。

① 审核。审查旅行信用证的各项内容，如指定的兑付行是否为本行、有无涂改、信用证上的签字与签字样本相符与否、信用证的有效期及兑付足够的金额。

② 填单。经审核确认可以兑付时，由受益人在柜台当面填写取款收据一式两联。第一联是正收条，随报单寄开证行；第二联是副收条，由兑付行做借方传票文件备查。

③ 兑付。随后，兑付行将支票日期、金额及本次支付后的余额、行名在信用证上背书并加盖兑付行公章，收取贴息 7.5%后，将旅行信用证及应付外汇折成等值人民币一并交还持证人。同时将收据或汇票寄开证行索赔，由开证行偿还垫款。旅行信用证的支取金额一般不得超过旅行信用证金额；如超过，作为透支加收罚息。

④ 注销。如果旅行信用证金额已全部用完，在最后一次付款后，在旅行信用证上加盖“用完”或“注销”戳记，不再退回持证人，而是将其连同取款收据或汇票一并注销原证。

（3）旅行信用证的索偿

兑付行每日营业结束时，按开证行、币种、金额填制报单，正本同取款正收条一起寄开证行。凭报单副本借记开证行在付款行的账户；如果没有账户，可通过有账户的银行划转。

（4）旅行信用证的挂失

持证人若将旅行信用证丢失，可直接向开证行挂失或通过当地的兑付行转通知，由开证行告知所有的兑付行止付。

9.4 国际信用卡

9.4.1 国际信用卡的定义

国际信用卡是一种银行联合国际信用卡组织签发给那些资信良好的人士并可以在全球

范围内进行透支消费的卡片，同时该卡也被用于在国际网络上确认用户的身份。

信用卡是发卡银行对消费者提供短期消费信贷而发放的一种信用凭证。它是消费信用的一种形式，起源于20世纪初的美国。自20世纪60年代以来，世界各国大型银行普遍发行信用卡，为更多的消费者提供消费信贷。目前，我国各大中城市的商业银行为便利持卡人使用，增加外汇收入，均办理信用卡兑付业务。

信用卡用特殊塑料制作，与一般名片大小相似。卡的正面印有信用卡名称，凸印有持卡人的卡号、姓名、性别、有效期等；背面有持卡人的预留签字、磁条和银行的简单声明等。持卡人可依据发卡机构给予的消费信贷额度，凭卡在特约商户直接消费或在其指定的地点存取款及转账，然后定期向发卡机构偿还消费信贷本息。

9.4.2 国际信用卡的特点

国际信用卡的特点如下。

① 可以同时有人民币账户和美元（或港元）账户，两个账户都有各自的授信额度。

② 国际信用卡可以在国内银联、全球威士、万事达或美国运通卡指定商户及有其标志的ATM机上取款消费，而且收款没有限额。

③ 国际信用卡可以享受一定的优惠汇率。

④ 可以用人民币结算，规避外汇管制的风险。

9.4.3 国际信用卡的分类

依据不同标准，国际信用卡可分为多种类型。

1．按照发行主体不同，可分为银行信用卡、零售信用卡和旅游娱乐卡

（1）银行信用卡

银行信用卡是由银行发行的信用卡。此类信用卡的发行量非常大，我国大部分信用卡都属于此类。

（2）零售信用卡

零售信用卡由零售百货公司、石油公司等单位发行，持卡人凭卡在指定的商店购物或加油站加油等，定期结算。此类信用卡发行量也较大，但由于用途较单一，流通区域受到限制。

（3）旅游娱乐卡

旅游娱乐卡由航空公司、旅游公司等服务行业发行，用于购买飞机票、车船票及用餐、住宿、娱乐等。美国的运通卡和大莱卡就属于此类。

2.按照发行对象不同，可分为公司卡和个人卡

（1）公司卡

公司卡是面向企事业单位、机关团体、部队等单位发行的，其使用对象为单位指定者，又称商务卡。

（2）个人卡

个人卡是面向个人，包括城镇的工人、干部、教师、个体经营者及其他成年的、有稳

定收入的居民发行的信用卡。

3．按照清偿方式不同，可分为贷记卡和借记卡

（1）贷记卡

贷记卡的清偿方式是“先消费，后还款”，具有透支功能。

（2）借记卡

借记卡的清偿方式是“先存款，后消费”，不具有透支功能。

4．按照信用卡的流通范围不同，可分为国际卡和地区卡

（1）国际卡

国际卡是跨国流通的信用卡，如中国银行发行的外汇长城万事达卡。

（2）地区卡

地区卡是只能在国内流通的信用卡，如中国银行发行的人民币万事达卡、中国工商银行发行的人民币牡丹卡。

9.4.4　国际信用卡的申请与使用

1．申请国际信用卡需要的资料

① 身份证明或银行接受的其他身份证明文件。

② 工作证明（加盖单位人事部门公章）。

③ 收入证明（一般为加盖单位财务部门公章的工作证明文件正本，如工资由银行代发，可直接提供银行账号或按银行要求提供指定的对账单或存折副本）。申请人也可以通过学历、财产等证明自己的信用条件，如学历证明复印件、房产证复印件等，提供的资料越多越有利于证明。

2. 申请国际信用卡的流程

① 凡具有完全民事行为能力、有稳定收入的个人，可凭本人有效身份证件和相关资料向发卡机构申领个人卡。

② 申请人需完整填写申请表，与发卡机构签订信用卡领用合约。发卡机构根据申请人的申请资料及资信状况确定是否同意发卡、发卡的种类及信用额度。

③ 个人收到审批通过的通知，等待信用卡的下发。

④ 开通信用卡。

办理国际信用卡通常需要缴纳一定的保证金。关于保证金的金额，各银行，甚至同一家银行的各城市分行都各不相同。

3. 使用国际信用卡的注意事项

① 年费。信用卡需要收年费，虽然不高，但免年费需要特批。当然，现在也有银行规定刷满一定次数可以免年费。

② 国际组织收费。国际信用卡是在消费时按即时汇率自动折算成各种币种来消费的，这项折算是由国际卡组织 VISA、万事达等来做的，会收取消费金额 1%的手续费。

③ 汇率折价。要想避免这项费用，最好就是去什么国家（地区）用什么币种的卡。现

在大部分国际信用卡都是美元卡，要去美国之外的其他国家就比较麻烦。目前，国内的中国银行和交通银行两家发行有欧元卡、港元卡。

9.4.5 国际信用卡组织

国际上有六大信用卡组织，分别是威士国际组织（VISA International）、万事达卡国际组织（MasterCard International）、大来信用卡有限公司（Diners Club）、日本信用卡株式会社（Japan Credit Bureau，JCB）、美国运通国际股份有限公司（American Express）、中国银联股份有限公司（China Union Pay Co.,Ltd.），其中后四者是专业信用卡公司。

1. 威士国际组织

威士国际组织是全球支付技术公司，运营着全球最大的零售电子支付网络，连接着全世界 200 多个国家和地区的消费者、企业、金融机构和政府，促进人们更方便地使用数字货币，代替现金或支票。其前身是 1900 年成立的美洲银行信用卡公司。1974 年，美洲银行信用卡公司与西方国家的一些商业银行合作，成立了国际信用卡服务公司，并于 1977 年正式更名为威士国际组织，成为全球性的信用卡联合组织。威士国际组织拥有 VISA、ELECTRON、INTERLINK、PLUS 及 VISA CASH 等品牌商标。该组织不向消费者发卡，也不向消费者提供贷款和设定持卡人的卡费及利率。客户关系属于其金融机构的网络，直接由金融机构负责管理。

2. 万事达卡国际组织

万事达卡国际组织是全球第二大国际信用卡组织。1966 年，美国加利福尼亚州的一些银行成立了银行卡协会，并于 1970 年启用 Master Charge 的名称和标志，统一了各会员银行发行的信用卡名称和设计，1978 年再次更名为万事达卡（MasterCard）。万事达卡国际组织拥有 MasterCard、Maestro、Mondex、Cirrus 等品牌商标。万事达卡国际组织本身并不直接发卡，MasterCard 品牌的信用卡是由参加万事达卡国际组织的金融机构会员发行的。

3. 大来信用卡有限公司

大来信用卡有限公司由创业者 Frank MCNamara 于 1950 年创办，大来卡是世界上第一张塑料付款卡，最终发展成为一个国际通用的信用卡。1981 年，美国最大的零售银行花旗银行的控股公司花旗公司接受了大来信用卡。大来信用卡有限公司通过大来现金兑换网络与 ATM 网络之间形成的互惠协议，集中加强了其在国际市场上的地位。

4. 日本信用卡株式会社

1961 年，JCB 作为日本第一个专门的信用卡公司宣告成立。此后，它一直以日本最大信用卡公司的姿态发展至今。其业务范围遍及全球 100 多个国家和地区。JCB 信用卡的种类成为世界之最，达 5 000 多种。

5. 美国运通国际股份有限公司

美国运通国际股份有限公司自 1958 年发行第一张运通卡以来，迄今为止已在 68 个国家和地区以 49 种货币发行了运通卡，构建了全球最大的自成体系的特约商户网络，并拥有超过 6 000 万名的优质持卡人群体。该公司成立于 1850 年，最初的业务是提供快递服务。随着业务的不断发展，该公司于 1891 年率先推出旅行支票，主要面向经常旅行的高端客户。可以说，美国运通国际股份有限公司服务于高端客户的历史长达百年，积累了丰富的服务经验和庞大的优质客户群体。

6．中国银联股份有限公司

中国银联股份有限公司是经中国人民银行批准的、由 80 多家国内金融机构共同发起设立的股份制金融服务机构，注册资本 16.5 亿元人民币。该公司于 2002 年 3 月 26 日成立，总部设在上海。

拓展实训

外币兑换操作

指出下列货币的币种，分别说出在银行用人民币进行下列币种兑换的具体流程。

币种：________

币种：________

币种：________

复习思考题

一、判断题

1．根据发卡机构不同，信用卡可以分为银行卡和非银行卡。（　　）

2. 借记卡的持卡人无须事先在发卡机构存款就可以享有一定的信贷额度使用权，即“先消费，后还款”。（　　）

3．信用卡可以指定一个储蓄账户作为约定还款账户，银行会在到期还款日之前自动从约定还款账户内扣款来归还信用卡的欠款。（　　）

4．旅行信用证目前在发达国家被广泛使用。（　　）

5．外币兑换可以分为三种情况，即外币兑换成人民币、外币兑换成另一种外币、人民币兑换成外币。（　　）

6．旅行支票一旦遗失或被窃，购买者可以通过相应的机构进行挂失和获得补偿。（　　）

7．万事达卡国际组织是全球第一大国际信用卡组织。（　　）

8．国际非贸易结算是指以货币结算国际间进出口贸易货款以外的债权和债务。（　　）

二、单选题

1．以下关于旅行支票的说法错误的是（　　）。

A．旅行支票属于一种有价证券，在兑付的过程中，银行既要谨慎处理以防范风险，又要保障持票人的正当权益

B．购票人在购买支票时，必须在签发银行柜台当面签字，这是旅行支票的初签

C．旅行支票的复签可以在取款时当面签署或事先签署，以便兑付行准确确定持票人的身份，安全兑付

D．当旅行支票的持票人要求兑付时，银行会要求其提供护照和购买合同

2．以下关于票汇的说法错误的是（　　）。

A．票汇是指汇款人到汇出行交款购买银行汇票，然后将汇票自带或邮寄给收款人，并由收款人持票向指定的解付行兑付票款的一种汇款结算方式

B．票汇的主要特点是费用低、速度慢

C．票汇是汇出行填制一整套包括票汇总清单、票汇委托书、正副收条、汇款证明书及票汇通知书等在内的套写格式，邮寄给解付行的汇款

D. 解付行将汇票上的出票人签字、汇票通知书上的签字和汇出行签字样本核对相符后，办理解付

3.（　　）是一种定额本票，专供旅客购买和支付旅途费用。

A．旅行支票　　B．支票　　C．本票　　D．汇票

三、多选题

1．下列关于旅行信用证的说法正确的有（　　）。

A．开证申请人和受益人为同一个人　　B．不能转让

C．为跟单信用证　　D．业务已日益萎缩

2．以下属于旅行支票特点的有（　　）。

A．面额固定　　B．不能挂失　　C．兑取方便　　D．携带安全

3．以下属于国际上六大信用卡组织的有（　　）。

A．威士国际组织　　B．万事达卡国际组织

C．美国运通国际股份有限公司　　D．中国银联股份有限公司

4．以下属于信用卡基本当事人的有（　　）。

A．发卡行　　B．持卡人　　C．特约商户　　D．中央银行

5．下列属于非贸易结算内容的有（　　）。

A．国际商品进出口收支　　B．旅游外汇收支

C．国际运输收支　　D．保险费收支

四、简答题

1．旅行信用证的特点有哪些？

2．信用卡具有哪些特点？

3．旅行信用证的定义是什么？

4．旅行支票的特点有哪些？

5．外币兑换的定义是什么？

五、案例分析题

1．2021 年 12 月 25 日，A 市甲公司财务人员到乙银行 A 分行营业部要求兑付 9 张每张价值 1 000 美元的由美国丙公司发行的旅行支票。该银行业务人员审核后发现，这些旅行支票与丙公司的票样相比，印刷粗糙，估计是彩色复印机所制；票面金额、徽标等没有凹凸感；复签底线也非由小字母组成，而是一条直线，估计是复印机无法分辨原票样的细微字母；票面在紫光灯光下泛白色，没有水印。经仔细查询审核，该行确认这些旅行支票为伪造票据，遂予以没收。

经查，这些伪造的旅行支票是丁公司出具给甲公司抵债用的，甲公司准备兑付后还贷款。

分析：本案例给了你什么启示？

2. 2022 年，某客户去上海 A 银行查询 1 000 美元的个人汇入款。据客户告知，该笔款项是通过上海 A 银行的总行在纽约的账户行美洲银行汇划的。但是上海 A 银行查询记录后未发现该笔汇款。经多次查询方知美洲银行将该笔汇款误汇入该银行湖南省分行的分账户，最终由湖南省分行以异地联行划付方式汇至上海 A 银行，从而解付给收款人，前后共延误 60 天。

分析：结合本案例分析非贸易汇款应注意的问题。

参考文献

[1] 新力．国际结算［M］．北京：机械工业出版社，2014.

[2] 韩晶玉．国际结算［M］．北京：对外经济贸易大学出版社，2014.

[3] 李秀芳．进出口贸易实务案例及问题解答［M］．北京：电子工业出版社，2015.

[4] 李晓洁．国际贸易结算［M］．上海：上海财经大学出版社，2015.

[5] 王利华．国际贸易［M］．上海：上海财经大学出版社，2016.

[6] 李贺．国际结算［M］．上海：上海财经大学出版社，2016.

[7] 黄中南．国际结算业务操作教程［M］．上海：上海财经大学出版社，2016.

[8] 孟祥革．国际结算［M］．上海：同济大学出版社，2018.

[9] 程祖伟，韩玉军．国际贸易结算与融资（双语版）［M］．北京：中国人民大学出版社，2018.

[10] 庞红．国际贸易结算［M］．北京：中国人民大学出版社，2019.

[11] 苏宗祥，徐捷．国际结算［M］．北京：中国金融出版社，2020.

[12] 黄芸，孔佩伊．国际结算项目化教程［M］．南京：南京大学出版社，2020.

[13] 徐立平．国际结算实验教程［M］．大连：东北财经大学出版社，2021.

[14] 朱文忠．国际结算：理论、案例与实务（英文版）［M］．北京：清华大学出版社，2021.

[15] 高露华，鹿永华．国际结算［M］．北京：清华大学出版社，2021.

[16] 韩昭敏．国际结算与贸易融资案例分析［M］．重庆：重庆大学出版社，2021.

[17] 刘晶红，伊诺．国际结算实务［M］．北京：清华大学出版社，2021.

[18] 许南，李建军．国际结算［M］．北京：中国人民大学出版社，2021.